中国中共党史人物研究会 编

中共党史人物传

【第90卷】

中共党史出版社

目 录

附录 *238*

项南

项南,原名项德崇,男,1918年11月出生于福建省连城县。12岁起,随做地下工作的父母在南京和上海半工半读。抗战期间,先后在福建长乐和顺昌发起组织宣传抗日的明天剧咏团、顺昌抗敌剧团,1938年加入中国共产党,1941年在新四军重新入党。中华人民共和国成立后历任青年团安徽省委书记、安徽大学党委书记、团中央书记处书记、一机部副部长、农机部副部长、福建省委第一书记、中国扶贫基金会会长等职。第一、五、六届全国人大代表，中共八大代表，中共第十二届中央委员，在中共十三大上当选为中共中央顾问委员会委员。

一、出生红色家庭，少小离家干革命

项南，原名项德崇，1918 年 11 月出生于福建省连城县朋口镇文地村。父亲项与年早年受革命思潮影响，参加孙中山领导的革命活动，1925 年加入中国共产党，曾在上海的中共中央机关工作，后打入国民党江西省第四保安司令部，并将取得的重要情报冒险送交中共中央，为中央红军主力长征作出重要贡献，自 1936 年起从事抗日民族统一战线工作。项南自幼受革命家庭熏陶和中央苏区环境的影响，11 岁就在连城文坊苏区任少年先锋队队长。12 岁起，随做地下工作的父母在南京和上海半工半读。其间发生的九一八事变、一二九运动等及父母的被捕、生活的贫困，激发他阅读进步书籍、积极寻求革命真理。

1937 年全国抗战爆发后，在党组织的领导下，项南与一些进步青年在福建长乐县组织宣传抗日的明天剧咏团。由福州青年诗人陈婴子任团长，项南任副团长。项南为剧咏团写了团歌："明天，明天，是胜利的明天。我们要救亡，我们要抗战……" 明天剧咏团影响和团结了进步青年，在不长时间内成员达到 30 多人。项南还利用业余时间积极撰写新闻报道，发表在《国讯旬刊》《福建通讯》上，介绍福建社会状况和抗战动态。经过一段时间的考察，1938 年项南由中共福建省委宣传部部长王助介绍加入中国共产党。剧咏团因 "左" 的色彩被当局强行解散后，项南被迫离开长乐。这期间最使他感到苦闷的是，因无法找到王助，与党组织失去了联系。同年 10 月，项南通过熟人在顺昌县找到一份差事，编印县报。他一边编报纸，一边念念不忘救亡工作，又与青年朋友发起组织顺昌抗敌剧团并任团长，剧团排演的宣传抗日救亡节目很受群众欢迎。但项南因被怀疑为 "异党" 而身陷险境，在朋友的冒死相救下才得以脱险。

1939 年春，项南化名项新，经人介绍到闽清县工作，他与从福州师范、简师和英华中学统配来闽清做民教工作的一些进步青年取得联系，组成战时民众教育流动工作队，担任队长。经多方交涉，闽清县政府同意在工作队前冠以"闽清县政府"的名义，并由县教育部门划拨活动经费。他们以此为阵地，积极宣传抗日救亡，先后演出《流亡三部曲》《松花江》《义勇军进行曲》《菱姑》《死里求生》《夜半歌声》等歌咏和话剧节目。不久，战时民众教育流动工作队的活动引起国民党地方当局的恐惧，项南受到国民党军警追捕，他决定远赴延安。

项南在友人帮助下离开闽北，辗转到达广西桂林，因为战事紧急道路中断，不得不滞留桂林。桂林虽然处于抗战后方，但许多文化人士聚集这里，是抗战文化名城。项南先后任桂林苗圃主任、青年科学技术人员协进会理事、成达师范学院教员，从此改名项南。他吸取了在福建从事抗日救亡工作的教训，利用职业作掩护，联络爱国青年，组织了职业青年抗日救亡小组，有组员 30 余人，定期开会，邀请进步人士讲解抗战形势和青年应负的责任。还组织救亡歌咏队，发动小组成员，分头去劝募抗日救国金。他将苗圃农业工人组织起来，开荒种地，还办起夜校，亲任讲师，给他们讲解革命道理，启发提高他们的阶级觉悟。后来这些农民有的参加了抗日游击队，多数参加了新四军、八路军。

1941 年 3 月，项南由地下党安排，转道香港抵沪。6 月到苏北盐城新四军军部之后，由中共中央华中局分配工作，从此开始了敌后抗战生涯，并于这年在新四军重新入党。他先后担任苏北建阳县财经科科长、阜东县政府秘书、中共阜东第九区区委书记、中共阜东县委宣传部长。项南与当地群众打成一片，领导群众抗御天灾，发展生产，并利用有效的统战工作，向地方开明士绅借到一批粮食，渡过了难关。当时盐阜地区不仅粮食缺乏，而且布匹也很短缺。为响应延安的大生产运动，项南倡议发起"家家纺纱，户户织布"活动。他自己带头，设法弄到一台土纺机、一台土织机，很快学会了纺纱织布。他们在东坎开办了一期"妇女纺织骨干培训班"，还在五一前夕组织 100 多名纺织能手举行竞赛，并印刷油印小报开展宣传。于是一场以纺纱织布为重点的大生产运动，在阜东县轰轰烈烈地开展起来，全县当年生产土布 10 万匹，很大程度上解决了军民衣着的需要。他还曾经率领地方武装打击前来"清乡"的日伪军,保卫群众安全。

抗战胜利后,项南历任苏北第五分区专员公署建设处处长、苏北第十一专署财经处处长、中共江淮区委干校党委书记、中共甘泉县委书记、中共滁县地委宣传部副部长、中共东南县委副书记兼东南支队政委、中国新共东南县委副书记兼东南支队政治委员、中国新民主主义青年团皖北区工委副书记兼青委书记等职。他积极发动群众,做好支前后勤供应工作,调集木船、担架、独轮车等,出色完成陆上、水上运输任务,有力支援了解放大军的行动。同时他与支队司令一起率领支队主动进攻,频频出击东南县境内区乡公所、县城外围据点等,并在连接四县的公路沿线设立埋伏,痛击国民党军,东南支队力量迅速得到壮大。

1949 年 4 月,项南出席中国新民主主义青年团第一次代表大会,受到毛泽东和朱德的亲切接见。回到安徽后,开始筹组皖北区团委,后担任青年团皖北工委副书记。

二、青年团里的干才,逆境中不倒的农机专家

新中国成立后,项南于 1951 年任中国新民主主义青年团安徽省委书记、安徽大学党委书记。他根据青年的特点,组织开展丰富多彩的文化娱乐活动,显示了很强的组织能力和创新能力。由于出色的表现,1953 年被越级提拔担任青年团华东工委第二副书记,能力得到进一步锻炼和发挥。他抓工作既有重点,又照顾一般。先后主持召开了华东团工委委员会议和一些专业工作会议,对青年团的全面工作和部门工作及时作出部署,使各项工作都有条不紊地开展起来。在华东团工委,他还主管团的宣传工作。任内极为重视报纸宣传,对团委机关报《青年报》的工作抓得很具体,不仅亲笔撰写一些重要的社论和文章,还帮助审阅和修改稿件。他爱动脑筋,针对毛泽东提出的党委如何领导青年团、青年团如何工作的问题,在调查研究的基础上写出带有探讨性的文章,后来在《中国青年报》上发表。1954 年作为中国青年代表团成员之一,赴苏联列席列宁共产主义青年团第十二次代表大会,并参加了各项访问活动。此后又作为团长率领中国青年代表团赴日本访问。这些都使他增长了见识,开阔了视野。

1954 年,随着全国行政大区撤销,项南出任中国新民主主义青年团中央

宣传部部长。在团中央第一书记胡耀邦的领导下,当时团的工作非常活跃。项南善于根据新情况研究、解决实际问题。他认为青年团工作一定要适应新形势的发展,上任后提出要编好《青年修养》《团章讲话》和《伟大祖国》三本书,使青年比较系统地接受共产主义人生观、道德观教育,接受爱国主义和青年团的基本知识教育。经过努力,很快就编写出《青年修养十二讲》,深受青年读者喜爱。在中共八大会议精神的鼓舞下,中国青年团掀起一股改革之风。项南根据自己的长期思考认识到,青年团的工作必须改进,要照顾青年的特点开展独立的活动,这样才能更好地发挥作用。1956 年 10 月,在青年团中央书记处召开的一次扩大会议上,他作了以《十点意见》为题的发言,系统地阐述了自己的看法,提出青年团的工作要真正群众化,扩大民主生活,用更生动的方法来进行思想工作,切实帮助青年提高文化科学技术水平,建立青年活动的中心场所,加强基层组织的建设,扩大自治权,分管干部,经费独立,精简机构,充分运用积极分子等①。

　　1957 年,中国新民主主义青年团改称中国共产主义青年团,项南任团中央书记处书记。他在团中央工作期间,作为胡耀邦的得力助手,为团的建设、青少年一代的健康成长和增进与各国青年的友好了解等做了大量有益的工作。随着"左"的指导思想渐浓,特别是反右派斗争扩大化后,青年团的工作受到很大影响。项南也受到无辜冲击,虽然侥幸躲过了反右派斗争扩大化旋涡,后来却被打成"右倾机会主义分子",受到批判,被撤销团中央书记处书记职务,下放农村劳动。

　　1961 年,项南调任第八机械工业部(简称八机部)办公厅副主任,后任八机部农机局局长。他深入调查研究,作风低调务实。1962 年底,他在认真学习党中央关于发展农业和农业机械化的方针政策、借鉴国外农业机械化经验和深入调查研究的基础上,对中国农业机械化的内外关系,特别是农业机械化内部各个方面之间的关系问题,作出系统、全面、深入的论述,提出了许多切合国情、具有指导意义的观点和主张。1963 年至 1964 年间,他花费 5 个多月时间,深入中南、华北和东北农村,对 9 个省、区的农业机械化问题实地考察,对这些地方发展农业机械化的先进典型,如广东省的南海县、湖北省的新洲县和辽宁省的阜新县,进行了调研,并将所掌握的大量第一手资料作了整

---

① 中国共产主义青年团中央办公厅编:《团的情况》第 180 期,1956 年 11 月 24 日。

理和提炼,撰写成上万字的《农业机械化问题考察报告》。报告中阐述了稳产高产离不开农业机械化、人多地少的地方也需要机械化的思路,提出了机械化与半机械化要并举、农业机械要综合利用、制造维修与销售使用要相互结合等重要观点。他撰写的论述文章和考察报告,先后在《人民日报》《中国农业机械》《农业机械化》等报刊上发表,对于推动我国农业机械化的健康发展起到了积极的作用①。

1966年"文化大革命"爆发,项南没能逃过厄运,遭受严重的迫害和打击,被列为审查对象,下放到"五七"干校劳动。身处逆境之中,既要干重活脏活,又要接受无端的审查批判,但他从未动摇过革命理想与信念,坚信真理必将战胜错误。1970年5月恢复工作后,他历任第一机械工业部(简称一机部)农机局局长、一机部党的核心小组成员和主管农机局的副部长。他坚持从实际出发,研究新情况,解决新问题,竭尽全力抓好分管的各项工作,在农村、在工厂、在牧区、在研究所都能见到他忙碌的身影。在主持农机局工作期间,他认真贯彻执行中央关于发展村镇"五小工业"(即小煤矿、小钢铁、小水电、小化肥、小机械)的方针,强调指出"五小工业"与发展农业机械化是"越富越'化',越'化'越富"的关系,提出了通过发展"五小工业"为农业机械化积累资金的可行思路。在抓农机修造厂方面,他总结出"农民喜欢莱阳造"。他非常重视农机产品的结构调整,针对一些地方对上拖拉机厂劲头很大,而忽视"两配"(农机配件和配套农具)的倾向,深刻指出:能不能实现农业机械化,很大程度上在于配套。提出要先修后造,宁肯少装主机也要满足农民修配的需要。同时连续3年向国家计委申请了"两配"专项投资,为农机专业化协作生产创造了有利的物质条件。

1976年,为及时学习外国先进技术和经验,项南率团赴美国考察农业机械化的情况和经验。在随后的一两年时间内,他又先后组团到意大利、法国、英国和丹麦等国家进行农业和农业机械化的综合考察。通过一系列考察,总结出欧美国家解决农业问题的主要经验是把现代科学技术运用到农业生产中去,使生产手段现代化,生产方式机械化,生产组织集约化、专业化,生产管理企业化。他强调指出,过去我们把农业看作就是种地,就是种粮食,这种

---

① 杨立功等:《载入中国农业机械化史册的贡献——悼念项南同志》,载《人民日报》1998年11月4日。

看法太狭窄了。农业,应该包括农、林、牧、副、渔各业和社队企业。这样看问题,农业机械化的面就宽了、活了,门路就多了。在国外考察期间,他组织拍摄了机械化养牛、养鸡的电影实况,回国后大力宣传机械化养殖的优点,阐述在国内发展现代化、集约化畜牧业机械公司的必要性,并亲自负责现代化牧业机械工业的建设和产品开发。几年之后,全国建起了一批牧机生产厂,开发出饲料加工成套设备和机械化养鸡、养猪、养牛设备并投入批量生产。此外,在推广草原围栏养牛、养羊和农田免耕等技术方面,他也做了大量开拓性的工作。

项南还大力倡导农机行业开展国际交流,学习并引进国外先进技术。他说,国内不可能有那么多人出国考察,要想办法让外国厂家把技术和设备带到中国来展览。1978 年 10 月,在他的主持下,来自罗马尼亚、瑞典、瑞士、荷兰、日本、加拿大、英国、法国、意大利、澳大利亚、联邦德国和丹麦等 12 个国家的 320 多家企业,参加了在全国农业展览馆举办的"北京外国农机展览会",共展出农机具 725 台(套)。这次展览会规模大,影响广,作用大。展览会上展出的农机具门类比较齐全,大部分是国际市场正在销售的产品,代表了 20 世纪 70 年代国外的先进水平。展览会结束后,农林部、一机部等单位留购了 500 多台(套)参展农机具。这是新中国成立以后我国引进外国农业机械样机最多的一次。随后农机部又有计划、有选择地引进了拖拉机、柴油机、联合收割机等农机产品的先进技术和关键设备。项南在为我国农机工业的发展、农机化体系的建立、落实"农业的根本出路在于机械化"的方针和农机行业的国际交流,引进国外先进技术和设备方面所做的开拓性工作,显示出他的远见卓识。

1978 年党的十一届三中全会后,中国进入改革开放新的发展时期。项南的开放意识和积极性得到进一步发挥。1979 年 2 月,他任农业机械部(简称农机部)副部长、党组副书记。他以只争朝夕的精神,将全部精力投入到推进农机工业调整、改革、整顿、提高的艰苦工作中。农村开始经济体制改革后,农业机械化的发展遇到新的情况和新的问题。项南亲自到湖北、江苏、上海等地调查研究,听到各地对农业机械化有不少议论,对中国应不应该搞农业机械化以及什么时候搞持有不同看法。他及时撰写文章,在北京农业机械化干部学校宣讲,并在《农业机械》等农机报刊上发表,对农业机械化在中国农业现代化中的地位作出系统精辟的阐述,指出:农业如不实现机械化,就不可能提高劳动生产率;劳动生产率不提高,农民就不可能富起来。因此,机械化的问题不是搞不搞,而是怎样从中国的实际情况出发,因地制宜,区别轻重缓急地搞。他强调要走中国自己的农业机械化道路,根据人口多、底子薄、幅员广的基本国情,因地制宜,有先有后,将农业机械化与农业的专业化、经营的多样化结合起来,按最大的经济效果办事,使农业机械化的发展速度与整个国民经济的发展速度相适应,循序渐进,避免大起大落①。这些观点,对于澄清各种疑虑,统一人们思想认识,在新形势下建立健全农业机械化体系发挥了重要作用。项南为中国的农业机械现代化事业倾注了满腔心血,作出了突出贡献。

三、初到福建,谈解放思想

1980年冬,中共中央任命项南担任中共福建省委常务书记。

接到任命后,项南利用赴任前的一个多月时间,翻阅了有关福建省情的资料。1981年1月12日,已逾花甲之年的项南正式就任福建省委常务书记,具体主持省委工作,一年后被中央任命为省委第一书记兼省军区第一政治委员,并曾兼任省人大常委会主任②。

项南走马上任的第一天,刚好碰上福建省委召开地市县委书记会议。在会上,项南了解到:福建长期处于停滞不前的状态,除客观上的原因,最主要的,恐怕还是因为思想不解放。

没有思想上的大解放,就不可能有生产力的大发展。项南深知,福建当务之急是要解放思想,否则其他问题都无从谈起。项南利用地市县委书记会议空隙,主动找到所有在省城的省委书记,交流对福建工作的看法。

项南阐明了自己的观点。他说,长期以来福建背的一个最大"包袱"就是前线。好像前线就不能搞建设,害怕坛坛罐罐被打烂了。福建是前线,难道台湾就不是前线? 我们经济上是落后,但军事上却是台湾怕我们。台湾可以搞建设,为什么福建就不能搞建设?

项南来福建的第七天,即1981年1月20日,福建省召开党代表大会。项

---

① 《人民日报》1980年11月22日。

② 后来各省、自治区、直辖市不再设第一书记,项南自1985年7月起任中共福建省委书记,兼任省军区第一政治委员。

南第一次在全省的党代表面前亮相。他专门作了题为《谈解放思想》的讲话。

他提出福建完全有可能建成国家重要的林业、牧业、渔业、经济作物、轻工、外贸、科技和统一祖国的八个基地主张后,指出:"从目前的情况来看,福建的优势未能很好发挥,因此发展不快,人民的生活仅仅温饱而已。为此,必须解放思想,不断清除'左'倾思想的影响……""中央决定给福建省更多一点自主权,可以执行特殊政策,灵活一点,可以更多的利用外资,发展外贸,使福建的经济比邻省发展得活一点,快一点。如果我们思想还不如邻省解放,放宽政策还不如邻省坚决,各种措施还不如邻省灵活,甚至中央文件规定了的东西,还在那里评头品足,不敢执行,那我们能把经济搞活,把福建省建设好吗?""我建议,各地区、各部门、各单位都应当好好想一想,特殊政策,特殊在哪里?灵活措施,灵活在哪里?"最后,项南抒发了自己对福建的感情和期望:"闽之水何泱泱,闽之山何苍苍,若要福建起飞快,就看思想解放不解放。"①

项南的这篇讲话,本身就是思想解放的宣言书,听得党代表们群情激奋,斗志昂扬。党代表们反映:项南的讲话从题目到内容,贯穿的都是解放思想问题,针对性很强,讲到了福建的要害问题,说到了大家的心坎上,是福建多年来没有听到过的一个好报告。

四、寻找突破口,念活"山海经"

省党代表大会后,项南为了进一步了解福建省情,专门抽出一段时间,离开省城,到各县、市跑一跑。

在莆田,项南看到,春耕在即,可一些应翻土的田,却仍然稻根头朝天,不少龙眼树根须外露,也无人去培土施肥。显然,这与省委没有落实生产责任制,广大社员心里不踏实有关。针对省地一些负责人坚决不许搞包产到户并强行"纠正"的问题,项南指出:包产到户有什么不好,分田单干有什么不好,只要能发展生产,能夺得丰收,群众拥护的就可以干。

此行调研,项南深切感到了思想不解放的问题严重存在,从而也影响了责任制的落实。美丽富饶的闽南"金三角",因为吃"大锅饭",严重伤害了群

---

① 项南:《谈解放思想》,1981年1月20日。

众的生产积极性，"捧着金饭碗还受穷挨饿"，这是多么愚蠢的事情。走的地
方越多，接触的人越多，项南越发感到，不管是干部还是群众，都存在思想不
解放问题，动不动就拿老框框想问题，以旧套套办事情。而干部的思想解放，
更是迫切的问题。

　　一路上的见闻，使项南决心要把落实生产责任制作为福建改革开放的突
破口。怎样为农业生产责任制的落实鼓与呼，并进一步推动它的落实呢？项
南想到了报纸。必须发挥党报的喉舌作用，使之配合省委的中心工作。项南
从闽南回到福州不久，就抽出时间来到福建日报社，郑重其事地提出：今后省
委常委开会，除了讨论组织人事工作外，报社正副总编都可以列席，这样能更
快更好地了解中央的精神和省委的意图。在与报社领导座谈中，项南指示报
社要把落实农业生产责任制作为最近一段时间的宣传重点，大造社会舆论，
使落实农业生产责任制家喻户晓，形成强大的推动力。很快，报社领导就组
织写出了《落实农业生产责任制刻不容缓》的社论发表。同时还转载了《人
民日报》几天前刊登的介绍皖豫鲁农村落实生产责任制情况的长篇通讯《巨
大的吸引力》。此后，《福建日报》连续发表了《落实责任制不是"一阵风"》等
多篇文章和评论。

　　1981年2月6日，省委发出《关于抓紧落实生产责任制的通知》，要求
各地领导集中精力，因地制宜，尽快地全面落实农业生产责任制。2月10日
晚，省委、省政府联合召开关于落实生产责任制的全省电话会议。各地市县
都关注着省里的态度和采取的动作。

　　因为项南的坚持，这次会议明确提出：各地市县领导同志要立即带领干
部到农业生产第一线，协助社队把家庭联产承包责任制（即包产到户）落实
下来。有些地方一听可以包产到户了，立即在半夜里就开始行动，欢天喜地
以锄头柄来划分田界。

　　尽管这样，福建仍然有相当多的地方对家庭联产承包责任制还是组织上
服从，思想上不大通。项南千方百计要打通那些顽固的思想，要把责任制畅
通无阻地贯彻下去，于是在各种场合，他总是大声疾呼：要迅速落实农业生
产责任制，搞好春耕生产，争取福建农业有一个大的突破。在2月21日的全
省农业局长会议上，项南一针见血地指出：责任制一抓就灵。大家放开手干
吧！没有问题。农业生产落实责任制势在必行，刻不容缓！

　　有了项南的大声鼓与呼和省委的态度，全省各地干部群众纷纷行动起

来,大胆地落实"双包"为主的生产责任制。

为了消除有些干部、群众思想上的顾虑,按项南提议,省委、省政府作出几条明文规定,提交省人大常委会讨论通过后公布实行。这样,责任由上面来扛,大家有法可依,就不用怕了。

紧接着,项南根据福建的山多海广等省情,提出了"大念山海经"的号召。他还专门为大型彩色纪录片《福建山海经》写了主题歌词。这首歌,由作曲家谱曲后,全省传唱,成为鼓动人民群众大念"山海经"的奋进曲。"山海经"为加速福建的经济发展注入了新的活力,干部群众由衷地称它是一部"战略经""致富经"。

胡耀邦、李先念、万里等中央领导考察福建时,都深深感受到了福建掀起的这股向"山海"进军、向山要财富、向海要发展的热潮,看到了因之发生的由表及里的深刻变化,先后热情地予以赞扬。

项南以思想大解放为先导的种种举措,推动福建开始步入稳定、快速发展的时期。

五、改善基础设施,构建新的投资环境

福建虽有自然条件等方面的优势,但由于长期"欠账",基础设施很差。道路不平,电灯不明,通讯不灵,自来水常停,是福建落后的基础设施的真实写照。这种状况下要加快发展经济和对外开放谈何容易。

项南一到福建,就到闽南调研,考察厦门等地的投资环境。厦门虽已开始创办特区,但因基础条件制约,进展缓慢。特区连个机场也没有,能够作为资本反复向外来朋友介绍的,只有个太古码头。可这太古码头,也真是太古了,周围打的还是木头桩,只有几千吨的泊位。不仅太古码头,就连整个厦门,似乎还沉睡在远古中,丝毫没有一点特区的讯息。

在摸清了福建的基础设施情况后,项南尖锐地提出:以这样的条件,福建要引进外资,我认为很难,不具备吸引外资的环境。外商、侨商们是很讲究这个的,他不会随便把资本往这里投。厦门连个飞机场也没有,外商、华侨们进又进不来,进来了出又出不去,他们讲求时间效益,时间就是金钱。你有个太古码头,可那算什么码头呢!所以,厦门搞特区没有飞机场不行,没有码头不行。全省也是这样,没有飞机场,没有码头,外国人要来都没有办法,来了也

会给吓回去。基础设施非搞不可,没有条件硬着头皮也要搞①。

于是,项南在原来的基础上设想,福建要改造鹰厦、外福两条铁路,扩建和新建福州、厦门两个机场,修建福州、厦门两个港口、安装两套万门程控电话,建火电、水电两个电站,后来省委将之确定为改善福建基础设施、构建新的投资环境的十大重点项目。

航空港,被福建省委当作一个至关重要的窗口来抓。

新中国成立后,由于地处"前线",福州成为全国通航最晚的省会城市之一。直到1974年12月,才从义序机场升空了第一架客机首航上海,奏响了福建民航事业的第一乐章。但随后的5年中,福建民航仅开辟了3条航线、4个航班,客货运载量均处于低水平状态。

要上档次地扩建义序机场,使义序机场从小型军用机场发展为军民合用的4D级机场,成为当务之急! 可钱从哪里来呢? 1981年,省里找国家民航局说:这个机场是应该由你们修的,你们要花这个钱吧。因为全国所有的机场不是军队修的,就是民航局修的。国家民航局一口回绝:你们这个话很有道理,可是我们没有钱,修不了,能不能你们先垫一垫? 一咬牙,福建省硬是垫上了这笔数额不小的经费,在原有义序机场的基础上动工扩建。扩建的新机场启用后,福州到北京两个半小时就可以飞到,到广州一个多小时就可以降落,三叉戟、波音737等大中型客机均能起降,省里领导们高兴得几天几夜合不拢嘴,暂时也不问民航局最终能否"报销"经费了。

项南对省内电话发展十分关心,积极支持省邮电管理局引进一套万门程控电话,安装在福州,以改善省会的通讯条件。省邮电局遴选国外制造程控先进设备的厂家,历时13个月,先后与8个外国公司进行了17轮谈判,最后对日本富士通公司的FETEX–150型程控电子交换机较为满意。当时福州用的还是20世纪五六十年代的第一代通讯交换设备,而国际上已采用第四代了。福建要从第一代跨越到第四代,确实要有远见和魄力。

此时日本富士通公司第四代通讯设备也刚刚进入试用阶段。项南认为,可以冒冒风险,将福州提供给他们作为试用基地。这样,从富士通公司引进一套万门程控电话,所需的费用就大大低于正常的价格。实践证明,这个"冒险"是成功的。

---

① 项南:《厦门特区非搞不可》,1981年3月11日。

1982 年 11 月，福州在全国首家开通了万门程控电话系统，直拨国际电话仅需 20 秒至 30 秒。福州的通讯一夜间实现了几代的跨越，其"高起点，跳跃式，一步到位"的定位轰动了全国。要知道，此时，国内能直拨国际电话的大中城市屈指可数，一些发达国家和地区如新加坡、香港的通信技术也还没有达到这个水平，因此他们也对福州通信产生了浓厚的兴趣。香港电话公司总经理霍加称赞福建有远见，有能力，说香港公司选用 FETEX-150 型设备是跟着福建干的。

此后，厦门也成功地引进了一套万门程控电话，保证了线路畅通，话音清晰。厦门从程控电话中得到实惠，开通后不到 3 个月，特区同外商签订中外合资项目就增长了一倍多。

1983 年 2 月，赴闽考察的中央政治局委员、书记处书记习仲勋，在项南陪同下来到福州市邮电大楼现场感受了"宝贝"，马上向广东推荐，叫广东也要赶快搞。这样，广东比福建大概迟了两年也建成了程控电话。

六、举外债为特区安翅膀

厦门要建经济特区，没有机场是不可想象的。项南接触过不少客商，他们都向他反映，本来很想到厦门来投资，做生意，但因为没有机场，从陆上走一趟厦门，地球已经转了好几圈，所以总是让人望而却步。

在厦门特区管委会召开的第一次办公会议上，项南明确提出："没有机场，就没有特区。要下决心在厦门建飞机场，既然搞特区，又是对外开放，就一定要飞出去。"

建厦门机场可比扩建福州机场困难多了。首先碰到的一个大难题就是军方不同意。为什么？厦门离台湾很近，是海防前线，怎么能建民用机场？

军方的理由很充分。项南没办法，只好带着省长和几个书记、两个副省长一道去北京做工作。军方的态度就是强硬：厦门搞这个机场，不是在金门的炮火射程之内吗？你花那么多钱，几炮就给轰掉了，哪能成？！项南既诚恳又不客气地说：金门的机场不也在我们炮火射程之内吗？在军事上，到底是台湾怕我们呢，还是我们怕台湾？台湾在前线照样建机场，他们都不怕，难道有着强大的解放军的我们还怕？军方找不出什么话来反驳，想想项南的话也有道理，终于开启了绿灯。

但钱从哪里来？项南找到了党中央副主席李先念，就是一个目的，要争取国家投资。但国家有难处，还是只能自己想办法解决。

项南回来向省委常委汇报了此行的"收获"，提出：厦门机场非搞不可，但在国家无法投资的情况下，我们可以利用中央给予的特殊政策，充分用好用活这些政策，争取向外国借钱。

向外国借钱，在福建已经有了先例。在项南"解放思想"的劲风吹动下，省里由华福公司出面，向美国银行借钱，购买了轮船，组成了船队，还开通了福建至香港的海上轮船航线。所以，在借钱这方面有一点经验。但是，利用外国的贷款，来进行基础设施的建设，却还是第一次提出来。长期以来，国人在建设中奉行"先生产后生活"的宗旨，而现在外资还未见着，就要"基础设施先行"，帮助外商赚钱，这到底是利用外资还是被外商利用？

在项南的力促下，福建省积极与国家有关部委洽商，请求它们能出面帮助福建向外国借钱。其时海湾国家每年都有向外国提供的贷款。时任国家进出口委员会主任的江泽民，拍板把厦门机场建设列入科威特在中国援建的几个项目中。

很快，福建省分管外经贸工作的副省长张遗，还有国家经贸部副部长魏玉明，带上翻译到了科威特。经过商谈，达成协议。科威特以每年3厘3的利率，向中国福建省贷款600万第纳尔（约相当于2200万美元），用于修建厦门机场。

钱有了着落，接下来进入修建机场的实施阶段。首先要请人设计，开始时想找世界上最好的外国设计专家。联系法国戴高乐机场，但他们要价太高。项南决心自力更生，他找到国家民航局局长沈图，沈图当即答应派民航最好的人员帮助设计，并表示基本不让福建花什么钱。后来，这项任务交给了中国民航局机场设计研究所。

接下来，是决定由哪支队伍承担修建厦门机场的重任。项南组织省委、省政府的主要领导同志开会讨论，经一再权衡，一致同意让多年转战在武夷山腹地并承建福州机场扩建工程的闽江水电工程局修建机场主体工程跑道。

领导的重视和改革措施收到了效果，机场的建设速度非常快。1982年元月10日工程动工，年底机场主跑道提前建成，在保证质量的前提下创造了国内混凝土机场跑道当年开工当年建成的高速施工范例。机场落成后，定名为厦门高崎机场。

厦门经济特区,终于有了一对坚实的翅膀!

民航事业是改革开放的"晴雨表"。厦门机场的通航,大大缩短了厦门与国内外的时空距离,为台、港、澳和外国投资者来厦观光旅游、探亲访友、投资办厂、洽谈贸易架起了一道道彩色的空中桥梁,也使厦门在周边地区实现了"领先一步"的设想。厦门机场的建成,赢得了广泛的赞誉,让外国人看到福建人办事的速度和魄力。

机场建起来了,还必须飞出去。在项南的倡议下,又成立了全国首家地方航空公司——厦门航空公司。厦门航空公司完全是白手起家,连一架自己的飞机也没有,如何实现飞出去的目标呢?

项南力主先租用,还有就是让外国航空公司的飞机飞进来。这个点子当然不错。美国夏威夷的亚洛航空公司愿意做这笔"买卖",双方一拍即合,订下协议,由对方出飞机跑有关航线。却不料碰到一个问题,民航部门不同意,说关系到国家的领空权问题,地方政府不能随便与外国订协议。

1984 年 2 月,项南向来厦门视察的邓小平汇报时说,建设厦门机场的一个重要目的是飞新加坡和东南亚一些国家和地区,将来还可飞台湾,要把机场建成国际机场。邓小平极表赞同。从此,厦门机场不断扩大和完善,成为著名的国际航空港。

七、大胆而超前的主张

厦门经济特区于 1979 年立项,到 1981 年仍没开工,耽误了两年多时间,坐失了种种良机!为了打消福建广大干部的疑虑,1981 年 3 月 11 日,项南在福建省直机关干部会议上特作题为《厦门特区非搞不可》的讲话,呼吁全省上下支持厦门特区的工作。

这年 6 月,中共中央、国务院在北京召开广东、福建两省和经济特区工作会议。项南在会上发言时有针对性地提出几点意见:

——特殊政策特到什么程度。在目前条件下,福建对于华侨和外国资本的吸引力不如广东,更不如香港、新加坡。因此,福建应该采取比广东、港澳更加优惠、更具有吸引力的政策。具体说,外商和我们双方都有利的,我们要干;外商有利,我方无利也无害的,我们要干;外商有利,我方吃点小亏,但能解决我们的就业等问题的,我们也要干。要求国务院在原则上予以认可(这是项南第一次提出具有战略高度的"三个要干"——笔者注)。

——要扩大地方自主权。在中央不可能从财力上给两省更多支持的情况下,关键要真正实行特殊政策,下放一点权力。可以考虑在中央"六统一"的前提下,把"三权"下放给福建。"三权"即人权、财权和地方立法权。省以下的机构设置和人员配备,由省委、省政府根据需要自行决定,并允许两省在国内外招聘技术人才。允许两省在财政、税收、银行、信贷、贸易、海关、物价和劳动工资等方面有自主权,包括省里有权自己设立银行。同时,两省可以自己制定单行法规,报中央备案。

在这次中央工作会议上,项南还提出,在两省还没有迈开步子以前,不必担心两省"太特殊""太灵活",倒应该经常提醒两省,中央给了你们特殊政策和灵活措施这个武器,你们为什么不敢特殊,不敢灵活,为什么至今还打不开局面! 现在的问题,是要鼓励我们的干部敢去闯,敢担风险,敢打开局面,这就难免要犯这样那样的错误。还没有迈开步子,就怕乱,怕犯错误,不敢迈步,是出不来经验的。

会后回到福建,项南给省计委、省社科所、省统计局、厦门大学台湾研究所出了一个研究课题:福建经济何时能够赶上或超过台湾? 反馈回来的意见是,这是一个非常艰巨的任务,起码要有 20 至 30 年时间,才能赶上台湾当时的水平。

项南指出:要用二三十年时间,赶上台湾现有水平,从福建的现有基础出发,必须有一个较快的发展速度。为此,就必须加快实行改革开放的政策和措施,进一步扩大对外开放,对内搞活。

在项南的奔走下,1981 年 10 月 15 日,厦门经济特区湖里工业区正式动工兴建。在考虑如何命名时,湖里加工区的正式定名是"厦门经济特区湖里加工区",而没有使用"厦门湖里经济特区"。虽是几字之差,意味却十分深长:在项南和特区建设者的心中,已不把特区局限为湖里的 2.5 平方公里,而是着眼于厦门全岛。

特区基建动土后,建设者们立即感觉到 2.5 平方公里的逼仄,加上各种条件所限,一些工厂如厦门卷烟厂的改造,根本不能放进湖里加工区。项南据此向李先念副总理作了汇报,请求扩大特区范围,李先念说:你们不要死啃2.5,哪个地方有利就放哪里做。项南也就有了办法,指示特区建设者可以在2.5 以外建工厂,吸收外资,享受特区待遇。

以厦门特区建设为龙头的福建改革开放事业,在项南的领导下,很快就打开了局面,短短一两年内,福建的投资环境起了翻天覆地的变化。1983年2月17日,习仲勋在下榻的厦门宾馆接见厦门市领导班子时,第一句话就说道:"福建的工作是好的,思想是解放的,步子是稳妥的,工作是有成绩的,中央是满意的。"①

八、推动办好合资企业

为了达到改变福建面貌进而先行一步的目的,项南领导全省上下积极用好中央给予的"特殊政策,灵活措施",大搞基础设施建设、筑巢引凤。

1981年6月,福建同日本日立公司合资兴办的福建日立电视机有限公司(简称福日公司)正式开始生产。这是在中国落户的第一家中外合资经营公司。

1982年11月2日,中共中央总书记胡耀邦来福建检查工作。胡耀邦沿途对福建省的各项工作作了重要指示,提出福建要走在经济建设的前列,还说福建在对外开放上是积极的,但前段时间进展不快,不能完全怪福建,中央有关部门认识不一致,支持不够,也是个原因。胡耀邦专门就福日公司问题发表讲话,指出:福日公司是中日经济合作的一个风球,即使吃亏,也要坚持办好。胡耀邦的话增强了大家搞好合资企业的信心。

渐渐地,中央高层统一了认识,《人民日报》发表了题为《进一步办好合资企业》的社论。福日公司这个"风球",再次引起举世瞩目。福日公司站稳了脚跟,对日后福建与日本乃至中日经济合作的顺利开展树立了良好样板。

1984年底,项南在会见日本日立工机株式会社社长高桥丰吉时,态度明朗地指出,福建与日立的合作是成功的,希望今后能长久合作下去。他把福建与日立合作开办福日公司作为第一个"里程碑",把双方在电动工具方面的合作,当作第二个"里程碑"。他希望并建议,福建与日立可以进行更全面、更广泛的合作,树立第三个"里程碑"。日方非常赞同项南的想法,表示一定要跟福建进行更加全面、广泛的合作。

福建创办第一个"里程碑"——引进日本电视机生产线,不光是中国电子

---

① 习仲勋接见厦门市领导班子时的讲话,1983年2月17日。

行业第一家合资企业的诞生，重要的是把整个现代的家电行业从生产管理、质量控制、检测全部引进，带动中国家电行业突飞猛进，前进了三四十年。

厦门烟厂和美国雷诺斯合作生产骆驼牌香烟，引进了一些先进机械、技术等。各种议论也纷然而至。关键时刻，项南又挺身出来说话：大搞"三来一补"，没有什么风险。厦门烟厂与外资的合作，我们没有花什么钱，把技术引进来，把设备引进来，原材料也拿到了，工人得到了培训，国家收了税，解决了就业问题，又增加了市场商品，这有什么不好？我们丢掉了什么？有什么风险呢？厦门烟厂不到一年就达到设计要求，就能掌握技术，就能赚到钱。坏处在哪里？

当然，项南也认同香烟内销确实是个缺点。他同时强调，外贸部门需要用骆驼牌香烟供应北京、上海各大饭馆，通过宾馆把香烟卖给外国人，而过去这都是要花外汇向外国进口的。

项南又从这件事引申开去。他说，世界上哪有十全十美的事情，过分苛求，什么事情都办不成。我们确定一个项目要慎重，但出了点问题，大家要互相体谅，不要把责任推给别人。我们要十分爱护有首创精神的同志。他们冒着风险来干，即使犯了一点错误，也应该体谅他们。对外经济活动，我们缺乏经验，难免会犯错误，但只要不是为了个人，而是为了国家，为了党的事业，为了发展经济，犯了一点错误，就要体谅他，支持他，当然也要帮助他尽快改正。

九、在"实事"中求"是"，提出"以智取胜"

为了从福建这个"实事"中求"是"（发展规律），项南坚持调查研究。到1982年初，他心中更有底了。他对省内外参加振兴福建讨论会的知名专家说："福建必须走自己的路子，充分发挥山、海、侨、特的优势，重视现代科技的作用，以智取胜，加快体制改革的步伐，念好'山海经'，建设好'八大基地'，引进国外新技术，吸收国外适合我们的经验。"

"以智取胜"的关键，就是要发展教育和科学技术。从这点出发，项南提出了建立科教基地的设想，强调今后地方财力主要用于智力投资，用于教育事业，用于科学事业。他以极大的热情，密切注视世界科学技术的迅速发展。他认为，国际间的斗争，不单表现为极端的战争形式，更多的将表现为经济的竞争,科学技术的竞争,人才的竞争,实质上又是教育的竞争。因此,他提出"以智取胜"的发展战略,指出:福建要由现在的落后地位走到全国的前头,实现这个跳跃式的前进,必须强调"以智取胜",即注重智力开发,增加智力投资,大力培养人才,引进先进技术和发展科学技术,缩短由劳动密集向技术密集、知识密集过渡的时间。这是关系全省经济建设在本世纪内以至下个世纪的一个重要发展战略[①]。

1982年7月27日,福建省委三届五次全会专门讨论教育问题,作出了《关于加强教育工作的决议》。这在全国是率先而为的举措。项南在发言中指出,会议目的很明确,一是要提高教育重要性的认识,二是要尽可能多地挤一点钱来办教育。

在1982年的省科协座谈会上,项南指出,福建的经济要振兴,必须从劳动密集型的产业向知识密集、技术密集型的产业过渡。他着重提到了微电子技术。还说:有的人可能连微电子技术这个名词都还没听说过,你突然给他讲个什么微电子技术,什么"第四次产业革命""第三次浪潮",难免使他晕头转向。对此,科技工作者要有充分的思想准备,要有"科技扶贫"的责任感。

为了给省里决策提供可资借鉴的参考,实现"以智取胜""科教兴省"的宏伟目标,项南后来定下了"科技月谈会"的制度。每个月就一项经济工作,召集一批相关的科技人员和业务干部来座谈,探讨发展思路,研究产业政策。最多的一年,项南就亲自组织召开了14次科技月谈会。

思贤若渴,在改革开放之初的项南身上,得到了真实的体现。在他的建议下,福建省委、省政府向党中央、国务院呈送了《关于给我省以人才和智力支援的报告》,请求中央各部委和内地调派一批专业技术干部支援福建,允许福建组织力量到专业技术力量比较雄厚的省市招聘人才,增加国家分配给福建的大学毕业生、毕业研究生的计划指标,增加中央直属院校和外省院校在福建的招生计划。

1983年8月16日,根据项南的指示,福建省召开引进国外专家座谈会。项南亲临与会,并作《要重视引进国外人才》的讲话,指出:"引进国外专家、管理人才,可能比引进国外资金、国外设备、国外技术更重要、更现实、更紧

---

① 项南:《论以智取胜》(1984年8月),项南:《福建纪事》,人民出版社1999年版,第318—319页。

迫。这是我们执行对外开放政策中必须抓紧解决的一个大问题。"① 会后, 福建省开始大张旗鼓地外引人才。

这年年底, 国务院办公厅外国专家局在北京召开全国外国经济专家工作经验交流会。会上, 福建省的引进国外人才工作受到有关领导和专家的赞扬。

十、"松绑"放权和"包"字进城

长期以来, 在福建, 处于生产第一线的负责人, 常常感到许多条条框框束缚了他们的手脚, 有志不能伸, 有劲无处使。受到这样的牵掣, 企业也就搞不活, 生产上不去, 经济更不可能有大的发展。

1984 年 3 月 21 日, 福建省企业管理协会在福州二化举行厂长、经理研究会(后更名为福建省企业家协会)成立大会(1994 年, 为纪念具有历史意义的"松绑"放权, 这一天被定为全国企业家活动日)。会上面对新形势和旧体制的矛盾, 与会厂长经理们形成了这样一种共识: 再不触动旧权力观念, 再不突破旧体制束缚, 企业的步子就无法迈开。

其时, 福建全省农村改革步伐大, 效果好, 众多厂长经理真是看在眼里, 急在心里。为了使企业走出困境, 省企业管理协会发动厂长经理们想办法, 互相交流。在这次会议上, 有两种情况引起与会企业家们的关注: 一是改革试点企业像铅笔厂, 二是三资企业如福日公司, 都拥有一定的自主权。一些厂长经理对此深感兴趣之余, 认为自己的企业如果具有这个机制, 也可以搞活。大家就此展开讨论, 越讨论方向越清楚。

厂长经理们情绪普遍高昂, 纷纷提出要用一个特殊办法, 触动和催化企业的发展, 这就是要解决体制问题。

3 月 23 日, 省经委副主任、研究会副会长黄文麟和研究会秘书长滕能香集中大家的意见, 起草了一封代表 55 位厂长、经理心声的呼吁信——《请给我们"松绑"》, 拿到大会讨论并获得通过。当日, 黄文麟和滕能香郑重地将呼吁信呈交给项南。项南对呼吁信作了热情、肯定的批示: "此信情词恳切, 使人读后有一种再不改革、再不放权, 就真是不能再前进了的感觉。本人认为

---

① 项南:《要重视引进国外人才》, 1983 年 8 月。

有必要将这封信公之于众。"

第二天,《福建日报》在头版头条以《五十五名厂长、经理呼吁——请给我们"松绑"》为题,全文刊登这封呼吁信,信前还加了项南亲自写的一段饱含改革激情评论式的导语。一石激起千重浪。呼吁信的公开发表,立即引起全省甚至全国强烈的反响和一系列连锁反应。

3月30日,《人民日报》在第二版头条位置转载了3月24日《福建日报》的"呼吁信",以及后者在3月25日刊登的福建省经委、省委组织部支持厂长经理们呼吁的报道。《人民日报》加了编者按,指出"这封呼吁书提出了体制改革的一个重要问题",旧的阻碍生产力发展的状况"到了非解决不可的时候了";福建省有关部门对55位厂长、经理的信,很快作出反应,值得赞赏。很快,《经济日报》、中央电视台、中央人民广播电台等中央主要新闻媒体都加以转载和播发。

在全国城市经济体制改革尚未启动之时,福建厂长经理们提出的搞活企业的五项要求,实现起来阻力重重。项南强调"松绑"放权不能报纸登了了事,要抓落实,抓出成效。

在4月10日结束的省工贸会议上,项南指出:55位厂长、经理的"松绑"要求是正常的,革命的,各部委、各厅局都要像省委、省政府一样支持他们的要求。他说,要使企业有活力、动力和压力,根本问题就是要改革,改革的核心就是放权。必须使我们的厂长、经理有人权、财权和管理权。一个厂长或经理没有这三种权力,可以断言,这个企业是办不好的。我们希望各部委、各厅局都和省委、省政府一样,时时刻刻想着当厂长、当经理的困难,要把捆在他们身上的绳索解开,让他们前进,让他们发展,让他们起飞。

4月24日,要求"松绑"的呼吁信发表一个月后,福建省委常委和省政府党组作出决定:5月中旬再次召开55位厂长经理会议,对"松绑""放权"进行检查。项南亲自写了一条名为《省委决定下月中旬召集55个厂长进行检查:还有哪些权没有拿到手,还有哪条绳索没有解开》的新闻,在《福建日报》刊出:

本报讯 昨日省委常委和省府党组在整党会议上作出决定:下月中旬再一次召开55个厂长经理会议,对"松绑"放权进行检查:有哪些权没有拿到手,还有哪条绳索没有解开,是谁对放权"松绑"搞得好,是谁把着权不放,是谁不给"松绑"。检查将指名道姓，找出促进改革的单位和个人，找出阻碍经济改革的单位和负责人，进一步扩大企业的自主权，逐步摆脱企业对行政的附属地位。

项南写的短消息稿，给改革者以鼓舞，给观望者以督促。项南亲自指挥的福建国有企业松绑放权，历时两个多月的报道，在全省乃至全国都产生了很大的影响。《福建日报》因此获得全国好新闻评比特等奖。

5月10日，国务院颁发了《关于进一步扩大国营工业企业自主权的暂行规定》，对企业要求"松绑"放权予以肯定。5月12日，《人民日报》以"请求松绑答应松绑拉开了改革序幕，立志改革勇于改革回厂后即见高低"为题，报道了福建55位厂长经理进行改革的情况，并高度赞扬了他们的做法。

工业企业实行"松绑"放权后，如何真正解决城市的吃"大锅饭"问题，调动广大干部职工的积极性？项南提出，要让"包"字进城。

在城市体制中"大锅饭"还非常盛行的时候，项南看到了引进农村承包责任制到城市运用的广阔天地。极富前瞻性的让"包"字进城，是项南完全从福建、从中国的实际中总结出来的办法，其难能可贵自不待言。

十一、把乡镇企业发展提到战略高度

1982年，全国和福建开展打击走私贩私、打击投机倒把的"双打"斗争，福建的晋江、石狮榜上有名，被作为重点打击的地区。但结果却事与愿违，案子越办越多，走私贩私越打越多，此消彼长，没完没了。

项南看到了这个情况，提出：这样打来打去，不是个办法，解决不了问题。关键是如何引导？要结合当地的特点，发挥当地的优势。这个地方华侨多、信息灵、劳力多、资金也不缺，能不能发挥这些优势，搞来料加工、来样加工、来件装配和补偿贸易？

项南这番话，使各级行政部门的思想随之转变。于是，变堵为疏，变卡为引，把扣在晋江、石狮头顶上的"资本主义帽子"也拿掉了，放手让他们大力发展来料加工。晋江陈埭从做鞋开始，石狮是生产布匹、服装，靠飞机场那边是生产食品。这些很快发展起来了，一时间，全国各地顾客云集。

实践证明，引导的办法是对的，使整个晋江的形象为之一变：人人都有事干了,都一心一意地发展生产。随着风气大为改善,晋江的生产迅速发展。群众团结了,就来集资办厂,没想到竟很快又闯出一条路子。1982 年,陈埭群众集资 1000 多万元,办起了 300 多家各式各样的工厂。

陈埭的典型意义在于:它在几乎没有国家投资的情况下,广大农民怀着"治穷致富"的强烈愿望,敢于冲破"三就地"(就地取材,就地加工,就地销售),利用"三闲"(闲钱、闲房、闲人),走"市场——技术——原料"的新路子,大念"人无我有,人有我优,人优我廉,人廉我转"的生意经,采取"民办"形式,把民间潜在的资源转化为现实生产力,并使之在更广阔的空间内交流与组合,特别是凭借海外的资金、技术和信息,推动农村商品经济的发展。然而当时,有人认为只有集体投资、统一经营的企业才是姓"社"的,而个人集资、分散经营的则姓"资",一时舆论四起。

1983 年 5 月,项南经过深入细致的调查研究,带着省委、省政府直属部门领导,各地市、县有关领导二三百人浩浩荡荡地来到陈埭,召开全省社队企业现场会。会上,项南把陈埭发展社队企业的经验,概括为"三化"(专业化、商品化、多样化)和"三性"(群众性、适应性、竞争性),并给陈埭的社队企业定了姓"社"的性质。①

笼罩在陈埭人头上的迷雾终于拨去,他们的探索与奋斗被省委书记总结了,肯定了,陈埭人个个热血沸腾,决心放手大干。

对福建多种经济成分的发展,项南的态度一向明确而坚决。他认为作为原军事前线的福建,现在面临着繁重的经济建设任务,台海两岸的形势在变,改革开放的形势在变,鉴于过去国家在福建投资不多现在也不可能过大投资的局面,只有兴办社队(乡镇)企业,积极吸引台商、侨商来投资,才能迅速地振兴福建经济。所以,他以自己的胆识,对社队企业的性质给予充分肯定,称陈埭的社队企业是福建的一枝花,望大家都来关心和爱护陈埭这枝花,使得这样的花开遍八闽大地。

根据项南在陈埭现场会的讲话精神,《福建日报》很快发表社论,指出:"陈埭公社群众集资联合办企业的经验好得很,它姓'社'不姓'资',是我们福建农村经济蓬勃发展的一枝花。"

项南没有把眼光仅仅停留在陈埭一地,他胸怀全局,八闽蓝图尽装心中:

---

① 项南:《群众集资办厂好得很》,1983 年 5 月 17 日。

福建省还有一些地方已经孕育着很多花蕾,如晋江县的磁灶公社、长乐的营前公社、南安的石井公社、闽侯的南屿公社等,要使这些花常开不败,永远艳丽,还须克服自身的一些问题……

1984年8月中旬,福建省乡镇企业工作金峰现场会召开。项南根据全省经济形势和乡镇企业快速发展的势头,响亮地提出了"福建经济靠乡镇企业打头阵"的口号①。

春风化雨,福建沿海和山区很快出现了社员集资办厂的热潮。全省学陈埭,陈埭也面临如何继续发展的新问题。在省、地、县、镇纷纷研究陈埭乡镇企业如何进一步发展时,项南提出了许多金点子。

在项南的鼓励和点化下,陈埭人乘势而上,不负众望。1984年全镇工农业总产值超过了一个亿,成为福建第一个亿元镇。12月15日,晋江地委、行署在晋江灯光球场召开隆重的表彰大会,项南特意安排省委书记程序前来祝贺,并送来一面题写了"乡镇企业一枝花"的大锦旗。陈埭从一个典型的落后"穷社"发展成为名闻遐迩的福建省第一个亿元镇,可以说是项南推动和支持的结果,由此形成的以集资联办企业为主体的农村经济新格局,经济学家称之为"晋江模式",民间也称之为"泉州模式"。这种模式,既不像苏南那样由镇村集体来办企业,也不像浙南那样以家庭为单位,而是介于两者之间,由几户乃至十几户农民联办企业。

自从陈埭现场会后,乡镇企业一枝花转眼变成百花齐放,百花争艳。经过一年多的发展,到1984年,全省产值达千万元的乡镇,由原来的21个增加到70多个。种种数据证明乡镇企业成为福建发展速度最快、生命力最强的经济成分。

十二、"两手抓,两手都要硬",保证改革开放健康发展

1982年1月12日,中央发出严厉打击走私贩私、投机倒把的"紧急通知"(2号文件),项南马上在地市委书记会议上作了传达,要大家回去当作一件大事来抓。省委常委还作了专门研究,提出六条重要措施。

改革开放,国门打开了,进出的人多了,问题也就来了。随着福建的大门

①　项南:《福建经济靠乡镇企业打头阵》,1984年8月13日。

向世界敞开,国外一些腐朽没落的东西不可避免地趁机混入。福建一些地方在发展经济的同时,也出现了严重的经济犯罪活动,如走私贩私、贪污受贿等。项南认为对经济领域中的犯罪活动只要注意打击,是可以防止,促进对外开放的。福建和厦门特区在改革开放之初出现的一些弊端,项南也是深有警觉,并坚决抵制。早在1981年春夏,福建省就先后召开过两次打击走私工作会议,指出要对走私贩私、投机倒把活动坚决地从重从快给予打击。为切实加强对反走私斗争的领导,在项南的指示下,省和重点县专门建立了海上缉私部队。1981年12月13日,他在中央召开的省市区党委第一书记座谈会上,还坦率地称福建当前有两大"公害",一是海上走私和投机倒把,二是海外传媒和电台、电视的渗透。没想到,回到福建过完元旦不久,就收到中央这个紧急通知。

几乎与下达2号文件同时,中央纪委主要领导带队进驻广东,调查办案。1月15日,专程到福建的中共中央政治局委员、书记处书记彭冲在福建省直机关各厅局党组书记会议上,传达了中央领导批示、中央紧急通知和中央书记处对贯彻批示的意见,并讲了几点意见。当天,在项南的主持下,福建省委常委又专门作了具体部署。

项南认为落实中央紧急通知是端正党风、带好民风的一个契机,指出,社会上的走私贩私并不可怕,可怕的是我们的队伍、干部被腐蚀了,值得警惕。但他也特别强调,我们反对贪污受贿是坚决的,实行对外开放也是坚决的,决不能以前者来否定后者。正如彭冲同志指出,福建在实行特殊政策、灵活措施和对外活动方面,基本上还没有迈开步子,这方面工作不是搞过了头,是大大不够,中央现在要刹住走私贩私这股风,不是说不要特殊政策、灵活措施,不要搞特区,不要搞对外开放。项南重申:我们不能因此缩手缩脚,不敢做工作。工作中出点毛病,没有经验,是可以理解的,但贪污受贿,为自己的私利,不顾国家的利益,那就不能原谅,要坚决打击。

2月11—13日,中共中央书记处又在北京专门召开广东、福建两省座谈会,两个省的省委常委全部参加。中心议题就是如何更坚决、更有效地贯彻执行中央的紧急通知,进一步开展打击经济领域中违法犯罪活动的斗争,端正对外经济活动的指导思想,更好地实行特殊政策、灵活措施,发展两省经济。胡耀邦等领导同志作了措辞严厉的发言,表明了中央的坚决态度。

会后,项南回到福建,火速传达会议精神,部署采取有力措施。真正按照中央紧急通知中的"两个必须""两个不许"予以贯彻落实，即：对于走私贩私、投机诈骗，贪污受贿，把大量国家和集体财产窃为己有等严重的违法犯罪行为，必须雷厉风行地加以处理；对于那些情节严重的犯罪干部，特别是领导干部，必须依法制裁。对于干部首先是负责干部中在经济上存在的严重问题，不许熟视无睹，知情不报；不许优柔寡断，姑息包庇。对大案要案和长期处理不下去的案件，要抓住不放，坚决处理，对严重的还要从重从快地给以有力打击。对沿海走私严重的地方，派出强大的工作队，帮助工作，把走私的歪风刹下去，使党风民风有个决定性的好转。

根据项南的部署，福建省立即展开了声势浩大的打击经济领域违法犯罪斗争。

晋江县工商行政管理局一名干部徇私枉法，支持并参与贩私活动。因为晋江县委认识不清，对他姑息迁就，使得这件案子被揭发一年多时间一直处理不下去。项南花了很多时间翻看这一案件的有关材料，一件件落实，最后确信证据确凿，下决心处理。在中央纪委关注和项南的直接过问下，晋江县委因此作出检查，将该干部开除党籍，交由政法机关依法逮捕、判刑。

项南还为此写了《有些案件为什么长期处理不下去》的短评，作为《福建日报》社论发表。全文连题目和标点符号在内，共176字，分析一些案件长期处理不下去的三条主要原因，只用三句话，一针见血，发表后为全国许多大报竞相转载。读者来信称之为社论中的"高档品""带出了好文风""咫尺间呈万里势"，其"效果胜过万言书"，当年即被评为全国好新闻作品。

在项南的领导和严厉督促下，省直各部门和各地市纷纷行动起来，加强打击经济犯罪的力度，前后挖出省财政厅长、华闽公司副总经理、三明地区副专员等一批大蛀虫。

项南在这场斗争中，特别强调广大干部特别是领导干部要振奋精神，以身作则，作出表率，长期坚持反腐蚀斗争。联想到有些案件与港商，与一些领导干部有牵连，他说："现在出国人员带东西回来很多。我建议在座的领导干部出国到港澳要做到来去清白，头脑里带些东西回来。不要脑子空空，手上满满。"

当时有一种议论，说中央决定广东、福建两省实行特殊政策、灵活措施搞错了，所以导致一大堆弊病。项南指出：这个话不对，广东福建有走私、贪污，如果是因为实行特殊政策、灵活措施之故，那没有实行特殊政策、灵活措施的省份就没有贪污走私了。同样有！现在的关键是，我们应该把好的东西引进来，把坏的东西剔除出去。

后来，项南在报上发表评论《窗口的作用》，谈及国门打开，虽然带进了苍蝇一类腐朽的东西，但只要用好纱窗，新鲜空气仍可以自由进出。此文在全国颇有影响。

1982年6月，项南来到厦门大学，向师生作题为《我把福建的情况告诉你们》的讲话。他把打击经济领域中严重犯罪活动列为当年打算要做的四件事之首。在讲话中，他义正辞严地说："有的人对国家引进一个项目，怎么做到对我们国家经济上有利，兴趣不大；而对于那个二十寸的彩色电视机，兴趣却大得很。为了拿人家一架彩色电视机，可以把几万美元的好处送给人家；或给人家多少万美元的好处，然后换取自己的女儿、自己的儿子到国外去留学。我们能容许这种现象继续下去吗？这样的犯罪行为不打击行吗？"他还如此这般告诉师生们："这场斗争是不可避免的。只要我们坚持对外开放的政策，那么资本主义腐蚀与社会主义反腐蚀的斗争就将是长期的，也是非常困难的。因为搞这些坏事的人，不只是一般奸商，而且有我们的干部，甚至是负责干部参加。正因为他是负责干部，要把这个案情搞清楚非常困难。但是，同志们，你们应该相信，应该有这种信心，我们这个坚强的党，最终一定能够战胜这些坏蛋！"

当时还有人说，共产党抓贪污犯，没有看到抓出几个大家伙来，某家港报还别有用心地说：共产党的搞法还是"看见兔子就开枪，看见老虎就烧香"，云云。针对这类形形色色的议论，项南声明领导干部中利用职权搞贪污受贿者只是极个别的现象，并反驳道："为什么只批评我们，批评的人就没有责任吗？你们可不能够在旁边看戏当观众，只由我们在台上当演员。对经济罪犯，就是要我们大家都对他表示痛恨，都有责任来抓，这是我们大家的事，抓不出来是我们大家的责任。"① 口笔两厉的项南，说理或驳斥，都能让人信服。

坚决打击经济领域的犯罪活动，会不会影响到福建省改革开放的进行呢？项南要求各级领导一手抓经济工作，一手抓大案要案；在大力开展打击经济犯罪活动时，仍然坚持以经济建设为中心，要分清先后、主次，抓大案要案是为了更好地保证经济工作健康、顺利地进行。

---

① 项南：《我把福建的情况告诉你们》，1982年6月。

十三、加快解决地下党遗留问题

项南主政福建,大胆拨乱反正,卓有成效地平反了以福建地下党三大案为主的一系列冤假错案。

福建是革命老根据地之一,福建地下党有着长期的、光荣的斗争历史。解放后,由于种种历史原因,对在当时艰苦的环境中开展地下斗争的困难和复杂性认识不足,加上受"左"的错误影响,不少地下党干部和老区群众在政治运动中受到伤害,受到错误处理和不公正的对待,遗留下不少问题。

1981年7月,胡耀邦在一封反映福建地下党问题的来信上作出批示,要求地下党问题要很好抓一下,公公正正地解决,先从福建抓起。

福建省委对此高度重视。10月,项南主持召开省委常委会议,成立处理地下党历史遗留问题办公室,调查处理福建地下党问题。1982年3月,在省委专门就此问题召开的座谈会上,项南明确表示,福建地下党有着光荣的革命历史,应恢复原来的革命形象,省委下决心公公正正地、不失时机地解决这一遗留问题,坚决彻底地平反、改正地下党干部和老区群众的一切冤假错案,切实做好善后工作。

根据中央和省委精神,福建各地开展了大量工作,根据调查走访的情况,决定首先抓曾镜冰案、闽西南白区党组织案和"四〇五"案三个影响较大的案件。

一是曾镜冰案。曾镜冰是党的七届中央候补委员,原闽浙赣区党委(后改为闽浙赣省委)书记。解放后曾任福建省委副书记、省政协主席。因错误处理城工部问题而引起对他政治上的怀疑。1955年中央批准成立专案组对其进行审查,1957年,他被认为"内奸嫌疑严重",对其继续进行审查。"文化大革命"期间被迫害致死。这一案件直接影响到对原闽浙赣区党委的评价,并株连了一批干部群众。

福建省委对此案进行了认真复查。1983年6月,中央批复同意福建省委关于为曾镜冰同志平反的请示报告,为曾镜冰平反,恢复名誉。此案平反,也使闽浙赣区党委得到肯定,使被此案影响的其他干部群众重新获得公正的对待。

二是闽西南白区党组织案。十一届三中全会后,福建省委对1951年闽西南白区党组织案进行了复查。1983年5月,省委作出《关于对原闽西南党的白区组织审查结论作部分修改的通知》,撤销了1951年审查结论中的部分不当结论,指出对受影响而被错误处理的干部群众,应根据实事求是、有错必纠的原则,认真地落实政策。

三是"四〇五"案。1982年5月,福建省委认定,"四〇五"案中的许集美、黄国璋政治上没有问题。1983年,省委发文撤销"四〇五"专案。1984年8月,福建省委经中央同意,印发了《关于调查处理福建地下党问题的报告》,再次为"四〇五"专案有关人员平反,指出,原闽中地下党组织是中国共产党的一个组成部分,其领导机关在长期革命斗争中为党的事业作出了贡献,为原闽中地下党组织的领导机关及其主要负责人和其他受错误处理的同志平反,恢复名誉。

在公正审结以上三大案件的同时,福建全省各级党委和有关部门对提出申诉的4441件涉及地下党人员的刑事和党纪政纪案件也进行了复查。到1983年底,复查结案2253件,其中予以平反纠正的冤假错案达1710件。在此期间,还承认了福州地区的东岭工委及东岭游击队,厦门市的原闽中地下党厦门省立医院支部,宁化县的闽宁游击队,恢复了1478名确曾入党仍具备党员条件的有关人员的党籍①。

尽管处理地下党历史遗留问题取得很大进展,但仍然还有不少遗留问题尚待解决。1984年3月10日,担任过福建省省长、国家卫生部部长、河北省委书记等职的中顾委委员江一真在福建调研时,将自己所了解的地下党有关情况向项南作了反映,回北京后又写出《关于落实原闽南白区知识分子地下党员政策问题的建议》,连同一封信送交薄一波和胡耀邦。胡耀邦批示:"转一波同志阅后转野萍同志。请中组部协同福建抓紧进一步解决。"

项南认为,这是党中央对福建党、福建知识分子的最大关怀,必须不折不扣地火速照办。他还当即在中央批转江一真的建议件上批示:将此件印发六套班子负责同志(包括非党员),并请组织部遵照耀邦同志批示,提出一个具体方案(包括干部安排、提级等),提请常委通过,这应成为整党中一个重大的整改问题。

---

① 中共福建省委党史研究室:《中共福建地方史》(社会主义时期),中央文献出版社2008年版,第701页。

当年 12 月初，省委在泉州召开了处理地下党历史遗留问题工作会议，确定了"坚决、彻底、尽快、妥善"解决这一问题的指导方针。会后，各级党委都把这项工作摆上了日程，积极认真地抓紧贯彻落实，工作进展比较快，在恢复地下党的革命形象、平反冤假错案、落实干部政策等方面取得了很大成绩。但由于这一问题遗留时间久，情况复杂，统一思想认识需要一个过程，工作发展还不平衡，有的地方进展一直缓慢。

为进一步统一认识，统一政策，总结经验，加快步伐，省委于翌年 3 月在福州召开处理福建地下党历史遗留问题会议。项南在会上讲话指出：从胡耀邦同志第一次对地下党问题批示，到现在已经三年多了，到了该结束这个问题的时候了。过去搞错了的冤假错案，不管是谁搞错了的，是谁说了话的，是哪个文件定了的，是哪一个年代的，该平反的都得平反。这是一个原则问题，决不能含糊。这是我们全党的事情，不应再拖了，省直有关部门和地市委负责同志要亲自抓一下这个问题，争取在 5 月底前基本上结束。

省委委托组织部和处理地下党历史遗留问题小组共同负责这项工作。为了加快搞好工作，尽量减少往返请示的过程，如干部的提职、干部的工作安排，省委指出：按干部管理范围，该哪级负责就由哪级负责，不要再请示来请示去；各级按文件规定，大胆负责，直接处理；如果每件事都往返请示，就会把时间拖掉，只有超过职权范围以外的问题，才要请示。

还有一个就是被平反干部调资的问题。项南对此态度明朗干脆："这是关系到处理地下党的一项重大政策问题，参加革命几十年，现在还是 22 级、23 级，有的只有 24 级、25 级，说不过去，有关部门的同志应该抓紧解决，14 级以上的不提，从来没提过的提一二级，少数提两三级，这个精神是耀邦同志作了批示的，我们不要再按文件规定，该提的就大胆提，该提一级就提一级，该提两级就提两级，不要怕人说闲话。"

同时，项南也做受过委屈的地下党同志的工作，要适可而止，宽宏大量一些，不要斤斤计较。对提级问题、工作等安排问题，都要体谅。要做到，一方面组织上实事求是来处理，做到大家比较满意；另一方面，地下党同志适可而止，不要计较，这样才能加强全党的团结。处理地下党历史遗留问题的最终目的，是使我们的党更加团结，加快建设步伐，早日实现翻两番的目标。

然而，工作进行中遇到的阻力却很大，许多人对恢复党籍和安排使用问题有看法。项南有针对性地提出自己的意见：党籍问题，划个政策，按"文化大革命"前申请的受理,在5月份搞结束。"文化大革命"后的交给各级组织作为日常工作来处理。当然要严格审查,看后来有没有罪行,即使当事人过去入过党,但有罪行也不能恢复;安排问题,要根据"四化"(革命化、年轻化、知识化、专业化)的方针安排,例如政协名额空缺,或一些同志和当事人条件差不多,年纪大一二岁,这样的可给予适当照顾。要符合条件的才安排。照顾是在中央原则下适当照顾些,我想大部分是不能安排了,所以调子不能唱太高;还有提级问题,14级以上的就不要提了,提3级的不要超过5%,大量的是提1级。提2级的15%。要自始至终强调做好团结[①]。

根据项南的讲话和福州会议上大家座谈讨论的情况,省委形成了关于处理福建地下党历史遗留问题的纪要,从而推动并加速了全省落实政策和解决地下党历史遗留问题的进程。

项南不仅注重对知识分子党员在政治上落实政策,在经济上进行补偿,而且对这些老同志的宝贵年华在动乱中白白浪费的事实唏嘘不已。他明白,由于年龄的关系,国家政治生活制度的限制,他们当中绝大部分是无法再担任领导职务了,所以,他力图帮他们找到一个能发挥余热的办法。

在一封要求为福建人民革命大学简称福建"革大"一期学员落实政策的报告上,项南作出如此批示:"革大"有人才,由于我们不了解,不少人被湮没了,可惜,可叹,亡羊补牢,犹未为晚。他要求省委组织部长,可将情况交由人才交流中心了解一下,还有哪些人可抢救重用的。

就在江一真向胡耀邦写建议的同时,项南分别找到张连、许集美等人,要求他们将过去在泉州地区工作过的老同志组织起来,搞个经济实体,利用同海外华侨有密切联系的优势,穿针引线,牵线搭桥,发挥余热,为福建引进侨资和外资、建设新侨乡、发展经济作出贡献。

十四、既主张"拿来主义",又注重自身"两个文明"建设

项南很欣赏鲁迅的文章《拿来主义》。他也有自己的"拿来主义":"资本主义也是人类文明发展的一个阶段,比封建社会不知提高多少倍,生产力取得前所未有的发展,其先进技术、管理制度都是人类文明发展的结果,为什么

---

① 项南:《要加快解决地下党历史遗留问题》,1985年3月7日。

要去怕它而不把它拿来为我所用呢？"

在跟福建省、地一些领导谈话中，项南不止一次地指出：长期以来，我国的经济发展缓慢，工业基础薄弱，对现代化建设是非常不利的。工业要前进，就要抓引进，要放手让县社去干。

项南对引进项目非常支持，基本上都是从头到尾给予关心，有的甚至直接参与谈判。他说，一定要大开门户，狠抓引进。有些项目能拍板的要当场拍板，不要优柔寡断，不要七请示八请示，贻误时机。一句话，根据中央领导"权放一格"的精神办，放手干。

在项南的鼓劲下，福建省各有关部门、单位八仙过海各显神通，纷纷引进项目。在引进工作中，也发生了不少使项南感到气恼的事情。

福州市引进大圆机，由于外行出去，引回来的是旧机器。项南得知情况后，气得手都抖起来。他化名"一读者"写了一篇评论文章，说这些人有的不受法律的制裁，但要受到舆论的谴责。

闽西老区永定县的一位爱国华侨，想为家乡建设尽点力，独资经营开办藤器公司，进口藤条，招收那些待业在家的年轻人搞编织，再由他销往国外。因为有项南的讲话，县里一切手续从简，马上批准，接着地委也批，报到省里，却一直没有回音。县里问地区，地委写信给项南，问这件事省里为什么不批？项南找到省经委负责人，问起缘由。省经委负责人说，不是我们不批，是国家经贸部不批，它不发许可证，这藤条就进不来。

后来项南到北京开全国人大会议，专门为此事跑到中央书记处去告经贸部的"状"。经贸部方面给胡耀邦写报告说，福建这个项目不批准是完全有理由的：第一，在国内搞藤器生产的厂子已经很多了，现在的销路就有问题，再生产就会增加积压；第二，藤条是要进口，要花外汇；第三，没有什么先进技术。

问题没有解决，项南实在是想不通：人家是独资企业，不是合资企业，你管它有没有销路，跟我都没有关系，你管他干什么？跟你有什么关系？！

这么一件小小的事情也送到陈云那里。陈云在看完项南的报告后说：项南同志的意见很对。大概就是在这样的情况下，项目最后通过了。

1984年8月，闽西第一家外资企业——永侨藤器企业有限公司正式签约，由香港新艺行引进先进技术设备，独资生产和经营藤木、藤竹、藤钢、藤塑、藤家具、藤工艺品等综合制品，产品全部销往国外。事情是办成了，但只有身临其境的人才能体会个中的滋味。

1984年底,项南参加全国指导性计划讨论会。他以永侨藤器公司的审批为例,深有感触地说:这样一个小项目,我们就遇到这么多困难,审批了两年。一个省都不能批这种项目,怎么打开外经工作的局面? 这种项目不要说中央部门可以不管,省里去管都是多余的,顶多就是所在的县的政府管一管就行了。至于大一点的项目,拖的时间就更长了,有些项目谈了二三年都定不下来。有的华侨反映,真是马拉松,比谁的命更长。他提出,福建经济要搞上去,要走在四化建设的前头,希望中央各个部门和各兄弟省、市给以支持和帮助。

虽然对有些现状不满,但项南还是热情地主张引进人类"文明优秀成果",所持的还是敢于直言的精神。这一点,从他给福建省计委副主任张维兹一封有关引进的信中油然可见:"(工作中)当然会遇到各种困难和非议,但成大事者,有哪一个不是在咒骂声中站起来的呢!"

厦门感光厂引进一条柯达彩色感光生产线,是福建省也是当时全国最大的引进项目之一。项南对此给予了极大重视和支持。

先进技术引进来了,是不是就万事大吉了? 不然。对此项南有强烈的忧患意识。他说:厦门引进了柯达感光材料,但引进来了并不等于什么问题都解决了。能不能如期投产? 投产了,质量是否达到? 能否创新,在高起点基础上发展我国自己的感光材料工业? 这些都是引进后必须解决的问题。

但当时没办法,国内缺少这方面的人才。用项南的话说,叫做"不得不吞下这个苦果"。以每人一年工资起码2万多美元的代价,从美国请了100多人。虽然花下这么多钱很觉心疼,但既然把这些外国专家请来了,就要关心他们,使他们真正能为我们做事。项南亲自出面,关心外国专家。福州森林公园的荔枝成熟时,项南总要请外国专家们去看一看,尝一尝。那些外国专家都是全家去,大人小孩,追逐游戏,热闹非凡。这些活动很有意义,影响很好,让不少外国专家对中国充满了感情。

在项南的建议下,厦门大学成立了技术学院,培养、使用、引进专业人才,重点是培养,以解决引进技术的问题。项南又一直督促对先进技术要消化吸收,提出一定要将消化吸收和开发创新作为可行性研究的重点。

不光工业要引进,农业也要引进,引进先进技术和优质品种,是为了最终打出去。项南曾多次主持省委常委会议,专门讨论农业引进的问题。在他的领导下,福建的农业引进长时间走在全国前列。

项南在身体力行实践"拿来主义",主张把人类文明优秀成果为我所用,以更好发展经济、建设物质文明的同时,也重视建设高度的精神文明。他曾说:"越是山区,越是基层,越艰苦的地方,就越是要有好的精神状态,才能战胜困难,不然就会为困难所吓倒,所以要把精神文明立起来。一样的道理,越是掌管权和钱的单位及干部,就越是要把精神立起来,这种精神就是反腐倡廉、公而忘私,这样才能战胜形形色色的诱惑。我认为,国家干部的勤政廉政,本身就是精神文明的一种高层次体现。"

在项南等人的培育、总结、宣传、推广下,福建三明的文明建设在全国越来越出名。同时,项南也注意人民群众的物质生活。在三明调研期间,他每天一地,都要深入农家,打开饭甑,看一看,问一问,就什么都知道了。

精神文明和物质文明,像一辆马车上的两个轮子,缺一不可。项南认为,建设精神文明,必须围绕经济工作来进行。经济工作上不去,基础不巩固,就难以建成高度的精神文明。但是,又不能等到经济搞上去以后,才去抓精神文明建设。所以他提出,应当两手抓,同时抓,即一手抓物质文明建设,一手抓精神文明建设,相辅相成,互相促进。针对三明相较于福建沿海地区相对落后的物质文明,项南认为:三明这个地方,关键要放得开,思想要解放,毕竟是山区,交通条件、人民素质等与沿海有差距。思想不解放,要发展经济很难,改革开放关键是思想观念转变,特别是领导思想解放,才能带动群众。项南不遗余力地为三明的经济发展出谋划策。

改革开放以后,在引进资本主义的先进技术和管理经验的同时,一些腐朽的东西也进来了。于是有的人将它视若洪水猛兽,谈之色变,好像中华传统的优秀文明将被冲得七零八落,并将之归罪于对外开放。项南对这种杞人忧天式的担心不以为然。他曾写过一篇名为《窗口的作用》的短文,形象地提出既要打开窗口,引进外国的资金、技术、知识、管理经验,吸收海外的清新空气,又要设窗纱,筑一道抵御资产阶级腐朽思想的钢铁长城。他认为,在改革开放和特区建设中保持民族优秀遗产、文化传统,加强社会主义精神文明建设,既有利于改善投资环境,又有利于促进改革开放,也是抵制资产阶级腐朽思想影响、弘扬中华文化的需要,更是让世界了解中国、让中国走向世界的需要。

项南相信中华优秀传统文化的力量,相信新中国精神文明建设的力量,但他同时要求省里宣传、教育、文化等部门,要以改革的思想,为人民群众提供更多的精神食粮。他说,文艺要起到鼓舞、引导群众的作用。我们写作品是为了人民,不是为了自己,人民需要建设社会主义精神文明。文艺工作者应以现实题材为主,大胆创作,为繁荣文艺事业写出更多、更好的作品。

因为项南的关心和爱护,福建的文艺创作呈现良好的势头。一次,省文联在鼓浪屿开会,来了十几个省的代表,因为谈的问题尖锐了点,主张创作自由,便有人告状说是开黑会,有关部门讨论要处分文联主席,连文化部门的领导也成了被告。省委常委会上两次讨论这件事,项南发表意见说:我们文艺界现在很繁荣,能这样说明兴旺,这种局面来之不易,但要批,要打,一个晚上就够了。事情最终平息了下来。

十五、做好侨务和对台工作

福建华侨众多,20世纪80年代初就已有六七百万之众。这些华侨主要居住在东南亚国家。他们历来具有热爱祖国、热爱家乡的好传统,关怀桑梓建设。项南将此作为福建的重要特点和优势,与之相关的侨务工作也是必须做好的重要工作。他把做好侨务工作同发展经济、做好对台工作并列为20世纪80年代福建的三大任务。

1981年初,刚到福建上任的项南就抽出时间,来到福州华侨新村,挨家挨户地访问和看望了住在这里的归侨、侨眷,亲切谈心,问寒问暖。他不仅跟侨务部门的负责人谈话,也跟各级党政领导交心:福建要搞好改革开放,要发展经济,引进资金和技术,就必须善于打好"侨牌",这是我们的好牌、王牌,但以前不仅不敢打,还成为受批受冤受连累的海外关系问题,蒙受了许多的不白之冤。我们再不能做这种事了。他在省委常委会上提出,要把保护和发扬侨胞爱祖国爱故乡的热情,当作侨务工作的基本方针,同时要继续抓好落实政策工作,对涉及归侨的冤假错案要继续抓紧平反纠正,占用的华侨房屋要继续抓紧清退。

在这种情况下,胡文虎问题再次成为人们议论的热点。胡文虎祖籍闽西永定,是南洋赫赫有名的华侨企业家、报业家和慈善家,素有"万金油大王"之称。他一生广济博施,惠群利众,爱国爱乡,为祖国的抗战作出过巨大贡献。新中国成立后,侨居海外的胡文虎曾三次致函中南军政委员会,表示竭诚拥护人民政府。但由于一些历史的误会，当时有关方面对胡文虎的评价不公正，甚至不接受他对新政府的拥护与支持。"文化大革命"伊始，胡文虎被戴上了"反动买办资本家"的帽子，又因为他于抗战后期曾到日本见过天皇裕仁，所以又被认为有汉奸嫌疑，一直受到贬低和批判。胡氏家族也受到一连串不公正的对待。如何对待胡文虎，成为福建是否真正落实华侨政策的重要标志。

在没有定论的情况下，项南敏锐地感到这一问题的重要性。指出：龙岩把胡文虎的工作做好了，这不仅是经济问题，而且是政治问题，胡文虎在福州办新闻报纸的财产问题，也要赶快查一查，告诉人家。为了做好胡氏后人的工作，项南在通过省委调查部了解胡文虎长女胡仙的政治态度等情况后，当即作出决定：要尽快落实政策。1981 年 8 月 29 日，项南批示：胡氏福（州）厦（门）财产，请统战部抓紧退回。

由于项南的支持，福建省逐步解除了对胡文虎问题研究的禁区，过去"谈虎色变"的情形有了逆转。项南还身体力行，对胡文虎问题作了大量的调查研究，以史实为依据，用历史唯物主义的观点和辩证唯物主义的方法，具体分析了胡文虎的一生，得出了胡文虎是爱国华侨的结论。1983 年 2 月初，项南接见香港《文汇报》总编辑金如尧时，明确指出：胡文虎是一个捐资兴学的爱国华侨。以前，由于受"左"的思想影响，对胡氏一家的评论是不公允的，对胡氏一家的财产处理是不得当的。现在，我们纠正过去的错误。

在领导层中，项南最早提出胡文虎是"捐资兴学""报效民族""爱国爱乡"的侨领。不久后，《华声报》创刊号以"项南认为胡文虎是个爱国华侨"为题发表的消息，还了胡文虎历史的本来面目。这一评价再次传到海外，反响很大，也使胡氏后人的政治态度起了明显的转变。

1983 年 4 月 8 日，项南带着两位省委常委，冒雨来到胡文虎的家乡永定下洋，向外界公开宣布："胡文虎先生为家乡办了好事，家乡人民怀念他，我们大家也很怀念他。"这句话虽然是在一个小山村讲的，但却很快传播到世界各地。项南雨中访胡文虎故乡的消息和照片，很快在香港《明报》《大公报》《成报》等各大报刊登载，起到了很好的宣传作用，让海外华侨、华人对福建省委、省人民政府的诚意有了更进一步的了解。

翌日，在龙岩地区报告会上，项南提出要解放思想，改变闽西闭塞状况，把闽西建设成为开放的闽西，还说闽西"金木水火土"样样齐全，欢迎华侨和外籍华人前来独资办厂,他们可以自己招工,实行他们自己认为好的经营管理办法。在这次会上,项南要求统战、侨务部门多多写信给旅居海外的乡亲,欢迎他们来家乡赚钱,他们所赚的钱随时都可以全部带走。

随即,《项南宣布福建政策,欢迎华侨和外籍华人在闽西在福建独资办厂,他们可以自己招工,自订经营管理办法》这篇报道,经中国新闻社发出,海外多家报刊以显著位置刊发,香港《文汇报》在头版头条加框刊出。

1983年5月20日,福建省政府批复了福州市、厦门市提出的归还胡文虎福州、厦门两地房屋财产处理意见的报告。几天后,以胡平省长答记者问的形式,将省里作出归还胡文虎在福建房屋、财产的决定公布出来。省政府同时拨出专款,修复永定县胡氏老家的"虎豹别墅"。

一石激起千层浪。新加坡《联合晚报》不惜版面发表长篇文章,称"胡文虎获得'平反',中国福建省政府宣布把他的全部产业归还给他的家属"。文中一再说明为祖国为人民做了好事的人,是不会被祖国和人民忘怀的。

在项南和福建党政方面的影响下,广东省随后作出了归还胡文虎在粤财产的决定。

自从项南发表对胡文虎问题的讲话后,胡文虎长女胡仙博士的思想也有了较明显的变化。胡仙是胡氏后人中最引人瞩目的一位。1972年,胡仙以宏大的气魄领导改组了父亲留给她的"星岛报业有限公司",使星岛报业日益壮大,她迅速跻身于亚洲著名的亿万富翁行列,并一跃成为世界中文报业协会蝉联主席、"惟一的华裔跨国社长""新闻女王"。虽然胡文虎在大陆高层还没有彻底"摘帽",但福建作出的举动已使胡仙和她的母亲胡陈金枝深为感动和欣慰了。在胡仙的指示下,星岛报业通过社论和评论等形式,拥护中国政府收回香港,并驳斥让出主权,保留管理权等种种谬论,同时更多采用中新社稿件和转载新华社的消息。

进一步做好胡文虎亲属工作,更大程度地影响星系报业有关人员,争取胡仙,成为福建侨务部门的一项重要工作。胡文虎被彻底平反后,1992年底,胡仙携母胡陈金枝首次访问了北京,受到中共中央总书记江泽民、国务院总理李鹏等领导的亲切接见。项南也在人民大会堂福建厅设宴欢迎了胡仙一行。

以陈嘉庚、胡文虎为代表,福建华侨有爱国爱乡、乐于兴办教育事业的传统。搞好华侨教育,办好侨办学校,这是项南提出的一项重要工作。

华侨大学在福建的复办，得到了项南的大力支持。他再三强调："全国只有华大、暨（南）大是面向海外招生的大学，办好华侨大学不仅是泉州、晋江的事，也是福建的大事。"

华侨大学复办后，存在着诸如副食品供应差、教职工子女上学难、交通邮局不便、校园嘈杂混乱、校舍长期被占用等一系列问题。1981年底，华侨大学向省委提交了请求帮助改善生活状况的报告。项南当即批示给晋江地委，指出：智力投资是省委一年来强调的战略性措施。已经办起来的学校，更应把它办好。我们要有那种没有大学办大学的精神，来对待华侨大学提出的问题，主动帮助他们解决问题。使那里的教授、老师觉得在泉州比在哪个地方都好。华侨大学是泉州的一颗明珠，应当十分珍惜她。请你们亲自到学校去解决基层问题。此后，项南一直关注着华侨大学的教学条件和生活条件的改善。

为了鼓励华侨捐资办学，省里出台一项措施，拨出价值20万元的黄金和白银制作金质和银质奖章，授予捐资办学成绩卓著的华侨和港澳同胞。同时发给每人一块匾，上书金光闪闪的"乐育英才"四个字。热心办学的华侨们拿到省政府颁发的奖章和匾，非常高兴，回去后都把它们摆在厅堂最显眼的位置。

1984年1月31日，项南向中共中央书记处书记胡启立建议，给一些坚持不入外国籍的老华侨安排一定荣誉职务，如政协委员等。胡启立立即要求中央统战部提出意见。这一意见被基本接受，中央统战部指出，拟先在福建、广东等省有联系的省市政协中安排一些政协委员，但不要提"坚持不入外籍的华侨"，可提"在当地有威望、有影响的华侨"。后来这些工作很有成效，影响不小。

项南未曾旅居海外，也没有什么海外关系，但他以对海外乡亲的无比关怀和自己巨大的人格感召力，成为海外华侨华人众望所归之人。许多未曾与项南谋面的华侨，从心里记住了这位共产党省委书记的名字。

这位共产党的省委书记，还在广大台胞心里留下了良好的记忆。

福建所处的特殊地理位置和人文条件、历史联系，决定了它在发展两岸关系中无可替代的作用。中央领导对福建省的对台工作寄予很大期望。项南把对台工作列为福建的三大任务之一，提出，福建要成为统一祖国的基地，包括宣传基地，通商基地，台胞回大陆探亲的基地，台湾渔民避风修船的基地,定居大陆的基地,以及进行调查研究、发展统一战线、捍卫祖国的基地等。

项南上任不久,即着手组织成立全省的台湾同胞联谊会,通过联谊会加强与台胞的联系,共同为海峡两岸关系的发展作出贡献。1981 年 5 月 1 日,福建省台湾同胞联谊会宣告成立,后来的中科院院长、全国人大常委会副委员长卢嘉锡当选为名誉主任,朱天顺为主任,后来的全国政协副主席张克辉等当选为副主任。

项南认为,福建做好对台工作,加快经济发展,有益于加速祖国的统一。1981 年 10 月 11 日,福建省各界人士隆重纪念辛亥革命 70 周年,项南亲自主持茶话会,并发表讲话,代表中共福建省委、福建省人民政府和福州市人民政府,"邀请台湾省政府和台北市的党政领导人到福建省和福州市来看一看,坐下来谈一谈"。项南在讲话中还提出当前福建可以做四件事,即:开始与台湾接触;闽台两地人民探亲、访友不应受任何限制,台湾同胞愿经福建去任何地方都将提供一切方便;欢迎台湾同胞到福建定居,来去自由;欢迎台湾人到福建投资。

项南的讲话,受到参加茶话会的各界人士的热烈赞同,通过广播电台、报纸传到台湾后,在台岛引起强烈反响。

福建面对台澎金马,如果在经济上长期居于落后状态,就会给完成祖国统一大业造成极大被动和困难。发展经济和做好对台工作,两者相辅相成,项南要求全省干部群众都应怀有强烈的紧迫感和使命感,既要做好经济工作,又要打好"台球"。

项南的到任,使福建的对台工作上了一个新台阶。1979 年大陆宣布停止炮击金门后,海峡两岸虽然不再炮来炮往,但宣传弹照样打。项南认为,干脆连宣传弹也不要打了,大家和气生财不是更好嘛。胡耀邦赞同他的建议,发话说:对,打这种宣传弹,一有伤和气,第二污染空气,打它干什么?

宣传弹虽然不打了,有关部门却又指示搞空飘、海漂。项南认为,这也是一厢情愿的事情,飘不到地方的。后来,这个海漂也不搞了。海峡西岸,前所未有地出现了风平浪静的局面。1984 年底,全国政协主席邓颖超来厦门视察,听了项南的汇报后,赞成不打宣传弹,不搞空飘、海漂。

当时,全国有 8 家对台广播电台,光福建就占了 5 家,项南指示要发挥它们的作用,宣传要有针对性,改变原先空洞的说教,实事求是、注重实效。后来,福建电视台又开办了《海峡同乐》节目,加强对台宣传,也为台湾同胞提供各种服务,深受台胞欢迎,被誉为"沟通两岸联系的桥梁"。

项南要求福建各地市要转变观念,排除阻力,克服怕的思想,各级领导亲自抓打"台球"这项工作,有条件的地县都先从贸易和文艺交流着手,加强两岸的联系。1982 年泉州举行南音大会唱,台湾同胞和东南亚各地的乡亲一起赴会参加演唱,热闹非凡,影响巨大,促进了闽台两岸事务性的接触。

项南对发展海峡两岸的经贸往来非常积极,每到一个沿海地县,都要大力宣传开展对台贸易。对台直接贸易,是要充分利用福建的特殊条件,开展工作,扩大影响,促进台湾回归,祖国统一。它是特殊条件下的一种特殊贸易,是以贸易促"三通",增进闽台经济交往。为统一领导,加强协调,根据项南等人的意见,成立了"福建省对台直接贸易协调小组",代表省委、省政府统一协调对台贸易工作,加强领导管理。随着一系列规定和措施的出台,既促进了福建对台贸易的健康发展,又为加强两岸的经贸联系,实现间接接触,推进和平统一创造了条件。

厦门岛首先刮起了经久不息的"台风"。1985 年,厦门湖里工业区悄然破土动工了一家外商独资企业——厦门三德兴工业有限公司,注册资本来自新加坡。开始,这家企业并没有引起太多的关注,但没过多久,人们就发现了新大陆:三德兴的资金和管理人员竟来自台湾。这条内幕新闻,在当时不啻是一颗超级原子弹,须知,彼时对岸的广播里仍在大谈"勘乱",报纸电台上也不时冒出"X 匪"一类的字眼。三德兴公司的老板高新平,以足够的勇气踏足海峡西岸这片土地,心中却做了最坏的打算:首批投资 25 万美元,一旦失败就全部扔在这里。然而他做梦也没想到,厦门经济特区的领导人,遵照项南既定的政策,对三德兴这株在尚未完全松动的土壤上生根的种子,给予了格外精心的扶持和培植。高新平感动之余,回到台湾,奔走相告:机不可失,快去厦门、福建兴业!

三德兴的成功,是福建和厦门"以港引台,以侨引台,以台引台"方针的具体体现,坚定了台商来福建投资的信心。三德兴成了众多台商了解厦门和福建投资环境的"窗口",得到了"第二外资局"的美称。

一次,项南参加一个全国会议,北方一些省市区的领导人竟把他团团围住,请他描绘一下台商是什么样子。他们对金发碧眼的洋人早已不稀奇了,可是还没有见过台商呢!那个时候,台商还真成了福建的"特产"。

十六、向邓小平提出建设性意见，坚定不移搞改革

福建是党的十一届三中全会以后改革开放的两个先行省之一，又有一个厦门特区，肩负着为中国改革开放和经济建设"试验"的重任。这些，容不得项南有丝毫懈怠。为了向中央交出一份满意的答卷，他殚精竭虑，费尽心血。

对邓小平倡导的经济特区，项南自始至终表现了一种冲天热情。以敢讲话著称的他，不止一次地为特区正名，为改革开放和特区建设摇旗呐喊，还为特区努力争取更多的自主权力。1983 年 9 月，项南在福建省经济特区工作会议上，提出特区的"四特"：特殊的任务、特殊的政策、特殊的环境和特殊的方法。这个讲话以《特区要"四特"》为名经香港《中国经济特区年鉴》创刊号发表后，《香港经济导报》、日本《中国经济动向》等先后转载，收到很好的社会效应。

但一些思想僵化的评论，夸大改革开放中出现的问题，不仅不客观看待和理解特区，甚至责难经济特区姓"资"不姓"社"。中央对特区几年来的发展，是肯定还是否定？特区实行的一系列改革开放政策是对还是错？特区还要不要办下去？一个个硕大的问号盘桓在特区上空。

就在这时，1984 年 2 月，邓小平来到了厦门经济特区。项南扼要地向邓小平和同行的中共中央政治局委员王震汇报了厦门经济特区的创办情况。邓小平对项南下决心抓基础设施建设、改善投资环境表示首肯，还说，最好能吸引外资参加基础建设。

2 月 8 日，邓小平一行来到东渡港，视察了正在建设中的几个万吨级深水泊位码头后，在厦门码头登上"鹭江"号游艇。

游艇环绕着鼓浪屿缓缓航行。项南在邓小平身边落坐后，摊开了早已准备好的厦门地图，首先提起了那个让他"心凉"的话题。虽然在项南的鼓励下，特区不再死抱 2.5 平方公里的地理范围，在此之外办厂也可享受特区待遇，但这毕竟是"不合法"的，外界也只认为厦门特区只有巴掌大，激不起投资和创业热情。必须把"不合法"变成"合法"，摆上桌面，才能解决"名正言顺"的问题。邓小平问项南有什么具体想法。项南提出，最好能把特区扩大到全岛，使整个厦门岛都成为特区，这对引进外资和技术，对改造全岛的老企业，对加强海峡两岸的交往，都可以起到更大的作用。

邓小平一边听汇报一边察看地图,思索一阵后,以肯定的语气表示认同,进而问道:特区扩大后你们想怎么个搞法?

这正是项南想要汇报的第二个问题。这个问题同建设自由港的想法联在一起。

关于自由港,有个故事。1981 年 7 月,福建省和厦门市收到闽籍泰国华侨李引桐关于厦门特区建设的意见信函。李引桐根据自己多年在国外的见闻,认为厦门特区太小,门开得不够,门槛又太高,倡议在厦门建设"自由港"。早在几年前出访期间就对自由港有所了解有所心动的项南看到信后,深感字里行间跳跃着一个爱国老华侨希望祖国和家乡经济早日腾飞的拳拳之心。项南要求厦门市委第一书记陆自奋陪李引桐到省里来,他要亲自主持省委常委会,听取李引桐对自由港的详细看法。李引桐陈述了厦门建自由港的条件和分析了自由港建成后将发挥的作用后,项南深有同感,"自由港"一词自此在他脑海里生了根。此后,每逢中央领导人来厦门视察,他必定要汇报"自由港"问题,但得到的回答都是"研究研究"。

因此,趁邓小平视察厦门之际,项南再作动议。他委婉地说:现在台湾同胞到大陆,都不是直来直去,而要从香港或日本绕道来,实在太麻烦了。如果把离台湾、金门最近的厦门特区搞成自由港,实行进出自由,这对海峡两岸人民的交往,将会起很大的促进作用。

邓小平询问什么是自由港,自由港都实行哪些政策。项南说可以参考香港的做法,无非就是三条,一是货物自由进出,二是人员自由来往,三是货币自由兑换。邓小平认为前两条还可以,但后一条你拿什么跟人家兑换呢?项南主张印发"特区货币",邓小平认为这不容易,但表示,特区货币问题没解决前,可以实行自由港的某些政策。

项南见邓小平没有把门堵死,进而提出:单有厦门特区的发展,还解决不了福建由穷变富的问题,最好是闽南厦、漳、泉三角地区也能对外开放。邓小平表示:这个问题,要等回北京后,跟第一线的同志们一起研究。

2 月 9 日,项南陪邓小平一行参观完厦门湖里工业区后,邓小平欣然挥毫命笔:"把经济特区办得更快些更好些。"

离开湖里,项南又陪同邓小平一行视察了厦门机场。前一天,在从鼓浪屿日光岩步行回游艇的林荫路上,项南就向邓小平介绍了有关厦门机场的事。现在眼见为实,厦门机场果然是高起点,显得气势不凡。王震连称不错,邓小平看在眼里，眉梢也挂上了喜色，特别是当项南介绍这个利用国外贷款兴建的机场，外国专家说要三五年才能建成，而我们仅用一年时间就建成启用时，邓小平极富个性魅力的笑容又呈现在脸上。

当初力排众难在四个经济特区中率先建厦门机场不说，项南还设想以国际机场来命名，但有些领导人说好大喜功，连北京、上海机场都不冠"国际"两字，一个小小厦门，何来"国际"？项南有自己的想法，因而干脆就此向邓小平提出了建议。邓小平听后，开始也奇怪厦门机场为什么要命名国际机场。项南回答：搞经济特区，就应该与海外建立广泛的联系，叫国际机场，有利于对外开放。不仅要让人家飞进来，还要飞出去，不仅要与东南亚建立联系，还要与日本、美国等通航，将来还可以飞台湾，只有飞出去才能打开局面。邓小平对项南的考虑极表赞同，大声说：就是应当飞出去嘛！就用国际机场这个名字。

一锤定音！厦门国际机场从此命名。随着设施的不断扩大和完善，这个特区机场很快就成为闻名遐迩的中国第一流航空港。

1984年3月26日，中共中央、国务院召开沿海部分城市座谈会。会议采纳邓小平的建议，提出将厦门特区范围扩大到全岛，并实行自由港的某些政策。4月，包括福建省省会福州在内的全国14个沿海港口城市对外开放……

喜讯从北京传来，项南主持召开省委常委会议，确定由省政府把邓小平视察情况和题词，尽快向海关、银行、公安、边防、工商管理、商业、财政等省直有关部门传达，要求有关单位认真讨论，就如何贯彻执行向省政府提出报告。省的几套班子以及宣传舆论部门也都要拿出专门时间进行研究。

项南颇有针对性地向省里领导和省直有关部门吹风：中央给了福建这个特殊政策，支持福建省，我们省一级就应该支持厦门市。不要中央支持了福建省，而省一级机关对厦门处处加以限制，甚至加以刁难，那样厦门就搞不起来了。在项南的指令下，省里各个厅局很快积极行动起来，切实帮助特区解决问题。

随着厦门经济特区扩大到全岛，基础设施逐步加强，投资软环境不断改善，在海内外产生了极大的磁场引力，特区的开发建设逐步走上正轨。1984年，厦门出现了外商投资高潮。项南见外商来得多了，就又指示要召开福建省商品交易会。1985年，厦门项目协谈会在富士山展览城召开，国内外客商纷至沓来。协谈会开得很成功，后来渐渐演化成全国性的"9·8厦门经贸洽谈会"。

1985年1月初,在项南的热心支持下,中国大陆第一家综合性地方航空企业——厦门航空有限公司正式营业,注册资金1亿元;同月20日,厦门从日本引进的程控电话交换机投入使用;接着,中国首家合资银行——厦门国际银行成立。其后,厦门经济特区各类银行及分支机构增加到300多家,密度在全国名列前茅。

1985年初,项南勾勒的又一份蓝图成为现实——经国务院批准,闽南厦漳泉三角地区被辟为沿海经济开放区。福建由此形成一个新的开放格局,步入迅速发展的新时期。

1985年4月底,项南在福建省六届人大三次会议和省政协五届三次会议的党员会上,有的放矢地说:"我们既然要改革,就得准备挨骂。改革也是一场革命,肯定是有人赞成、有人反对的。反对的人要骂你,怎么办? 我们就硬着头皮让他骂,他骂了半年、一年,我们的情况改变了,经济也搞活了,他就不骂了,可能还要赞扬你们,说还是你有眼光。"他坚定地表示:"今天中国的经济不改革是没有出路的,非改革不可;而改革是一定会有阻力的。我们不要听到人家一批评,就缩回来。""对于改革,一个是坚定不移,一个是慎重初战,一个是务求必胜。这里面最关键的就是坚定不移。"①

习仲勋给中央的《关于福建见闻的报告》,曾这样肯定福建省委的班长项南:"项南同志到福建主持工作以来,省委领导思想解放,工作稳当,对解决历史遗留问题采取了正确的方针,团结了各方面同志,地方和军队的关系也很融洽;对实行特殊政策、灵活措施和开创厦门特区抓得很紧,摸索了一些经验;打击严重经济犯罪活动成绩显著,基本上刹住了猖獗一时的走私贩私活动……"② 这份报告,经胡耀邦批示,印发为中央书记处的参阅文件,以助于中央书记处了解福建的工作情况。

胡耀邦、习仲勋等中央领导人对项南是肯定的,在反复权衡和研究后,形成一个共识,即项南是坚定执行改革开放政策的领导,富有开创精神,能真抓实干,因此年龄虽过线,但还是过渡一下,继续领导新一届省委工作,到1987年十三大时再退,这样既有利于保持福建经济建设和改革开放持续发展的势

---

① 项南在福建省六届人大三次会议和省政协五届三次会议的党员会上的讲话,1985年4月。

② 习仲勋:《关于福建见闻的报告》,1983年2月。

头,也有利于保持福建难得的安定团结局面。

项南在福建广大干部群众,在港澳同胞以及海外华侨华人中,树立起了良好的形象。在外国友人心中,他是邓小平理论的成功实践者,他的名字与改革开放紧紧联系在一起。

项南主持福建的工作,从不私于家乡,然而他对自己度过童年时代的家乡感情不泯。在结束福建的任职回北京前,特意携夫人返闽西连城家乡告别父老乡亲。在朋口镇举行的干群座谈会上,他鼓励干部们要眼光看得远,走出去看新事物。他还语重心长地说:我回福建工作以来没有为连城和朋口批过一分钱,我认为这是对的。我现在要离开了,一点也不后悔。今后你们如果有什么困难问题,一定要按正常渠道逐级向上报告。

1986年3月,项南不再担任福建省委书记兼省军区第一政治委员职务。5月22日,项南偕同新任福建省委书记陈光毅会见来闽采访的9名港澳记者时指出,福建的兴旺发达是同海外侨胞、港澳同胞的支持分不开的,福建一定要继续开放,更加开放……

盘点项南任内的成绩,福建经济发展速度在全国耀眼夺目:经济增长率从全国第21位上升到第3位,电子工业从全国第18位上升到第6位,工业产值以18.8%的增速名列全国第二位,乡镇企业产值增速50%,农业产值增速第一次达到两位数……

6月初,项南怀着依依不舍的心情,离别福建。几大纸箱的书籍和几个编织袋装的生活用品,就是他的全部行李,而其中唯一比较像样的东西,是1983年才添置的那台14英寸的福日彩电。他就这样带着一身正气、两袖清风回到了北京。《华声报》以《福建百姓的好官,海外侨胞的知己》为题发表文章,以"项公"敬称。

十七、创办中国扶贫基金会

卸任离开福建之后,项南在中共十三大上当选为中共中央顾问委员会委员。他又一次以改革家和实干家的姿态,把自己的精力投入到中国扶贫事业中去。

这时,尘封已久的国门开启时间还不长,国民经济的发展还处于比较初级的水平。全国尚有1.2亿人处于贫困线以下,温饱问题还没有解决,就是在广东、福建等沿海开放省份发展也不平衡,不少山区地县也存在着亟需解决的贫困问题。特别是大片的老区,这些为革命作出重大贡献的地方,解放几十年后老百姓仍然过不上好日子。想到这些,项南心中就极不平静。

项南一直想着,能不能利用改革开放的条件和机会,为中国消除贫困做一点工作,为百姓造福。这种想法越来越强烈,简直让他寝食难安。于是,他找到了一些老同志,提出搞基金会的设想,通过海外华侨,筹集一些款项,再通过资金的滚动发展,壮大基金的规模,使更多的贫困地区能够得到帮助。他这个设想,深受老同志们的赞同,纷纷表示应该努力促成它的早日实现。

1988年10月,项南从国务院贫困地区经济开发领导小组那里接下了中国贫困地区发展基金会会长的聘书,开始筹建基金会。胡耀邦得知后说,项南一定能做好。

筹办基金会,一切从零开始,举步维艰。没钱,就凑。第一次项南拿了500元,中央组织部原秘书长何载拿了300元,在这个基础上铺开工作。农业部提供10万元办公经费后,他们精打细算,一分钱掰作两分钱使用。没地方办公,就在项南或何载家开会。几次重要会议这样轮流着过来。后经康克清帮助,总算在北京官园找到了一间租金低廉的办公室。房间狭窄不说,办公条件也极为简陋,人到得多了,有关工作就只能在走廊站着商谈。

1989年3月13日,中国贫困地区发展基金会(后改名中国扶贫基金会)在人民大会堂湖南厅举行简朴却又不失隆重的成立仪式。项南担任首任会长,全国政协主席李先念担任名誉会长。曾经的改革开放先锋项南,再次成为新闻人物。

项南清醒地意识到,该基金会并非严格意义上的基金会,筹款乃首要任务,必须利用一切渠道向海内外筹集资金。逆境中曾受项南关心和支持的厦门华美卷烟有限公司董事长刘维灿得知项南的愿望后,马上以华美卷烟有限公司的名义,向基金会捐赠40万元,说支持基金会就是支持全国的扶贫工作。刘维灿由此被引上扶贫之路,随后她请求中国烟草总公司增拨5000箱生产指标,在厦门市政府的支持下,用这批香烟增加的税利捐给中国扶贫基金会1000万元。人人都说,这可是个天文数字啊!

"天文"二字让项南灵光一闪:国际上天文学会有个规定,哪个国家发现的小行星,就由哪个国家以人物名字来命名。得到这个命名,名字将长期在天空与日月争辉,与宇宙同存。在中国能不能搞一些有偿命名,人员限定在有成就的科学家、文学家、慈善家、企业家范围内呢？以此为限，为的是避免以后产生不必要的争论。这个想法得到许多人的支持。于是，项南通过北京天文台等部门争取到一些小行星的命名权。哪位华侨巨资赞助扶贫基金，就以一颗小行星为其命名。

经过广泛发动，一些著名的华侨企业家对此很有兴趣，特别是许多人出于对项南的尊敬，更相信他的能力和信誉，二话不说，慷慨解囊，倒不完全是为了让自己的名字遨游太空，而是希望藉此与项南所从事的扶贫事业连在一起。

福建安溪籍华侨、新加坡著名实业家和慈善家、和声集团主席李陆大，和其兄、印尼著名侨领李尚大，都由衷佩服项南表里如一的公仆情怀。在福建见面时，他们偶尔也曾带上大小不一的"伴手礼"，但没有一次不被项南拒之门外。项南的人格，在李氏昆仲心目中，可谓赤子其心，坦荡其怀。李陆大在项南的感召下，1994 年向中国扶贫基金会一次性捐款 100 万美元。为表彰他对中国扶贫事业的巨大贡献，中国扶贫基金会特向中国科学院紫金山天文台郑重推荐，并经报请国际小行星中心批准，将该台 1980 年在金牛座首次发现的小行星（编号 3609）命名为"李陆大星"。

小行星命名大会上，项南请来了全国人大常委会副委员长、全国政协副主席，以及有关部门领导等。当李陆大和其他捐款的华侨们接过命名证书和捐款荣誉证书时，台下掌声雷动。这些日程安排都由项南布置，如何接待，邀请哪些人，会议议程，直到生活安排，他都事事操心，件件落实。事前得知李陆大和李尚大因某些不同意见而心生隔阂后，项南特别交代工作人员，在为李陆大印制纪念册时，一定要加上李尚大的照片。李氏昆仲看后都高兴异常，冰释前嫌。这事传开后，项南那种"慊慊为人，矫矫为官"的形象，更是赢得了华侨朋友的敬重。

投身扶贫事业以后，项南一次又一次挤长途汽车，坐火车硬座，跋涉在苍凉的黄土高坡，穿越渺无人烟的沙漠，自带干粮奔走呼号，为改善贫困地区群众的生产生活问题献策献计，宣传发动。按他自谦的话说，是为政府工作做点拾遗补阙的实事。

他还亲手绘制了一张全国贫困地区分布图。他说，扶贫工作不能只是解决具体问题，而应该做到"点明一盏灯，照亮一大片"。他自身便是一盏灯，越来越多的人看到了这盏灯，越来越多的人感受到了这盏灯的温度、善意和光芒,情不自禁地也挑灯拨火,为百姓点灯。不到三年,海内外源源不断的捐赠,积沙成塔般把这盏灯越垒越高,由此照亮了中西部一大片贫困地区。

通过项南等人的努力,总共筹得数亿元扶贫资金。晚年的项南,为中国的扶贫事业奔走在祖国的东西南北。他向有关部门提出,让西部贫困地区的地方行政领导到苏南乡镇企业去当半年一年的推销员、管理员,学习先进的做法与经验,为西部地区输送观念、信息与市场。此举付之实践后,大大加快了西部的脱贫步伐。

为了帮助老少边穷地区人民脱贫致富,项南以非官方的身份深入四方调查研究,足迹遍及大半个中国。有一次光在沂蒙老区就马不停蹄考察了一个来月,把时间和精力像汩汩清泉无私地注入到为大众的事业中。

十八、鞠躬尽瘁垂千秋

1996年4月,项南住进了北京医院,病情严重,却还情牵扶贫大业。每天前来探望或谈工作的中央领导和各方人士络绎不绝,为了控制来访客人,医院在他的病房门口挂上了"谢绝会客"的牌子。

出院不久,1997年就快到了。项南闲不住,每天依旧排得满满的工作也不让他闲下来。他写诗明志:"矢志扶贫夕阳红,光明磊落无所求。何必计较鞭加背,铁人本是拓荒牛。"①

1997年9月,项南列席党的十五大。会议期间,他写了一份《列席第四小组会上的发言提纲》,共有十条言简意赅的意见和建议,字里行间跳跃着项南对经受过挫折、磨难而取得辉煌成就、充满希望的党炽热的忠心。其中,他写道:

"我党全部历史,是一部辉煌灿烂的历史,但也犯过极其严重的'左'和右的错误。为害最烈的是'左',而不是右。我国知识分子,极大多数是好的,都有为人民干一番事业的雄心壮志。我们党应当为他们营造一种宽松、宽容、宽厚氛围。给提不同意见的人,随便冠以右倾、右派、资产阶级自由化的帽子,其结果,是永远落后,葬送现代化。"(第一条)

"共产党员要光明磊落,有不同意见,可以说,可以写,也可以保留,但不

① 见《项南日记》,1997年元旦。

能搞小圈子,背着大家写一些同党的路线唱反调而又不敢具名的文章。"(第三条)

"坚持正确的新闻导向和坚持实事求是的原则,是并行不悖的。新闻媒体不能只报喜不报忧,只讲成绩不讲缺点。在宣传鼓舞我国人民取得伟大成就的同时,敢于揭露我们消极的不健康的现象,是一个政党有信心、有力量的表现。报道不实,不能取得人民群众的信任,而且会助长弄虚作假、阿谀奉承的坏风气。"(第四条)

最后提出了"比什么都重要"的"维护党的中央核心领导的团结"①。

这是项南喷涌的心声,这是项南为加强和改进党的建设、提高党的执政能力、执政水平留下的肺腑之言。

11月4日,项南在一篇短序中写道:"明天将出现一个繁荣、民主、公正的社会……"②

11月10日凌晨,项南应嘱完成《农民知己邓子恢》一书序言,里面写道:"社会主义在中国,以至在全世界都还处在一个实践和探索的过程,像中国这样一个人口众多、经济文化十分落后的国家,建成社会主义,不经过反复争论,不付出一定代价,不出现一些曲折,是一种天真的想法,是不现实的。唯其如此,邓子恢这种顽强地坚持实事求是的品格,就太可贵了。有些人口头上也讲实事求是,甚至比谁的调子都唱得高,但一遇实际问题,一遇什么风向,就马上改变观点,来个随声附和,'随行就市'。邓子恢一旦认识到问题的实质,决不会随便拐弯,在原则问题上,他是毫不让步的。他是一个敢于直言,敢于向一切权威挑战的硬骨头……"③

这天下午,项南在家会见出访归来专程来看望自己的福建省委副书记习近平,谈到了福建的扶贫攻坚。下午5时,项南赴王府井饭店,就如何借力金融手段帮助中国贫困地区的百姓脱贫等事,向香港银行家吕培基请教。晚8时许,在中国大饭店会见从印尼飞抵北京的著名侨领李尚大之子李川羽一行时,因心脏病发作猝然辞世。

习近平自称永远也忘不了闻此噩耗时的那种震惊心情:"直到这最后的

---

① 见项南手记,1997年9月。

② 中共福建省连城县委党史研究室编:《翘首明天:献给建军60周年及闽西三年游击战争胜利60周年》,中华工商联合出版社1997年版。

③ 南云:《农民知己邓子恢》,福建教育出版社1998年版,第4页。

一面,项南留给我的印象还是那么精神矍铄,谈笑风生,谁能相信,他竟会这样突然地离开我们。""他的去世,对我来说,少了一位可以就教的良师,失去了一位值得尊敬的长者。同时,也使我们这些过去常常聆听他那些真知灼见的后来者,时时感到肩上承担的继往开来的责任。无论对于我们党来说,还是对于福建人民来说,项南的去世都是一个无可弥补的损失。"①

家人在给项南整理身上衣物时,他身上穿的还是当福建省军区第一政委时发的军大衣,袜子因穿得太久而失去弹性,两边都松落在脚腕上……而这个人,不仅是福建,也是全国扶贫致富的推手!

---

① 习近平:《长者风范 公仆榜样》,中共福建省委党史研究室编:《缅怀项南》,中央文献出版社 2000 年版,第 25、30 页。

高文华

　　高文华，原名廖廷干，男，1905 年 1 月出生于湖南省益阳县，是中国共产党长期在国民党统治区坚持地下工作的党员。曾任中共中央北方局书记，参与组织领导一二九运动。在与党中央失去联系，党的活动经费没有来源的情况下，他与妻子贾琏一起设法为党组织提供了三个月的活动经费。新中国成立后,先后任中共湖南省委副书记、轻工业部副部长、水产部副部长、党组书记,全国政协第三、四、五届常委。

一、领导两次罢工，打破两个"饭碗"

高文华，乳名廷伢子，原名廖廷干，字剑凡。1905年1月15日出生在湖南省益阳县（今益阳市）长春乡南湖壩村。1925年在广州农民运动讲习所学习时取名廖去恶，在国民党统治区从事地下工作时，化名高文华。

1919年5月，14岁的高文华来到长沙，在长沙市光华电灯公司当锅炉工。这时，他的志向还只是做一个能够自立的、有文化的工人。

1922年8月，他在长沙《大公报》上看到湖南自修大学附设补习学校的招生广告，招收有志失学青年入学，不要学杂费，而且视情况免收书籍费。他立即跑到该校报考，领取有关资料，其中有份入学须知写道："我们办学的目的在于以期发现真理，造就人才，改造现社会；我们求学是求实现这个目的的学问。"这与他父亲一贯的教诲相符，当即报名，参加考核。

这所补习学校是中共湘区执行委员会创办的，校长何叔衡，指导主任毛泽东。何叔衡主考时，向高文华提出了几个问题：以前进过什么学校，做过什么事，家庭和个人的经济情况，对社会现状的看法，对人生的主张。高文华一一作答：读了二年私塾，四年洋学堂，在一个豆豉店当过一年学徒，在一个杂货店里做过两年帮工，现在光华电灯公司当锅炉工。家里虽有几亩水田，但吃饭的人多，入不敷出，还需要父亲教小学，以微薄的工资予以补充。现在社会贫苦人多，富有的少。就拿我的家乡益阳长春乡来说，属洞庭湖区，是湖南的粮仓，鱼米之乡。但那些肥沃的田地都在几个豪强手里，广大的农民都沦落为雇农了。不种田的人，穿绸缎、披皮货、搓麻将、吃山珍海味，而种田人却是无饭吃，究竟是什么原因？我希望通过学习得到解答。

何叔衡静听高文华的回答，不断地点头。最后简明扼要地告诉他，我们的学校就是帮助你们寻找真理、解除社会不公正的。

这时,毛泽东正在猛烈地推动工会组织,发动工人罢工斗争,先后掀起了粤汉铁路、安源路矿、长沙泥木等处的工人罢工。在这些罢工斗争中,湖南自修大学及附设补习学校的师生都参加领导或声援。高文华参加了支援泥木工人的游行示威。

高文华经过半年的学习、考察,由姜梦周、李维汉介绍,于1923年二七罢工时加入中国社会主义青年团。

有一天,毛泽东讲课,说:铁路、电气、矿山工人,都是产业工人;粤汉铁路、安源煤矿工人罢工取得胜利,获得组织工会和增加工资的权利,电气、冶金、纺织工人也是产业工人,也应该组织起来,为争取自己应有的权利而斗争。毛泽东这席话,给予了高文华难忘的思想启发①。

高文华兴奋不已,与同厂几位团员商量,决定组织长沙光华电灯公司工人俱乐部。光华电灯公司有200多工人,工人之间彼此都认识。经过几个团员的串联,工人们都强烈要求集会、结社、言论自由,都要求参加工人俱乐部,即使有些怀疑、动摇不定的工人,也在大潮流中卷了进来。

1923年京汉铁路工人爆发二七大罢工,湖南掀起了支援二七大罢工的运动。高文华等社会主义青年团团员征得团省委书记夏曦的支持,发动光华电灯公司的工人大罢工。

高文华学习毛泽东领导长沙泥木工人罢工策略,手里拿着湖南省长、军阀赵恒惕制定的省宪法,率领工人俱乐部的成员向厂长提出承认工人俱乐部,资助工人俱乐部活动费用,增加工人工资,改善劳动条件,改善居住条件等要求。

厂长玩弄欺骗手法,口头答应按照省宪法办事,允许工人组织工人俱乐部,增加工资,实际上采取拖延办法,想争取时间,与长沙县(今属长沙市)政府勾结,镇压工人运动。

光华电灯公司工人工资级别繁多,技工多者50余元,一般工人10余元;劳动条件越差,工作越艰苦的工人工资越少,锅炉工高文华的月工资就只有10元。厂方采取分化瓦解的方法,给少数技工增加工资,并收买工贼,造谣

———————
① 中共湖南省委党史研究室编:《毛泽东与他家乡的省委书记》,中央文献出版社2009年版,第162页。

生事、挑拨离间,造成工人内部不团结,工人俱乐部解体;并扬言,如果工人不复工,影响长沙县署的照明,县政府将派警察抓人。在厂长软硬兼施下,罢工失败。五一节后,厂方将高文华等几个领头的工人开除了。

高文华被开除后,在长沙找不到工作,便回到益阳长春乡家里。失业的痛苦使他一天天地消瘦下来。

1923年6月,在朋友的帮助下,父亲廖起吾将高文华送入新办的达人针织厂,仍当锅炉工。不久,改作漂染工,每天与染料打交道。这个工作也艰苦,但这是一种手艺活,高文华还有兴趣,一年后他就成了内行。后来,他在上海从事党的地下工作时,这一技之长还是一种很好的职业掩护。

达人针织厂的董事们,与光华电灯公司的资本家一样残酷剥削工人。工人工作时间从早上6点至晚上9点,长达15个小时,工资待遇却很低,织袜工、纺纱工,拿计件工资,每月仅有10元至18元,最低只拿3元至5元。漂染工、厨工月工资只有4元至10元;学徒工一年还需交学费12元,每月伙食费6元。更难以容忍的是职工下班出厂房,站在厂门口的监察还要搜身。

1925年初,有个女工下班出厂被搜身时,遭到监察的人格侮辱,引发全厂职工的愤怒。不甘剥削与压迫的高文华,领导达人针织厂工人罢工,要求取消监察搜身制,尊重工人人格;要求增加工薪,改善工人生活;要求实行八小时工作制,改善工人工作条件。罢工坚持数日,又被厂主分化瓦解,罢工失败,高文华又被厂主开除了。

两次罢工失败,两次被开除,高文华陷入了痛苦的反思中。他得出一个深刻的教训,因为没有掌握革命理论,也不懂革命斗争艺术,所以,两次罢工斗争难免要失败。

二、进入广州农讲所,踏上职业革命的征途

高文华饱受罢工斗争失败与失业的痛苦。母亲嗔骂他,亲戚朋友也责备他,说他:"不争气",不该"乱来";"你已经生了小孩,做了爸爸,是独顶门面的男子汉了,怎么一点也不知道生活的艰难困苦。""你在长沙电灯公司发电厂做工时,闹罢工,游行示威,被人家当作过激派开除回家,吃了苦头,就该明白了吧?你却好,闹起来没完!你在世上呆了几天?祖祖辈辈就生活在这个世道。你搞来搞去,人家厂子照样办,你却接连被赶回家,看你

的日子怎么过！"

但父亲廖起吾、妻子贾琏不埋怨他，而且支持他。贾琏安慰说："我明白你这样做不只是为了你自己，也不只为了咱一家，而是像你给我寄来的书籍中写的那样，为了劳苦大众都过好日子。看来，你不能在家待下去了。"

高文华回答："我到长沙找老师（实指党组织）去，他们会给我指点出路。"

廖起吾鼓励道："路是自己走出来的，你大胆地去吧！"

贾琏说："你去吧，家里一切由我顶着。"贾琏向亲友借了三块银元，给丈夫作路费；还缝补了几件衣服，给他换洗用。

高文华带上两件补丁衣服，再次奔赴长沙。从此，踏上了职业革命家的征途。

高文华来到长沙后，找到中共湘区执行委员会书记李维汉，汇报了两次领导罢工，两次失败，两次被开除的经过。然后，请他帮助找个工作，不管活儿脏、活儿累，也不管工资多少，都可以；只要有一个落脚点，能活下去，就可开展革命活动。

李维汉介绍说，广州第五届农民运动讲习所正在招生，中共湘区执行委员会决定送一批青年去学习，你去那里吧！

真是"山重水复疑无路，柳暗花明又一村"，高文华在失学失业的磨难中又找到了出路，心花怒放，激情满怀。

1925年5月，他带着中国共产党湘区执行委员会的介绍信和党组织发的路费，从长沙出发了。中共湘区执行委员会选派去广州农民运动讲习所第五期的学员有44人。同高文华一道去的，有湖南造币厂的工人宋友和（湘潭人），湖南第三师范的学生罗严（常宁人）、雷晋乾（祁阳人）。高文华进入农讲所时，将原名廖剑凡改为廖去恶，决心与帝国主义、封建地主、官僚资本家等恶势力斗争到底。

广州第五届农民运动讲习所的所长是彭湃，他接过高文华等人的介绍信，热情地说："好，好，欢迎你们。"随后，他把毛泽东的胞弟毛泽民找来，介绍说："他是你们的班长。"高文华、宋友和紧紧握住毛泽民的双手。彭湃惊奇地问："你们互相认识？"毛泽民答道："我们不仅是湖南自修大学附设补习学校的同学，而且是湖南工人运动中的战友。"

这一年，毛泽东在湖南湘潭韶山从事农民运动的试点工作取得了巨大成果与经验。10月初，由中国共产党提名推荐，国民党中央任命毛泽东担任国民党中央宣传部代理部长。同月来到广州农民运动讲习所兼任教员，主讲《中国农民运动》《中国社会各阶级的分析》。

在农民运动讲习所，毛泽东在阐述国民革命与农民运动的关系时，强调国民革命的中心问题是农民问题，而农民问题主要的又是土地问题。农民未能起来革命，革命不会成功；农民土地问题不解决，农民不会起来革命。

这些论断，给高文华以深刻的启示，也指出了斗争的新方向。他回顾："从自修大学补习学校到广州，经过革命思想的启迪，我确立了砸碎旧世界的革命志向"，"确立了马克思主义的理想信仰。"[①]1925年8月，由同班同学李中和、余本健介绍，高文华由中国共产主义青年团团员转为中国共产党党员。

这年下半年，湖南革命形势发展很快，急需人回湘工作。于是，党组织决定广州第五届农民运动讲习所的湘籍学员提前毕业，高文华、李中和、余本健、雷晋乾、贺尔康、庞叔侃、朱友富、舒玉林、蔡协民、袁福清、黄福生等同志首批离校。当年12月，他们从广州乘海轮出发，转道上海回到了湖南。

三、担任湖南省农运特派员，开创益阳县农民运动

高文华以国民党湖南省党部农运特派员的身份，回老家益阳县从事农民运动。

高文华回到益阳，深入益阳城郊的长春垸、沿河垸、香铺垄、迎丰桥、李昌港、刘家湾和王家湾进行秘密发动，很快培养了一批有觉悟的贫苦农民，建立三个秘密农协。

秘密农协建立后的第一个活动，就是组织"农民诉苦队"，反对"粪霸"的斗争。县城近郊农民种地用的粪肥，主要在县城掏取，而县城管理肥料的粪霸，控制着全城的粪肥，恣意对农民勒索。四周农民极为不满，但敢怒而不敢言。高文华提出"给农民进城掏粪的自由，不要为难农民"的口号。这个口号政治色彩不浓，县府官吏不以为然，也不介意，但极大地激发了农民的斗争热情。高文华决定在1926年的正月十五（元宵节），以"耍花灯"的形式组织三个秘密农协的农民，进入县政府"耍花灯"，向县政府提出农民的要求。

---

① 高文华：《回忆去广州农民运动讲习所前后》，1985年5月，存中共湖南省委党史研究室。

那晚,他们举着灯笼,到益阳县政府请愿。所经之处,男女老少,都跟随"诉苦队"进城。高文华率领郭福田、刘德生、张华庭代表三个乡的农民,向县政府提出取消粪霸的垄断权,让农民自由购买粪肥;取消苛捐杂税,减轻农民负担;免除当年地租,救济遭受水灾的灾民⋯⋯

县政府被迫答应与各方面做些沟通工作,让农民进城挑粪,也同意开仓救灾。

这次诉苦活动,虽然仅获得县政府的口头允诺,并没有实行,但鼓舞了农民的斗志,提高了秘密农协的威力。经过耍"诉苦灯"的锻炼,高文华在秘密农协骨干中,发展了一批共产党员,1926年3月,成立了中共南湖壋村党支部,由高文华任党支部书记。

与此同时,欧阳笛渔、袁铸仁、余璜等人在兰溪镇等处先后建立了中共金家堤党支部、兰溪镇党支部。至1926年10月全县已有6个党支部,成立了中共益阳地方执行委员会,袁铸仁任书记,高文华任副书记。党内分工,高文华仍以国民党湖南省党部农民运动特派员身份公开领导农民运动。随后,益阳县农协成立,高文华任县农协委员长,后来根据中共湘区执行委员会的意见,"省农运特派员站在指导地位",由余璜接任益阳县农民协会委员长。

没多久,益阳县境燃起了农民运动的烈火,迅猛异常。至1927年马日事变前,益阳县农民协会会员发展到了20余万人,分布在400多个乡,居全省76县中的第14位。共产党的组织有38个党支部和3个党小组,党员共有368人。高文华的妻子贾琏,也在1926年11月加入中国共产党。

益阳县农民协会成立后做的第一件工作,是从政治上打击地主,成立了以高文华为首的清算委员会,清算土豪劣绅经手的地方公款,揭发他们的贪污罪恶,使一贯压迫剥削人民的豪强劣绅威风扫地。第二件工作是解除地主武装,建立农民武装。1926年9月建立益阳农民自卫队。余璜任队长,先后夺取了兰溪镇、泉交河镇、桃江镇团防局和县团防总局的枪支。1927年元月,益阳农民自卫队,改称益阳农民自卫军。至马日事变前,益阳农民自卫军有战士3000余人,枪2000多支。第三件工作是开展减租、减息、退押的斗争,从经济上打击地主豪绅。1927年春,减租、减息、退押的斗争席卷益阳县,70%的佃农受了益。第四件工作是建立农民政权,实行农协专政。对攻击农民协会的土豪劣绅,处以罚款。第五件工作是救灾。益阳县农协组织了以高文华为首的民食维持会,采取多种途径救灾济饥。第六件工作是办农民夜校,提高农民的文化与觉悟。益阳县大约有 50% 的农民协会办了夜校。

1926 年 12 月 1 日至 27 日,湖南省第一次工农代表大会在长沙召开,益阳县农民协会的代表是高文华、夏四喜、陈云秋。在这次大会上,高文华再次见到了毛泽东并聆听了毛泽东的讲话,毛泽东说道:"农民问题只是一个贫农问题,而贫农问题的中心问题就是一个土地问题……"

在会议期间的一个晚上,高文华、夏四喜到望麓园毛泽东住处拜访。毛泽东告诉高文华,工农代表大会后,他就下乡考察湖南农民运动,并询问益阳县农民运动发展情况。高文华向毛泽东汇报了益阳农民运动概况和中共益阳党组织发展情况,其中谈到大豪绅周天爵压迫剥削农民的罪恶和破坏农运的罪行。

在全省第一次工农代表大会上,高文华当选为湖南省农民协会候补执行委员,政治提案审查委员会委员。省工农代表大会结束,高文华立即返回益阳,贯彻工农大会的精神和毛泽东的指示,把破坏工农运动的土豪劣绅的反动气焰及时扑灭。大土豪、益阳县榷运局局长周天爵,被农民捉到后,押送县政府,要求处理。县长蒋宪迟疑未决,蓄意包庇。于是,高文华等人把周天爵直接押送湖南省特别法庭。高文华、黄清泉等人还在省城抓到了逃避在此的恶霸曹维寅(曹云),也送往省特别法庭。毛泽东的《湖南农民运动考察报告》中记载,益阳的周天爵、曹云,正待"审判土豪劣绅特别法庭"判罪处决。

四、辗转湘鄂浙皖沪,寻找党的组织

1927 年 5 月,湖南军阀何键为了策划反革命叛乱,纠合北伐军中的反动将领,国民党内的新老右派,以及逃亡在外的豪绅地主,进行了一系列的阴谋活动。马日事变前三天,何键所属部队中的反动营长陈光中,率兵一个营,在益阳拉开了马日事变的序幕。

当晚,高文华奔赴长沙报告情况。他在长沙市营盘街找到了中共湖南省委书记夏曦。夏曦说,敌人已经剑拔弩张,一场军事叛乱迫在眉睫,你赶快回去组织力量,把敌人气焰压下去。

高文华回到益阳县,向中共益阳地方执行委员会书记袁铸仁汇报了省委的指示。袁铸仁、高文华率领益阳农民自卫军与叛军进行了顽强的斗争。由于敌人力量太强,益阳农民自卫军向县城反攻两次,均遭失败。

马日事变后，中共湖南临时省委委员、省农协秘书长柳直荀，组织十万工农武装向长沙进击。由于共产国际代表和苏联顾问害怕国共分裂和中共中央总书记陈独秀的右倾，等待武汉国民政府调停，造成工农武装进击长沙的部署中途夭折。袁铸仁、高文华率领益阳农民自卫军到达与宁乡交界的地方时奉命撤退。

6 月底，他们按照毛泽东的指示"山区的上山，湖区的上船，拿起武器，准备战斗"，退到南县三仙湖，然而立足未稳，又遭受南县反动团防的攻击，被迫退至安乡，又被敌军打散。县委书记袁铸仁因叛徒告密，被捕牺牲。不到两个月，益阳县死难烈士近 200 名，仅高文华的老家长春乡就牺牲 30 多名。

高文华夫妇是反动派重点缉拿对象。他们到处张贴"画形悬赏，逮捕缉拿"高文华、贾琏的通缉令。不仅高文华、贾琏受到反动政府的通缉、追捕，他们的父亲廖起吾、母亲廖臧氏，也无处安身，有家不能归，家里大门上、窗户上都贴满了反动派的封条。

高文华临危不惧，他秘密召集党员骨干会议，号召共产党员投亲靠友，隐蔽下来；待他找到上级党组织后，再通知各位。

7 月，他在华容打听到何长工在叶挺部队当班长，于是，他连夜赶路，前往武汉，找到了何长工。经何长工介绍，高文华在叶挺部当了一名战士。由于去武汉途中露宿风餐，高文华得了痢疾。没有几天，叶挺部开赴南昌参加起义，高文华因病无法同行，战友们凑了一些钱，让他留在武汉治病，他未能亲历南昌起义。

8 月底，高文华转到华容，靠打工、做小生意度日。他和他的战友们，共产党人余璜（1929 年牺牲）、何圣（1929 年牺牲）、郭福田（1928 年牺牲）、廖森林（1929 年牺牲）、廖翼云等，组织临时支部，高文华为书记，余璜为副书记。白天，他们挑担卖杂货，辗转于华容、石首、公安、沙市，寻找党组织。晚上，袭击地主武装，夺取枪支。这时，湖北白色恐怖不亚于湖南，又没有党组织的指导，无法继续活动，他们就把枪支隐藏在湖北石首藕池口，30 多个人，再次各自投亲靠友，暂时隐藏。

1928 年 2 月，贾琏收到婆婆廖臧氏捎来的口信，得知高文华隐藏在湖北石首县。贾琏带着女儿廖文英（高平）、廖新民（高鹰）、廖予群，还有高文华的父亲廖起吾，母亲廖臧氏，躲过敌人一道道岗哨，经历千难万险，来到石首大兴垸牛路口廖德周家，找到了高文华。失散的一家人，在异乡团聚，欢度春节。

1928年夏，高文华得知原中共湖南省委书记夏曦在杭州，他与廖翼云长途跋涉赶到浙江，又无结果。为了生存，他们在那里贩卖水果，从20多里以外的地方贩运到杭州市叫卖。他们无钱住旅社，就夜宿在草地或石板桥上。但他们并不灰心，决定积蓄旅费，去上海寻找党组织。

1928年秋，高文华等人由杭州来到上海。到上海后，举目无亲，吃饭、住宿都很困难。有一天，他们到招商码头找活干，意外发现这里有新贴的"打倒国民党""打倒蒋介石"等革命标语。他们高兴极了。为了找到贴标语的人，他们一连几个晚上，在码头上转。有一天晚上，他们又看到了贴标语的人。正当他俩想接近那人的时候，周围却涌上来好多人，硬把高文华挤了出来。刹那间，贴标语的人跑得无影无踪。原来涌上来的人，是那些贴标语的同志的"护卫队"。

冒险犯难，锲而不舍。高文华转程到汉口，在一位同乡家打听到在安徽省安庆市办报的邓克定（辅尧）。邓是高文华家的邻居，是国民党左派，倾向共产党。于是，高文华写了封信给他，问他是否有办法和共产党员取得联系。邓克定很快回了信，欢迎他去安庆。

邓克定认识一位湖北人——杨曼清。邓克定取得杨曼清的同意，在安庆介绍高文华与杨曼清见了面。杨说："有一位同志在上海，但不知这个同志愿不愿见你。"最后杨说："这样吧！我先写封信给上海，介绍一下你的情况，问他愿不愿意见你。"

半个月后，杨曼清得到回信，同意高文华去上海。

1928年冬，高文华第三次到上海。在指定的接头地点，一位十七八岁的小姑娘接待了高文华。她将高文华安排在上海法租界打浦桥星星南路2号一个亭子间。

高文华在这亭子间写了一个报告，详细汇报了自己的经历和他的战友们流散在湖北公安、石首的情形，请党组织审查他和他的战友。

不几天，那位小姑娘又来了，说："李维汉要见你。"这时，李维汉是中共中央政治局常委会代理秘书长。随后，她又说："这是他让我带给你的，是他送给你的生活费。"

高文华与李维汉见面时,李维汉告知他,"与你接头的小姑娘叫黄杰"①。见了李维汉,高文华就像找到了家,见到了亲人。他向李维汉汇报了马日事变后四处奔波,辗转湖南、湖北、浙江、安徽、上海寻找党组织的历程。

李维汉仔细听后,给他恢复了党组织关系,并将高文华介绍到中共湖北省委工作。

五、初任中共阳夏区委书记,开始白区工作生涯

中共湖北省委书记夏文法任命高文华为中共阳夏区(即汉阳)区委书记。从此,他开始了白区地下工作的生涯。

高文华(此时化名廖去恶)到职后,随即通知贾琏来武汉。这时贾琏带三个小孩还隐蔽在湖北省公安县农村。1929年春节过后,贾琏携廖文英、廖新民、廖予群来到武汉阳夏区,住在一所租赁的二层楼房里。

1929年元月,湖北省委召开扩大会议,贯彻中共六大精神,高文华参加了这次会议。高文华时常换装,出入工厂、商店,联系隐藏在各工厂、商店的共产党员骨干分子,传达六大会议精神,向广大共产党员宣传"党的总路线是争取群众,发展党员,组织工会"。他早出晚归,干劲十足,在短暂的几个月里,恢复和建立了23个支部,计有共产党员130余人。各项工作刚刚展开,中共湖北省委遭受第四次大破坏,除在汉口的省委委员吴致民一人逃出外,所有省委负责人全部被捕,省委书记夏文法等16人壮烈牺牲。

高文华在严重的白色恐怖下难以立足,遂于1929年8月离开阳夏,返回上海,这是高文华第四次到上海了。

回到上海的当天,高文华找到李维汉,如实汇报了武汉局势和阳夏区工作情况,诚恳提出要重新学习白区工作方式方法。

李维汉说:"好。中共中央正在开办白区工作干部训练班,你去学习一段时间吧!"

入学前,联系人黄杰对高文华说:"训练班的领导同志明天要见你。"这位领导同志,就是李富春,时任中共江苏省委常委、宣传部长,党中央训练班的班主任。高文华在这训练班学习了两个多月,其间周恩来讲授在国民党统治

---

① 后来黄杰与徐向前结为夫妻。

区的工作方式方法。周恩来提出党的机关要"社会化",党的干部要"职业化"的重要原则,规定秘密工作的五个必须条件:一是要职业化、社会化,必须找当地在业工作人员担任领导职务。二是机关人员要少而精。三是开会人数要少,时间要短,开会时要有人在外放哨。四是领导要有分工,每个负责人要有独立解决问题的能力。五是交通网要有严密的布置,各个交通员和交通路线要避免互相知道。

高文华听得很认真,没有理解的当即提问,做到心领神会。因此,在实际工作中运用自如,在长期的地下工作中,他所建立和领导的地下组织没有被破坏,他自己也没有被捕过,他直接领导的部属没有出现叛徒。

在这期间,中共中央政治局常委、宣传部长李立三主张采取进攻路线,各级成立权力集中的行动委员会发动工人暴动,组织各根据地的红军向大城市进攻;要以武汉为暴动中心,"会师武汉,饮马长江",夺取一省或数省的首先胜利。为此,1930年春夏之交,高文华被派到汉口中共中央长江局工作。此时长江局负责人是任弼时、华岗等。

由于高文华在武汉市的阳夏(汉阳)区工作过,情况熟悉,再一次被派往阳夏区,任行动委员会书记。经过上次的大破坏,阳夏区仅剩共产党员20多个,都是单线联系,20多个党员之间不发生横的关系,一个党员只联系一个党员,高文华直接掌握的三个党员,即是阳夏区的党、团、工会里的主要负责人组成的行动委员会成员,所有的决策,由高文华分别找他们三人商量后,由高文华决断,分别单线下达。

8月1日,高文华遵照长江局和湖北省委的部署,领导阳夏区的党员和工人,参加在汉口江汉关的飞行集会。集会的旗子、口号、传单、传单散发方式、行动路线,都已精心安排。开始人员分散在江汉关附近,约定上午11时以阳夏区委总指挥的哨声为号令,向江汉关码头集中,配合汉口区、武昌区的工人群众冲向大街。

这次飞行集会的部署被敌人侦察发现,飞行集会人员刚刚集合,就被军警冲散,而且抓去了好几个同志,工人群众被抓去了几汽车。高文华传令撤退,可惜还有人要坚持奋战,大骂高文华贪生怕死,违背了中央路线。

这次盲目举动,招致敌人的大清查,武汉地区各级共产党组织遭到破坏。高文华被迫返回上海。这是他第五次到上海。

六、担任中共中央秘书处内交科主任，多次掩护瞿秋白脱险

高文华有两个胞妹，大妹名廖映仙，小妹名廖杏仙（后来在上海牺牲）。第五次到上海的高文华通过妹妹廖杏仙，跟中共法南区委取得了联系。但是这里的党组织不了解他在武汉的工作情况，要求高文华写一个详细材料，报告他在武汉的工作情况，然后根据他的报告，派交通员到汉口核实。交通员回上海后，向中共法南区委作了详细汇报。经过中共法南区委严密审查，报告了党中央。

1931年春，党中央决定，让高文华、贾琏到党的地下印刷厂工作，高文华负责出版部出版物的发行事宜，贾琏担负出版部转运工作。党在上海的出版部和地下印刷厂是毛泽民负责。高文华与毛泽民单线联系，为党传递内部文件。

高文华忠诚老实，个性内向，刚柔相济，稳重机敏，不求名利，宜于做机要工作。经过一段时间的考验，党组织调高文华做内部交通，任中共中央秘书处内交科主任，在法租界成都南路租了一间房子，由贾琏开办一个缝纫店作掩护。此时，高文华的家，也是党中央领导同志阅读中央文件的秘密处所。

中共中央秘书处内交科是中共中央上传下达的机构，直属秘书处，由周恩来领导。当时，黄文容（即黄介然）是中共中央秘书长，熊瑾玎是会计科科长，张唯一是文书科科长。张唯一是湖南益阳县桃花江镇人，与高文华同乡。他办事从容不迫，谨慎细心，人们称他为"老太爷"。"老太爷"自然成了他做秘密工作的代号，是高文华的直接领导人。

按照党中央有关工作流程，党的文件形成后，由黄文容交给张唯一，印刷、密封，再转交高文华。高文华收到文件后，一是保管，待中央领导同志来阅读。二是需要下达的文件，在另外的接头点转交交通站的负责人陈刚，由他再发送给交通员。

1932年10月，中共中央秘书长黄文容代表组织，派遣高文华以中央巡视员的身份去山东，了解党组织被破坏的情况，恢复和组建山东省委。

高文华肩负中共中央巡视员的重任，与去担任山东省委书记的任作民同往济南。经过4个月的巡视、调查、考察，在潍县、青岛、烟台、泰安等地恢复

了党团组织,建立了县委,共有党员600多人,团员553人。1933年2月以任作民为书记的山东省委成立后,高文华被调回上海中央局组织部①。

高文华在中央局组织部负责掌握各地党组织的通讯网络和联系信息,接待各地与党组织失去联系而来上海找党中央的同志,安排他们的食宿,查证清楚他们的身份,帮助他们和党组织联系。

高文华还负责"警报"工作,即联络打入敌人高层内部的同志,把这些同志收集到的"警报"资料,直接送给上海中央局组织部长黄文容,及时将危害党组织的信息递送有关同志采取紧急处理措施。这时,上海白色恐怖非常严重,外有敌特跟踪,内有"左"倾教条主义的危害,组织常遭破坏,叛徒不断出现,环境极为恶劣,党的地下工作者,随时都有被捕牺牲的危险。但高文华总是临危受命,以大无畏的革命精神和巧妙的对敌斗争艺术,化险为夷,为党做了大量卓有成效的工作。在这期间,他和贾琏先后掩护转移过瞿秋白、夏之栩、夏娘娘等同志,使他们顺利脱险②。

1933年2月的一天,高文华从打入敌人情报机关内的同志那里获得一个警报,国民党特务要在当晚破坏上海紫霞路一处地下机关。高文华同贾琏商量、分析,紫霞路的地下机关,可能是指紫霞路68号瞿秋白新居处。他们急速报告中央局组织部长黄文容,黄文容赶到紫霞路68号,通知瞿秋白夫妇迅速转移。

转移到哪儿去?一时间瞿秋白夫妇无法找到安全住处。在火烧眉毛的时候,瞿秋白想起了鲁迅。于是,傍晚时刻,由黄文容掩护,瞿秋白夫妇来到鲁迅家避难。

2月底,高文华向黄文容提出:鲁迅也是蒋介石的眼中钉,他的住所是国民党特务盯梢的地方,瞿秋白夫妇住在那里极不安全,还会牵连鲁迅。

黄文容锁着眉头说:"我也担心这件事,但找不到能转移的处所。"

高文华毫不犹豫地回答:"暂住我家吧!"

此时,高文华的住处在上海市成都南路,是中共上海中央局领导同志阅读文件的地方,非常隐蔽。黄文容迟疑地说:你这里是绝密地方,除了中央领导同志外,谁也不能来。

① 这时党中央(即中共中央临时政治局)已撤离上海,迁往中央革命根据地的瑞金,在上海另成立了留守机构中央局。
② 参见高文华逝世后国务院农垦部印发的《高文华同志生平》。

"现在环境险恶,眼下难于找到安全可靠的地方,让瞿秋白夫妇暂住这里,作为过渡吧!"

黄文容同意:"暂作这样的安排吧!"

随即,黄文容去鲁迅家,贾琏化装成纺织工人随同前往迎接。瞿秋白夫妇携带几件衣服,两网袋书籍、文稿,来到高文华的住处。

不久,又得到一个情报,高文华的住处也列入了特务的搜查之列,岌岌可危。得到情报,已是凌晨2点,必须马上离开。高文华将睡梦中的女儿高平(廖文英)唤醒,陪同杨之华避走,他与贾琏火速处理各种有关党的材料后,留下贾琏对付敌人的搜索,自己同瞿秋白一道转移。鲁迅夫人许广平后来在《瞿秋白与鲁迅》一文中回忆:"约在深夜2时左右,我们连鲁迅在内都睡下了。忽然听到前面大门不平常的声音敲打得急而且响,必定有什么事情发生了。鲁迅要去开门,我拦住了他以后自己去开,以为如果是敌人来逮捕鲁迅的话,我先可以抵挡一阵。后来从门内听到声音是秋白同志,这才开门,见他夹着一个小提包,仓促走进来。他刚刚来了不久,敲后门的声音又迅速而急迫地送进我们的耳里,我们想,这次糟了,莫非是敌跟踪而来? 还是由我先下楼去探听动静,这回却是杨大姐带着一个十三四岁的别的同志的小姑娘一同进来,原来是一场虚惊。"[1] 这个小姑娘就是高文华的大女儿廖文英。

1934年1月7日,瞿秋白奉命离开上海,前往中央革命根据地。当晚11时,风雪交加,路上行人极少,高文华护送瞿秋白夫妇到吴淞口码头,直至他们登上海轮,他才返回住处。

高文华、贾琏在上海也掩护过夏之栩、夏娘娘脱险。夏之栩是赵世炎的妻子。夏娘娘是夏之栩的母亲。她们在上海做党的地下工作,与高文华一家同处在隐蔽战线。新中国成立后,夏之栩又与高文华同在国务院轻工业部工作,是多次共事的战友。

9月,党组织通知高文华夫妇,去天津中共河北省委工作。高文华、贾琏怀着沉痛的心情到妹妹廖杏仙牺牲的地方悼念。他是带着妹妹来到上海的,却未能携妹妹告别上海。

---

[1] 许广平:《忆秋白》,人民文学出版社1981年版,第279—280页。

七、巡视冀南游击队，开展抗日斗争

1935 年日本帝国主义突破中国长城防线之后把铁蹄踏进了华北，大搞华北五省"自治运动"，企图制造一个傀儡的"华北国"，以达到吞并华北的野心。

1935 年冀南地区春旱夏涝，漳水、滏阳河连续决口，农民颗粒无收。很多老百姓扶老携幼，离乡背井，四处逃荒，冀南一带饿殍遍地，惨不忍睹。地主豪绅却乘人之危，囤积居奇，高利盘剥。有钱人只需两块现洋可以买到一块好地，几斗高粱可以换得一个小孩。

在这种急剧的阶级分化状态下，有的青壮年挺身而出，组织了"长工会""短工会""穷人会""贫农会""盐民委员会""扁担队"等，与地主、官府进行自发斗争。北方局与河北省委及各地党组织，全面分析内外交困的冀南形势，决定开展抗日武装斗争。

1935 年初，中共冀南特委书记李菁玉、组织部长刘子厚，首先在任县组织游击队，高举抗日旗帜，开展游击战争。各地饥民纷纷响应，迅速扩展到冀南各县。8 月，高文华派王光华到达冀南，负责游击队的军事指挥，成立了"中国工农红军平汉线游击队"。年底，高文华化名老温，到冀南视察，护送他的是于光汉。高文华化装成富商，经历多道日、伪封锁盘查后到达冀南后，于光汉向王光华开玩笑说："我给你带来一个棉花商温老客。"高文华的打扮，确实像一位很阔气的南方商人，尤其是他戴的那顶"将军盔"帽子，是当时绅士们的时髦货。因为高文华不会讲北方话，没有这一身装饰，很难通过敌人的重重封锁，道道关卡的盘查。

高文华指示刘子厚、王光华，为迎接已到陕北的中央红军东征抗日，为进一步发展武装斗争的大好形势，更好地贯彻"八一宣言"，扩大抗日民族统一战线，把"中国工农红军平汉游击队"扩建为"华北人民抗日讨蒋救国军"第一军第一师。此时中共中央已由"反蒋抗日"方针转到"逼蒋抗日""联蒋抗日"的策略了。由于和中央久失联络，高文华还不知道中共中央的方针、策略已经变化，依然高举"抗日讨蒋"的旗帜，犯了"关门主义"的错误。

1936 年春天，冀南地区形势一天天险恶。3 月底，以高文华为首的中共中央北方局指示冀南特委："在敌人大规模镇压，敌我力量悬殊的情况下，要有计划有组织地退却,以保存力量,等待时机。"至此,历时一年的冀南农民暴动暂停。

八、指导一二九运动,掀起抗日救亡高潮

日本侵略者的铁蹄踏入华北以后,中共中央北方局与河北省委在城市的抗日斗争,重点放在平、津两市的学生和知识分子中。

北平是北方的政治中心,党在学生和教员中有共产党、共青团、"北方左联"和"中华民族武装自卫委员会"等组织,其中"中华民族武装自卫委员会"(简称武委会)是公开的抗日救亡团体。为掀起抗日救亡高潮,北方局与河北省委指示北平各大中学校普遍建立"武委会"组织。湖南湘潭人周小舟是"武委会"的负责人,当年是北平师范大学的学生。

在有利形势下,北平党内对于斗争方向出现了分歧。一些人主张组织暴动,建立北方苏维埃政权。有些人反对学生运动,仍坚持关门主义。另一些同志如周小舟、彭涛、杨子英则主张团结各种抗日力量,发展抗日救亡运动。北平市委先后派市委委员杨子英、周小舟到天津,向北方局书记兼河北省委书记高文华汇报。

这时,北方局还没有与中共中央取得联系,还是在孤独奋斗,自主决策。高文华召集北方局成员开会研究北平的学生运动形势,决定派河北省委特派员李常青到北平,改组北平市委,成立由彭涛、周小舟、谷峰(谷景生)组成的北平临时市委,彭涛任书记(另说为谷峰),负责领导和组织北平的抗日救亡运动。

中共北平临时市委成立后,积极组织学生开展斗争。高文华又指示,要将各校学生自治会联合起来,成立北平大中学校学生联合会,由这个组织公开领导抗日救亡活动。11月,北平大中学校学生联合会建立,学联会主席是郭明秋,学联委员有姚克广(姚依林)、蒋南翔、吴承明、敖白枫等人。

一二九运动发生前三天,高文华秘密地来到北平,在圆明园旧址与李常青见面,了解北平各校师生动态。李常青引用各大学师生对华北局势担忧的话说:"偌大的华北置不下一张课桌了"。广大师生要求组织起来,向当局请愿,表达他们的抗日爱国热情。

高文华强调说:要吸取过去的教训,隐蔽好党的组织,党的骨干要分成两

线。要高举反日爱国的旗帜，号召各阶层爱国者团结起来，共同抗日。

第二天中共北平临时市委开会，决定发动学生请愿，要求有抗日救国的民主、自由权利，高文华派遣的省委特派员李常青参加会议。会上决定领导分两线，由彭涛、黄敬、姚依林、郭明秋领导学生运动，但彭涛、黄敬、姚依林不能公开出面，公开出面的是北平学联执行主席郭明秋和董毓华。并决定开始用请愿的形式，提出停止内战，一致抗日。如果请愿不成功，就改为示威游行。

12月9日北平学生高举"停止内战，一致对外"的旗帜，高呼"打倒日本帝国主义""打倒汉奸殷汝耕""反对冀察政务委员会""反对华北特殊化""中华民族解放万岁"等口号，从各个学校奔涌出来，远远超过了预计的人数。游行得到各界的支持，造成广泛影响。事后，还有很多学校的学生提出意见，说："国家兴亡，匹夫有责，这么大的事情，我们没有参加，很遗憾。"提议再组织一次大游行。

中共北平临时市委接受了这个建议，立即向中共北方局汇报。高文华当机立断，派林枫赶到北平，改组北平临时市委为北平市委，任命李常青为北平市委书记，加强北平市委的领导；同时决定在12月16日"冀察政务委员会"成立那天举行大示威，使反对日本帝国主义，反对汉奸、卖国贼的旗帜更鲜艳。

12月16日这天参加示威抗议的人很广泛，北京所有大学、大专、中等学校学生都参加了，被称为一二·一六大示威。学生们手挽手地高呼口号，雄赳赳、气昂昂地走过新华门。这天游行的达2万余人。

12月25日，北方局又发表《为建立人民一致抗日反汉奸的统一阵线给全体华北人民信》，热衷地支持学生反日斗争，并指出学生运动应与广大工农爱国运动结合，要到工农中去。

一二九运动是伟大的反日爱国运动，是动员全民族抗战的运动。毛泽东曾评论说："它准备了抗战的思想，准备了抗战的人心，准备了抗战的干部，充分体现了广大青年学生以国家兴亡为己任的爱国主义精神。"高文华后来在《1935年前后北方局的情况》一文中回忆："1935年底，1936年初，冀东22个县伪化，形势十分紧张。北平、天津的学生纷纷起来反对'冀察政务委员会'……学生运动一直发展到后来的'一二·九'运动。我们北方局支持并领导了这一爱国运动。"

九、派遣周小舟、吕振羽与南京政府接触

一二九学生反日爱国运动，使举国上下群情激昂，抗日的要求空前高涨。日寇对华北的步步逼进，严重威胁英美帝国主义在华的利益。国内阶级关系发生激烈变化，亲美派宋子文、陈立夫开始考虑联共抗日。宋子文把秘密和共产党取得联系的任务，交给南京政府铁道部次长曾养甫（广东平远人）。曾养甫又把这任务落实到该部劳工科科长谌小岑的肩膀上。

谌小岑与史学家翦伯赞同是湖南人，两人交往甚密。谌小岑找翦伯赞商议，请他提供与共产党员有交往的线索。翦伯赞与吕振羽志同道合，乃向谌小岑推荐：吕振羽是湖南邵阳人，是北平中国大学教授，北平自由职业者大同盟书记。他的学生中有不少共产党员，你不妨写封信去试试。

1935 年 11 月，吕振羽收到谌小岑一封信，大意是："东邻侵凌，龚姜两府宜联姻御侮。兄如愿作伐，请即命驾南来。"吕振羽推测"龚姜两府"，是指蒋介石一方，共产党一方。信的意思是，在日本帝国主义疯狂侵略下，国民党与共产党宜于团结起来，共御外侮。如果吕振羽先生愿意做介绍人，就请你来南京商议。

敏锐的吕振羽，深感事关重大，立即将信交给周小舟。周小舟时任中共北平临时市委宣传部长，直接管理北平自由职业者大同盟等进步团体。周小舟与临时市委研究后，报告了中共北方局书记高文华。这时，北方局仍与中共中央失去联系，又觉得事关抗日统一战线，机不可失，事不迟缓，只能自主决策，从北平临时市委抽调周小舟到北方局联络部，负责试探南京政府的态度，试探建立抗日民族统一战线的可能性。

周小舟向吕振羽传达了北方局的指示，希望吕振羽立即去南京探明虚实。

11 月底，吕振羽到南京，当晚找到了谌小岑，次日，经谌小岑引荐，会见了曾养甫。吕振羽单刀直入问："国共合作抗日谈判，是曾先生的主张吗？"

曾告诉他："我是秉承宋子文先生的意旨办事的。日本占领东北，又在华北搞特殊化，看来，非抗日不可了。你能找到一个共产党方面同我们谈判的线索吗？"

吕振羽答复："现在没有。"他故弄玄虚，沉思良久，说："也许能从北平的

大学教授和学生中找到这样一个线索……"

吕振羽将接头情况书面报告周小舟。周小舟又将吕振羽的书面报告转交高文华。高文华与周小舟商议,决定吕振羽常驻南京,与国民党继续接触,试探谈判的可能性。

吕振羽通知曾养甫:谈判线索已经找到。曾养甫请求吕振羽留在南京充当联络员。随即送来函件,聘请吕为铁道部专员,每月车马费银洋 200 元。这些钱解决了吕振羽和周小舟的生活费和往来路费。

1936 年 1 月,周小舟与吕振羽前往南京,向谌小岑详细了解曾养甫在国民党所属派系(陈立夫 CC 派),以及信件的来龙去脉。周小舟温文尔雅,坦率严肃的气质,给谌小岑留下了深刻印象。

一二九运动和北方局派人与南京国民党政府接触的消息传到了瓦窑堡,中共中央才知道北方局仍然存在,决定派刘少奇任中共中央驻北方局代表,加强对北方局的领导。1936 年 1 月 17 日,刘少奇从陕北瓦窑堡出发,冲破封锁线,约在 4 月初到达天津。自此后,国共两党南京谈判事宜由刘少奇主管。

十、参加白区工作会议起争论

1936 年 4 月初,刘少奇到达天津,以中共中央代表名义主持北方局工作,听取了高文华、柯庆施等对北方局与河北省委工作的汇报。

约在 4 月份,刘少奇重组中共中央北方局,由刘少奇任书记,彭真任组织部部长,陈伯达任宣传部部长。原北方局成员主要负责河北省的工作,高文华继续任北方局委员兼河北省委书记。9 月,马辉之接任河北省委书记,高文华改任副书记。

1937 年 5 月 2 日至 14 日,党中央在延安召开苏区党代表会议,来自国民党统治区的代表也参加了这个会议。5 月 7 日,刘少奇在会上发言。会议还印发了刘少奇两篇文章《肃清关门主义与冒险主义》和《关于过去白区工作给党中央的一封信》,引起与会者的注意,而且在白区工作的同志中引发了严重的分歧。

苏区党代表会议结束后,中共中央决定接着在延安召开白区工作会议。到会代表以华北地区党组织为主,包括河北省委、山东、山西、内蒙古、绥远、冀南、冀鲁豫、苏鲁豫边区、北平、天津、唐山、保定等地党组织的代表,也有河南、湖南、广东、福建的代表。参会的华北代表团的代表有彭真（代表团团长）、高文华、李葆华、李雪峰、李运昌、黎玉、陈少敏、张霖之、张友清、吴德、李昌、李一夫、李铁夫、李菁玉、刘晓、黄敬、朱理治（陕北代表）、乌兰夫（内蒙古代表）、方方（广东代表）等30多人。会议由张闻天主持，刘少奇作《关于白区的党与群众工作》的报告。

报告系统深刻地总结了过去10年党在白区工作中的经验教训，从国共两党即将合作的具体实际出发，预见了合作以后可能出现的情况和问题，对党在白区的工作，从理论政策方面作了比较全面的实事求是的概括。

刘少奇报告之后，与会代表进行了热烈讨论。许多同志同意这个报告，并且联系自己工作地区的情况，作出补充和说明；也有不少同志提出不同意见，不赞成刘少奇报告的基本精神。

参加这次会议的同志，原北方局的占多数，他们觉得刘少奇的报告有过当之处，意见较多。他们认为在高文华领导北方局的一年内，北方局的政治路线已有转变，党的组织也有发展与巩固，抗日的群众运动已经发动，国共两党的谈判开始启动。他们希望高文华代表他们发表一点意见，把成绩与缺点分别开来，把北方局历史上的错误与近几年的缺点区别开来。

高文华应部分同志的期望，作了比较系统的发言。

他的发言，有两个"一分为二"。第一个"一分为二"，是把他任中共中央北方局兼河北省委书记以前与他任期内的错误分为两个阶段。这两个阶段错误的性质不同，前阶段是执行盲动主义、冒险主义的错误，在他任期内是失去中共中央领导的特殊情况下，独立自主地开展工作中发生的错误。第二个"一分为二"，是在他的任期内有成绩，有缺点，成绩是北方局的政治路线开始转变，但在转变中存在一些缺点、错误。

高文华的发言，有一定的代表性，代表了在国民党统治区长期从事地下工作的同志普遍存在的"劳而无功""一切皆错"的怨声。他的发言，就像一块石头丢在水里，掀起了波浪。①

为了统一思想，会议宣布休会。6月1日至4日，中共中央召开政治局会议，讨论白区工作会议上发生的争论。

① 以上的记述根据原中共中央文献研究室副主任金冲及《刘少奇与白区工作会议》一文，载《党的文献》1999年第2期第29—39页。此文是金冲及根据《白区工作会议记录》和他访问白区工作会议参加者李雪峰、李昌的谈话记录撰写的。

毛泽东静静地听了政治局同志两天的发言。他经过深思熟虑,在政治局第三天的会议上作了长篇发言。他鲜明地说:少奇的报告是基本上正确的,错的只在报告中个别问题上。少奇对这个问题有丰富的经验,他一生在实际工作中领导群众斗争和党内关系,都是基本上正确的,他懂得实际工作中的辩证法。他系统地指出党过去在这个问题上所害过的病症。他是一针见血的医生①。他指出:党在15年中造成与造成着革命的与布尔什维克的传统,这是我们党的正统。我们党内存在着某种错误的传统,这就是群众工作、宣传教育与党内关系问题上的"左"的关门主义、宗派主义、冒险主义、公式主义、命令主义、惩办主义的方式方法与不良习惯的存在。这在全党内还没有克服得干净,有些还正在开始系统地提出来解决。②

毛泽东的发言讲得比较周全,客观,分寸恰当,易被参加会议的人员接受。

6月6日至10日继续举行白区工作会议。主要由张闻天作报告和刘少奇作结论。报告和结论,都以毛泽东的发言为基础与基调,从而实现了基本观点的统一。

十一、组建中共湖南省工委,积极贯彻党在国民党统治区的工作方针

白区工作会议后,高文华进入延安中央党校学习,编在第五班,当时他使用的名字是赵诚学,取意认真总结经验教训,诚恳学习马克思主义。他反复阅读列宁的《论共产主义运动中的"左派"幼稚病》《两个策略》,毛泽东的《论反对日本帝国主义的策略》等文,同战友们经常讨论,争鸣,被评为学习的模范。

高文华至此已有十余年地下工作经验,在任中共中央北方局书记期间,在与党中央失去联系的岁月里,独立思考,领导、组织、发动了北平的一二九运动,派遣周小舟、吕振羽前往南京试探国共合作抗日的可能性。全国抗战爆发后,1937年底,毛泽东推荐他担任中共湖南省工作委员会(简称湖南省

---

① 《毛泽东年谱(1893—1949)》上卷(修订本),中央文献出版社2013年版,第679页。
② 《毛泽东年谱(1893—1949)》上卷(修订本),中央文献出版社2013年版,第680页。

工委,后改称省委)书记。

1937年12月下旬,高文华从延安去湖南,途经汉口,在八路军驻武汉办事处见到周恩来、博古和叶剑英。1938年1月7日长江局开会研究湖南工作,湖南特委书记任作民和高文华参加了会议。会议指出湖南党组织的任务是加强党的抗日民族统一战线的宣传,建立广泛的抗日民族统一战线,积极而慎重地发展党的组织。会议决定将中共湖南特委改为中共湖南省工作委员会,由高文华任书记。周恩来向高文华等人指示:你们要通过旧关系和新关系,迅速恢复和发展党组织。所谓旧关系,是指大革命失败后隐藏下来的或脱离组织但没有叛变的原共产党员,还有老同学、老同事和亲朋故友。所谓新关系,是指全国抗日战争爆发以来从平津等地来湘的革命知识分子。

1月12日高文华等人抵达长沙,马不停蹄,住宿尚未安置好,即赴八路军驻湘通讯处向徐特立报到、请示。随后,八路军驻湘通讯处主任王凌波给高文华找到一所住处——湖南肺痨医院附近的一座二层的小洋楼。高文华以一位患有肺病的富商身份寄居此处,时刻可以用看病的方式,转入肺痨医院,摆脱敌特的跟踪。

1月16日,中共湖南省工作委员会在长沙秘密成立,机关设在寿星街。

湖南省工委成立时,八路军驻湘通讯处已经在长沙公开挂牌办公,省工委与八路军驻湘通讯处的分工是:处于地下状态的省工委负责党的组织发展、干部调配,通过负责群众团体工作的共产党员,领导群众团体开展抗日救亡活动;亮明了身份的八路军驻湘通讯处,着重公开做各党派的上层统战工作。公开与秘密有序配合,相得益彰。

在发展党组织时,高文华特别注意工作薄弱的"死角",选派党的骨干分子去开辟。1938年春,高文华找湖南新化籍的苏镜、张竹如谈话,说:"现在长沙的形势很好,在大家的努力下,抗日救亡的群众运动日益高涨。但是我们的工作不能局限在长沙,还要向全省各县发展。省委决定你们到自己的家乡新化县,做党的开辟工作。"他们回去后,很快打开了工作局面。

7月上旬,中共中央长江局决定湖南省工委改称湖南省委,高文华任书记。高文华将共产党员黎澍主编的《观察日报》收为省委机关报,并将张天翼主编的《大众日报》合并进来,构成强劲的宣传阵地。

由于在湘党员的努力,湖南党的组织发展很快。1938年9月统计,全省75个县中,有党员的县56个,党员总数有3000人。省委总结各级党组织发展情况,提出今后要把发展党组织面向基层,面向农村。各地党支部雷厉风行地执行了这个指示,到 1939 年 6 月,党员人数迅速发展到 5000 多人,新吸收的共产党员,多系农村小镇的工人农民和小知识分子。

在这期间,中共湖南省工委、省委动员了许多抗日救亡活动中的积极分子奔赴延安,还根据中共中央的指示,将革命烈士和领导人的子女送往延安,转莫斯科学习。蔡和森的儿子蔡博,郭亮的儿子郭志成,刘少奇的儿子刘允斌……都是由省工委、省委从农村找出来送去延安的。据不完全统计,湖南赴延安或径直参加八路军、新四军的青年、学生,由八路军驻湘通讯处和省委介绍的,在 200 人以上,其中去延安的有 130 多人。

1938 年 9 月至 11 月,高文华作为湖南省委的代表,赴延安列席了六届六中全会。其间,毛泽东在会场看见高文华,高兴而又亲切地说:"高文华,坐到前面来。"

高文华大步流星地走上去,紧握毛泽东的手。

毛泽东关切地问:在湖南工作是否如意?高文华简明地汇报了湖南党组织恢复、发展和抗日救亡宣传活动情况。毛泽东鼓励道:好啊!你又高又大又有文化,是一员虎将,省委书记工作是能胜任的。勉励他:要站得高,看得远,把握六届六中全会精神,坚持全面抗战路线,灵活运用抗日民族统一战线的策略,就可任凭风浪起,稳坐钓鱼船[1]。

从延安回到湖南,高文华于 1939 年 2 月初召开省委扩大会议(当时叫"省党代表会"),传达中共中央六届六中全会精神。他介绍了会议的情况,部署了新形势下湖南党组织的工作方针和政策,并反复强调统一战线工作中的独立自主原则,批判了统一战线中只讲联合不讲斗争的右倾错误。他说:统一战线工作既要软,又要硬。软,不能软得抛弃独立自主原则;硬呢,不能硬得破裂统一战线。软,是讲灵活性;硬,是指原则性。在统战工作中,要"多结人缘","大刀阔斧地打开工作局面"。"多结人缘",就是贯彻南方局书记周恩来指示:"联合同盟者,团结进步派,争取中间派,打击顽固派","坚持团结,反对分裂;坚持进步,反对倒退;坚持抗战,反对投降"。

1939 年 6 月 12 日,驻平江的国民党第二十七集团军司令杨森按照蒋介

---

[1]　高文华、帅孟奇、袁学之、杨第甫:《关于抗战初期湖南党的组织活动座谈会记录》,1982 年 4 月 21—24 日,存中共湖南省委党史研究室。

石的意旨,制造了轰动全国的平江惨案,新四军驻平江通讯处主任涂振坤等壮烈牺牲。

中共中央鉴于国民党执行"消极抗日,积极反共"政策,在各地不断制造军事磨擦和反共事件,向各级党委发出了《关于在国民党统治区保存党员干部的指示》。6月29日中共中央南方局又发出《关于组织问题的紧急通知》,要求国民党统治区各地党组织认真执行中央提出的"隐蔽精干,长期埋伏,积蓄力量,以待时机"的方针,把党的组织由半公开状态迅速转到秘密状态。

省委立即采取有力措施。一是整顿各级党组织。1939年6月,号召各级党组织进行整顿,严格清查党内阶级异己分子,将支部中坚强的党员和不了解政治、不认识党的分子分别成立小组,无教育希望、不可靠的分子则加以隔离,只维持个别关系。经过审查、清退,全省减少党员1600多人,还有1100多人在局势恶化的情况下失掉了关系。到1940年6月,省委在湘潭召开扩大会议时,党员总人数由高峰时期的5000多人,下降到2300人。二是撤销公开和半公开的机关。三是加速建立秘密交通网。在此以前,省委仅有与中共中央南方局的秘密交通员,郭亮的遗孀李灿英是秘密交通员之一,高文华呈报给博古的工作报告,博古给高文华的复信,都是李灿英传递。到1940年3月,全省秘密交通网已得到解决。四是调动和撤退骨干。1939年12月,在衡阳召开了省委会议,研究干部撤退问题。至1940年6月,县级以上干部几乎全部调动,有的是互相对调,有的是工作地区变动,计有五六十人。暴露了身份在湖南无法立足的干部,则由省委报请南方局撤离湖南,这类干部计有40人。1942年6月湖南省的党组织先后撤退、转移了600多名党员、干部和革命知识分子,为党保存了大批骨干力量。这是高文华在湖南省委书记岗位上的一个突出贡献。后来三五九旅南下湖南、湖南和平解放时南下的干部,很多就是这个时期撤退的同志。五是确立"隐蔽力量,严密党的组织"。各级党组织成员,都有社会掩护职业,隐蔽在各行各业之中,实行党员干部地方化、职业化,党的联络点社会化,建立适应地下工作的工作方式。至1940年底,湖南共产党的组织全部转入地下,大部分党员有了隐身的社会职业。

险恶的环境,艰难的工作,使高文华七年前染上的肺病恶化了,很难再坚持工作。南方局领导劝他去重庆养病,他多次婉言谢绝,说:"环境越危险,我越不能离开。这里是我的故土,这里还有几百同志。"

11月,湖南省委成员袁德胜调延安,文士桢去桂林,省委建制撤销,复成立中共湖南省工作委员会,省工委由周里、谷子元、谢竹峰组成。不久,谷子元、谢竹峰去延安。同年底,湖南省工委由周里、刘鼎、张春林组成。高文华把一切工作移交、安置好后,才偕同贾琏前往重庆。他们夫妇是当时最后一批撤离湖南的共产党员。

十二、夫妻共赴延安,参加中共七大

到达重庆的当天,高文华夫妇就受到周恩来、董必武、邓颖超的热情接待,并被安排在中共中央南方局组织部。周恩来还特地叮嘱贾琏:你近期的任务,是照顾好高文华,陪他去医院诊病。高文华在重庆一边治病,一边工作,主要联系华南各地党组织,落实隐蔽措施,并协助周恩来指导湖南地下党的工作。

1944年3月,高文华、贾琏前往延安,高文华被安排到中共中央政策研究室工作,贾琏在妇女界任职。

1945年4月23日至6月11日,在延安召开了中国共产党第七次代表大会,高文华夫妇双双出席与列席。高文华是大会正式代表,贾琏是候补代表。夫妻共同参加中共七大的还有周恩来、邓颖超,李富春、蔡畅。

高文华在会议讨论发言中,结合自己的实践,认真总结历史经验。他回顾毛泽东引导他走上革命道路的情节,更是心潮澎湃。记得1939年12月中共湖南省委在衡阳开会,推举出席中共七大的代表帅孟奇等人时,他满怀厚望地叮嘱帅孟奇等人,"你们要代表湖南省的共产党员选举毛泽东同志为党的主席。"现在,他们两夫妻一起参加中共七大,在选举新一届中央委员会委员时,高文华作为正式代表,给毛泽东投了崇敬的一票,举手赞成通过确定毛泽东思想为中国共产党的指导思想的《中国共产党章程》。这是他们夫妇革命征途中终生难忘的一页。

1945年冬,山西、河北、山东新解放区的农民,正在进行反奸清算斗争,东北解放区正在没收地主土地分配给农民。中共中央政策研究室有一项重要任务,就是调查研究土地问题,提出解决土地问题的政策。1945年冬到1947年夏,高文华、贾琏遵照毛泽东的指示,参加了解放区的土地改革。

高文华首先到晋察冀解放区的山西农村,住在贫苦农民李老汉的家里,同吃、同住、不怕脏、不怕累,同贫苦农民促膝谈心:谈村内的阶级状况、各阶级土地占有情况、夺回地主土地的方法等。他了解到对汉奸、恶霸地主的土地,是用没收的办法收归农民,对一般地主的土地,是通过清算方式收归农民所有。清算内容有:地租、利息、额外剥削、无偿劳役、霸占的公地和人权侮辱种种,使地主在偿还剥削所得、交纳罚款、退还霸占、赔偿损失等名义下,把土地转移、折算给农民。具体做法是发动农民与地主面对面的清算,一条一条地摆出地主经济上剥削农民、政治上压迫农民、人格上侮辱农民的事实,使地主低头认罪,不得不拿出土地来,而农民则处于有理合法的位置上,理直气壮地收回土地。这种清算,形式上是有偿的交换,而实质上是在对封建地主的揭露和控诉的基础上,发动农民群众没收地主的土地。高文华认真总结了这些经验,供中共中央参考。1946 年 5 月 4 日,党中央发出《关于土地问题的指示》(即"五四指示"),就吸收了这些经验。

中共中央综合各地情况,于 1947 年 7 月 17 日至 9 月 13 日,在河北省建屏县西柏坡村,在刘少奇主持下召开了全国土地会议,总结解放区贯彻"五四指示"以来土地改革的经验,制定了《中国土地法大纲》。大纲明确规定:"废除封建性及半封建性剥削的土地制度,实行耕者有其田的土地制度";"废除一切地主的土地所有权";"废除一切祠堂、庙宇、寺院、学校、机关及团体的土地所有权";"废除一切乡村中在土地改革以前的债务"。高文华夫妇参加了这次会议。

全国土地会议后,高文华转到中共中央城市工作部工作,担任城市工作部城市政策研究室指导员。1948 年 9 月 26 日,中共中央城市工作部改名为中共中央统一战线工作部,李维汉任部长,高文华任副部长并代理第二室、第四室主任。

在西柏坡期间,高文华参加了筹办新政协的工作。筹办新政协的首要问题,是如何尽快地安全地将在香港、国民党统治区的民主党派负责人和无党派民主人士接到解放区来。

1949 年 3 月 5 日至 13 日,中国共产党第七届中央委员会在河北省建屏县西柏坡村举行了第二次全体会议。出席会议的中央委员有毛泽东、刘少奇、周恩来、朱德、任弼时、林伯渠等 34 人,候补中央委员有陈少敏、王首道、邓颖超等 19 人,列席会议的中央及有关方面负责人有李维汉、杨尚昆、高文华等 12 人。这次会议提出了促进革命迅速取得全国胜利和组织这个胜利的各项方针;指明了党的工作重心必须由乡村转移到城市;规定了党在全国胜利以后,在政治、经济、外交方面应当采取的基本政策,以及使中国由农业国转变为工业国,由新民主主义社会转变到社会主义社会的总任务和主要途径。

十三、调配干部接管湖南各级政权,恢复和发展生产事业

1949 年 3 月,中共中央任命黄克诚为中共湖南省委书记,王首道、金明、高文华为副书记。高文华还兼任省委组织部长。

4 月至 5 月,渡江战役取得胜利。8 月,湖南和平解放。

接管全省各级政权,建立新生人民政权,是湖南省委的首要任务。随军南下到湖南的干部、工人、学生有 14741 人,还有中国人民解放军转业官兵近千人,中国人民解放军第十二兵团军政干校学员 200 余人,原湖南地下党员干部也有 11000 余人,均需统一调配。当时,南下干部多数对湖南情况不熟悉,加上语言不通、气候不适,工作难度大;地下党干部是土生土长的,不仅情况熟悉,而且在恶劣环境中锻炼成长,与群众有密切联系,但是对党的方针、政策相对来说不太熟悉。因此,如何把干部分配好,是高文华重点关注的问题。他提出:各级干部领导班子,北方老区南下干部经验丰富,任正职,原湖南地下党干部任副职;北方老区南下干部及地下党干部着重配备在长沙市、湘潭、益阳、常德等六个地市的区以上机构,尤其以长沙市、湘潭、益阳、常德为重点。衡阳、郴州地区以原中共湘南特委领导下的干部为基础,这里许多地下党员经过战争考验,与群众又有密切联系;湘西各地还有繁重的剿匪任务,地方干部调配暂以承担剿匪任务的四十七军为主,结合南下干部与地下党干部配备。因为高文华和他的战友们考虑周到,又善于听取、尊重他人的意见,在较短的时间内,就把各类干部配备好了。随着解放军在湖南的进军,各地市县的先后解放,接管地方政权的工作,也随之解决。至 1950 年 4 月,湖南全省除极个别地方外,各级人民政权都建立起来了。

当时百废俱兴,接管建政、征粮支前、反霸反特、减租减息、恢复生产,都急需干部。湖南省委组织部相继办了革命大学、行政学院,吸收大批知识分子、技术人员,录用了近 2 万人。这些人,年龄最小的 15 岁,最大的 55 岁,其中 17500 人充实到省地市县各政治、经济、文化领域,4500 人输送到广西、贵州新解放区工作。

为巩固工农政权,发展工农业生产,根据中共中央的指示,高文华注意在中心工作、群众运动、阶级斗争中,培育、提拔当地工农干部,充实到县、区、乡各级领导机关。到1951年1月,高文华兼任组织部长期间共提拔工农干部两万余人。

湖南地下党在新中国成立前几年,吸收了大量新党员,其中有部分候补党员,因种种原因未规定候补期,或候补期限不明确,或有规定未执行,致使这些同志到湖南解放尚未转正。高文华了解到这三种情况后,根据中共中央中南局的指示,对入党时间在1949年4月以前的,以及4月以后的,都分三种情况定出不同的候补期。

1950年7月,中共湖南省委开始新中国成立后的第一次整党。在整顿清理组织及原地下党成员的时候,也对南下党员的思想进行整顿。整顿的重点放在思想与工作作风上。经过一年多的整党,纯洁了党的各级组织,加强了南下干部与原地下党干部的团结合作,增进了党群关系;加强了组织生活,使广大党员初步学会了批评和自我批评;吸收了一些新党员,使党员成分有所变化,党员素质有所提高。

湖南解放后,高文华还兼任了省委政策研究室主任、省工业厅厅长、省劳动厅厅长。

1950年4月,湖南省人民政府设立工业厅。工业厅的前身是原湖南军事管制委员会的工矿处,接管了原国民党政府中央各部门在湘企业和原湖南省政府经营的工矿企业43家,其中移交给中央管的达32家。湖南省工业厅成立时,仅管辖11个(另说9个)单位,计14个厂矿,主要是煤矿、纺织、机械、电力、有色金属企业。资产总值仅一千多万元,职工总数10375人。当时,这些厂矿基本上处于停产或半停产状态。要在这样脆弱的工业基础上开拓、创业,真是艰难困苦,任重道远。高文华在省工业厅第一次厅务会议上与同志们共勉说:我们过去用枪杆子打下了天下,夺取了政权,现在我们要拿起锤子斧头,建设一个新中国。我们过去不熟悉的东西,没有干过的事业,现在我们要干,要钻,要像干革命不怕牺牲那样,不怕苦,不畏难,努力学习,边干边学,早日使自己变外行为内行。

湖南省工业厅为便于及时指导全省工业生产,减少公文往来,分设小厂矿管理处,河西工厂管理处,湘西、邵阳厂矿管理处,湘南煤矿总局。小厂矿管理处由厅长高文华兼任处长。一位省委副书记兼省工业厅厅长,又兼小厂矿管理处处长,这恐怕是没有先例。

高文华根据省委指示,确定省工业厅的工作方针是"巩固原有基础和发展新的事业"。1950年以健全已有事业为主;1951年以发展为主。恢复期为半年。在恢复期间,首先恢复煤炭生产,其次是纺织、电气、机械、有色金属。同时,省管厂矿,除个别的必须投资外,都应自力更生,提高产量、质量,降低成本,进而获得盈余。在恢复生产的同时,所有厂矿,都应有重点有步骤地进行民主改革,初步实施经营企业化,管理民主化。

工矿企业接管时是采取包下来的政策,所有职工原职务、原工资不变,工矿管理是按原制度的"原封不动",虽然解放了,封建把头仍在压迫剥削工人。工矿企业的民主改革,主要是废除封建把头制,建立工会、工人代表大会制,实现工人当家作主。经历半年民主改革,在9个单位、14个厂矿内,正式建立了民主管理组织,其中以长沙裕湘纱厂的民主改革搞得最好。高文华总结其经验是:第一,在改革中始终以生产为中心,逐渐推进;第二,领导干部树立全心全意依靠工人阶级的思想,真正发动了群众;第三,领导干部思想统一,党政工团密切配合、联络通气,避免了各搞一套;第四,认真团结职员、技术员,明确职员、技术员是工人阶级的一部分;第五,重视、分析群众意见,或接受,或解释,并认真落实,是发挥工人积极性的重要环节。

1951年4月中共湖南省委召开第二次城市工作会议,提出城市工作的基本方针是将消费性的城市转变为生产性城市。高文华在会上发言,提出湖南工业发展,要采取"就地取材,因地制宜"的方针,走"由小到大,由无到有"的道路。

高文华在领导发展国营工业时,由湖南省工业厅出面与民族资产阶级合办了一些公私合营企业。合营的主要形式是政府向一些办得较好的私营企业注入资金。1951年5月他召集一批私营大户,成立了公私合营湖南企业股份有限公司。这是当时发挥双方优势,即人民政府在资金、信誉方面的优势,私营企业在经营管理方面经验丰富的优势的最好形式。

1951年5月11日高文华主持湖南省工业厅第六次全厅干部会议,在总结前段工作时谈笑风生地说:我们经营管理的总水平不高,像小孩子学走路,跌跌撞撞。但也有突出的、做得好的,长沙裕湘纱厂、蛋品厂在定额方面、经济核算方面和职工教育方面都很好。他们的经验是,根据本厂的具体情况进行经营管理和改革。两个厂相距较近,他们就将两个厂的会计科、修理、电气与蒸汽部分,以及文化娱乐、员工集体福利部门,统一属于河西工厂管理处管辖,减少了浪费,降低了成本,达到经营统一,所有管理处人员由两厂抽调,没有另外增加编制。这是经营管理上的创造、革新。

在这次讲话中,高文华渴望其他厂矿根据自己的具体情况也进行创新。他从长沙裕湘纱厂的经验中,抽出一条最根本的经验,就是要有领导核心。他指出:在党政工团的关系上,要以党为领导核心,建立坚强的指挥部。指挥部成员思想觉悟、政策水平要高,管理水平要高,生产技术要熟悉。不能因自己不懂生产技术,却埋怨别人是"纯技术观点",失去指挥能力。

1951 年 10 月 23 日,高文华主持湖南省工业厅工作人员会议,强调干部下基层。他说:本厅的工作,就在如何贯彻上级的方针政策和总结下面的工作经验。了解现场情况,总结经验,指导下面,是我们当前亟待解决的问题。工业厅是搞工业建设的领导机关。我们的任务是替国家创造财富,积累资金。因此,厅长要下去,而且要派干部下去蹲点,帮助下面总结经验。

十四、深入基层调查,建议国家轻工业发展方向

1952 年 3 月中央人民政府设立轻工业部、重工业部、纺织工业部、燃料工业部。划定轻工业部管辖造纸、橡胶、医药、烟草、酒、盐、糖、油脂、食品、度量衡制造等轻工业生产。任命黄炎培副总理兼轻工业部部长,龚饮冰、杨卫玉、宋劭文、王新元任副部长,龚饮冰兼党组书记。同年秋,中央决定各大行政区管辖的或委托地方代管的轻工业,均收归轻工业部直接管理,增调高文华为轻工业部副部长兼党组副书记。

11 月 3 日,高文华到部办公。17 日,启程赴东北调查,同时与东北局有关部门商议,东北区所辖轻工业移交轻工业部管理,并与之商定所移交的国营企业管理机构的设置、干部调动、调整等问题。27 日回北京。12 月 3 日,又前往上海、广州等地调查研究。高文华每到一个工厂,都住在工人宿舍内,在工人食堂吃饭,随时随地向工人请教,了解情况。约半年内,他跑遍华东、中南、华南、西北、西南等地。

经历近半年的调查,高文华对情况有了全面的了解。他认为,在新中国成立后的三年内,轻工业经过了恢复、改造、扩建,增进了各种设备的生产能力,不仅完全恢复,而且大大地超过了日伪时期的水平,机器的利用率超过了

原设计能力的 25% 至 50%，甚至达到 200% 以上。但从轻工业部所属工厂的主要设备、地区分布及相互间的分工配合来看，高文华认为存在下列问题：设备老化，多数设备还是日伪时期的，使用年限有的已过期，有的也将届期，新中国成立后陆续更换的新设备，与原有的老设备也不配套；有些厂房与机器安装的设计不科学，没有按生产程序建筑厂房和安装设备，生产程序混乱；安全设备十分缺乏，对生产和人身安全都不利；各类工厂之间在生产分工与配合上存在无政府状态，既有产品重复，又有产供销脱节。在这种状态下，中国轻工业发展应取什么方针，应朝着什么方向前进呢？高文华提出了较为系统的建议。

他说：轻工业部在全国拥有百多个工厂，应按经营管理的好坏进行排队，分别地有步骤地加以整顿、巩固与提高；应根据各厂主要设备情况，按改建、扩建原则分四种类型作适当调整。第一类，充分扩建。凡有相当规模，是国防工业及人民生活必需的，而地理位置、供销条件适宜的，就大量投资，加以扩建。第二类，局部改良。凡主要设备能力尚可利用与发挥，原料供给、销售市场又无困难者，在不增加主要设备的前提下，作适当投资，平衡其设备，改善其安全与福利条件，以便充分发挥其潜力。第三类，维持现状。原有主要设备将届期限，生产能力不大的，不再投资。第四类，合并或停办。设备落后，供销情况不好，生产品种与他厂重复的，一律停办或合并。

他提出：经过重新排队、定等后，对第一、二、三类的工厂，应根据该厂产品优势确定其主要产品，取消其非主要产品，使其生产向专业化、高级化发展，提高市场竞争力。与国防及民生关系较大、品质高、产量多，又是非国营与地方国营所能兴办的工厂，轻工业部应大力扶持与发展。总之，只有重新排队、定型、调整，轻工业部才能确定与控制合理的投资比例，使全部投资更有计划、更有重点地使用到最适当、最有意义的地方去。在投资数量方面，重点建设新项目应占第一位，可以占全部投资的 60% 以上；充分扩建的工厂次之；局部改良的工厂再次之。坚决抛弃投资问题上的平均主义、分散主义。

在轻工业部，高文华分管人事司、计划司、基建局、橡胶局、医药局。轻工业部计划安排的基本建设，他都亲自选择厂址，亲自与设计师反复研究设计方案，计划经费。当年轻工业部聘请了许多苏联专家，高文华随时同他们商议，讨论。他既尊重苏联专家，也不迷信苏联专家。

在大规模的经济建设还未揭幕时，轻工业部橡胶、造纸、医药、食品加工等局，都想自己拉一批人马，单独拥有设计室、基建公司。为了这件事，高文华与苏联专家组专家法捷耶夫、轻工业部各相关司局负责人反复讨论。高文华对设计工作提出两个方案，一是组成综合性的设计公司，下设各种专业工艺设计组和土建、水电、热力等综合设计组。这个综合性的设计公司直属轻工业部领导。第二个方案是部里各司局各有一套独自的设计人马。

经与苏联专家多次商议，轻工业部司局负责人、技术人员民主讨论，高文华最后作出结论：根据现在国家的财力、技术力量，只可能取第一方案，组织综合设计公司。在这综合设计公司内，设造纸、医药、橡胶、器械、食品五个专业工艺组，另设土木、热力、电力、工厂卫生、工料预算可以共有的综合设计组。这个综合设计组与各专业工艺组随时沟通、配合。

在讨论中，苏联专家法捷耶夫提出，基建司司长不能兼任设计公司经理，设计公司的经理必须懂得设计，最好是精通设计的工程师。苏联专家叶菲莫夫提出，橡胶工业设计共有六个项目，青岛橡胶厂的改建是其中之一，现在把设计人员集中在青岛，其他由临时设计人员进行设计是不适当的，必须纠正过来。高文华赞成、支持他们的合理建议。

高文华对于苏联专家的合理建议或建议的合理部分虚心接受、采纳，对于不合理建议或建议的不合理部分也敢于否定。苏联专家维特曼对一个医药工厂的设计，拟在收集有关资料后带回苏联去做。高文华毫不犹豫地回答：这不好，设计工作进程中，我们也要随时参与商讨；远离中国搞设计，不能切合中国工业实际。在当时许多人迷信苏联专家的情况下，敢于坚持独立自主，强调切合中国实际，强调苏联专家应与中国工程技术人员合作，是很不容易的！

十五、总结经验，确定国家水产发展方针

1955年5月12日，第一届全国人民代表大会常务委员会第四十次会议根据国务院总理周恩来的提议，决议增设中华人民共和国水产部。中华人民共和国主席毛泽东提议，任命许德珩为水产部部长，高文华为副部长兼党组书记。

到新成立的水产部工作，如何发展水产事业，打开局面，高文华心里没有底。他把水产部机构设置筹划好后，就与秘书薛奕明下乡，向基层长期从事

渔业工作的同志请教,向渔民请教。他下基层视察、调查,轻装简从,事先不通知。秘书薛奕明多年后清楚地记得,他与高文华第一次下基层,第一站到大连。从大连火车站坐三轮车到达大连水产局时,太阳刚从东方升起。水产局的大门未开,工作人员尚未上班,传达室的工作人员不知他们的身份,不让他们进去。薛奕民很想说明高文华的身份,但立即被制止,就陪同高文华坐在传达室等候了几个小时。

从大连到烟台,是第二站,薛奕明吸取教训,想给烟台水产局事先打一个电话,通报他们即日前往。高文华劝导说:中央有规定,领导干部下基层了解情况,不要事先通知,不要迎来送往。这样做,既能看到真实的情况,又能接近群众,了解实情,还能摆脱繁琐礼节,克服官气。他们到达烟台时,大雨滂沱,全身淋得透湿,高文华却很风趣地说:"我们就像捕捞归来的渔民。"

有一次,他们去河南省搞调查研究,接待人员不知道高文华是水产部的党组书记、副部长,将他安置在招待所一间住了八个人的大房子里。高文华满不在乎,愉快地住进这个大房子,并与来自基层渔场的干部、渔民攀谈起渔业生产来。

有一天,在河南省黄河边的一个渔场吃午餐,高文华与渔民们都端着饭碗蹲在地上,边吃边聊。薛奕明拍摄了这个场景,至今仍清晰夺目,生动地体现了党的干部与群众打成一片的优良作风。

1955 年这一年,高文华身着陈旧的灰色中山装制服,脚踏战士解放鞋,走遍了渤海、黄海、东海、南海沿海各地,长江、黄河中下游,广泛接触了渔民。他在深入调查研究,掌握第一手资料的基础上,撰写了《充分利用一切可利用的水面,普遍发展群众养鱼事业》的调研文章,并以此为主题,在中共第八次全国代表大会上作了长篇发言。1956 年 10 月 10 日,该文被《人民日报》以社论形式摘要发表,题为《加强对群众渔业的领导》。高文华写道:水产事业是从海水和淡水领域中取得各种有经济价值的水产动物与植物,以供人类利用的生产事业,它的主要组成部分是渔业。我国水产资源丰富,从海洋来说,海岸线长达 12000 公里,邻近公海水深 200 公尺以内,有适宜渔业的海区 1136000 平方海里。在内地,江河、湖泊、池塘、水库遍布各地,面积达 33000 多万亩。中国水产事业主要依靠群众渔业。在我国渔民总人口 450 万中,有劳动力从事生产的是 150 万人,拥有大小渔船约 44 万艘,而国营渔业企业职工不达 2 万人,仅有捕鱼机轮 400 艘,如果不依靠 450 万专业渔民和数以亿计的以渔业为副的农民,想把中国的水产事业发展起来是不可能的。欲把水产事业推上一个新台阶,必须从我国渔业的实际出发,加强对群众渔业的领导,充分利用一切可能利用的水面,发动广大渔民,实行"以养为主,养捕结合,就地育种,就地放养"的方针。

1956 年 12 月,高文华汇报水产部情况时,毛泽东鼓励说:"三山六水一分田,渔业大有可为。"① 高文华反复思索这句话,"六水"应包括海水和淡水。一切可以利用的水面,都应该用来发展水产事业。水产不只是渔业生产,还包括水生植物藻类、贝类的生产。水产方针应对水产的养殖、捕捞都起指导作用。养殖业是投资少,收益快,可靠性大,简便易行的事业;我国可供养殖的淡水面积约有 1 亿亩,现在利用的仅 1500 万亩;可供养殖的浅海、海滩、海湾面积约 1500 万亩,现在利用的仅 90 多万亩;另外,还有 3 亿亩的水稻田,在种植水稻的同时,也可以养鱼,我国南方的农民就有这习惯。可见,养殖资源潜力很大。水产事业应以养殖为主,把养殖与捕捞结合起来,渔业才能"大有可为"。"养殖为主,养捕结合",才是符合我国具体情况、能使我国水产事业飞跃发展的方针,是走群众路线的方针。

高文华在向国务院第五办公室的汇报中,明确提出:向深海远洋捕捞是渔业发展的方向,是渔业生产赶上世界先进水平必须经历的道路。向深海远洋捕捞,必须具有先进的大批的渔轮、渔具,必须由国营渔业捕捞企业来承办,而且必须在船舶及科学仪表制造水平提高的前提下。但目前我们受资金和科学技术的限制,还不能大规模地向深海远洋捕捞。所以,在一定时期内,我国水产事业仍只能以群众"养殖为主,养捕结合",国营渔捞企业只能根据我们的财力、造船技术、科学发展水平逐步地相应地发展。

高文华的见解,得到中共中央的高度重视,党中央机关刊《红旗》于 1958 年 7 月 1 日第 3 期以《养捕之争》为题发表了反映他思路的文章。

高文华没有停止探索。他根据毛泽东《关于正确处理人民内部矛盾的问题》《论十大关系》和中共中央一系列"两条腿走路"的方针精神进一步思索:养殖和捕捞,是水产生产的两种作业方法,它们的活动场地和所需条件虽不相同,但可以各自发展又可互相促进。例如在产品供应方面,淡旺季节可以互相调配,促进供需平衡;捕捞的幼鱼,可为养殖提供苗种;捕捞的渔民兼做

---

① 农业部渔业局编《中国渔业五十年大事记》,中国农业出版社 1999 年版,第 28 页。

养殖，又便于改变以船为家的飘流生活，实行陆上定居。于是，他在"养殖为主，养捕结合"方针下，又提出水产生产的"三个并举"：养殖与捕捞并举，海水与淡水并举，国管渔业与合作社渔业并举。

实行"三个并举"，还必须因时因地有所侧重。在渔汛期间和捕捞渔场较多的地区，应该侧重捕捞；在采苗季节和养殖水面较多的地区，则应侧重养殖。国营渔业企业技术装备比较现代化，适宜深海远洋作业，捕捞与加工都可大规模进行；群众、合作社渔业生产技术相对薄弱，适宜养殖和在浅海捕捞。"三个并举"相辅相成，是实现渔业生产大发展的"两条腿走路"方针，贯彻"以养殖为主，捕捞为辅，养捕结合"方针的具体操作方法。

他将这些见解以《水产事业高速度发展的道路》为题，发表在1960年2月16日《红旗》第4期。周恩来、谭震林看到这篇文章很高兴，并指示："三个并举"还需要加上"因地制宜，多种经营"，更为完整，更好操作。

确立"以养殖为主，捕捞为辅，养捕结合，因地制宜，多种经营"的方针过程，体现了高文华在水产部工作中的一个重要特点——实事求是。

十六、玉洁冰清，正气清风

高文华投身革命后，从事地下工作20余年，战斗在白色恐怖的武汉、上海、天津、山东、湖南，从未被捕过；他领导的地下党组织也未出现过叛徒。可是在"文化大革命"中，他却以"叛徒"罪名被关押了五年。起因是：有一位同名同姓的高文华，江苏无锡人，黄埔军校第三期毕业生，1925年加入中国共产党，参加了北伐战争。大革命失败后，回到无锡，从事农民运动。1928年在上海、无锡等地从事地下工作时不幸被捕，押解南京。1931年7月病死在狱中。刮起"查叛徒"的风后，查到了当年报纸上关于这位高文华被捕的报道，却不去辨别两个高文华的年龄、籍贯、原名、化名、工作经历有何不同，蓄意把莫须有的"叛徒"二字，强加在湖南益阳籍无产阶级革命家高文华的头上，使他身陷囹圄，身心受到严重摧残，导致患上高血压、冠心病、十二指肠溃疡、陈旧性肺结核。

1978年在邓小平、陈云、李先念等领导同志的过问下，高文华的冤案得以彻底平反，并被任命为全国政协第五届常务委员会委员和农垦部顾问、党组成员。

人生暮年，高文华怀着对党对人民的赤胆忠心，克服高龄多病的困难，长途奔波于上海、湖南、河北、山东、广东、福建等地，组织或参加座谈会，走访共同战斗过的老同志，精心撰写《在上海地下党工作时的几点回忆》《1935年前后中共北方局的情况》《中共长江局与湖南省委》《中共南方局成立前后的湖南省委》等文章，为党史研究和编写提供了宝贵的亲历、亲见、亲闻的资料。

1982年4月21日至24日，高文华邀请帅孟奇、杨第甫、袁学之在长沙座谈"抗战初期湖南党的组织活动情况"。他说："在座的都是当时的省委委员或中心县委书记，都是亲历、亲见、亲闻这段党史的，今天一起来回顾这段历史，总结经验教训，有利存史、育人、资政。""在我们的暮年，把我们的亲身经历记下来，就是发挥余热。"在座谈中提到历史教训时，高文华深有感慨地说："'左'在我们党的历史上多次发生，多次造成严重危害。在抗日战争时期，我们在湖南的工作，主要是在清理党组织，准备隐蔽撤退时，对党内几个不应该甩掉的同志甩掉了，导致这几位同志在'文化大革命'中遭受迫害。""1939年春成立的中共湖南省委九个人，今天仅剩下我们三个人^①了。我们在见马克思、毛主席之前，要把这段工作向现在的湖南省委、向后人作一个交待。"会后，他们整理了一份记录，呈报中共湖南省委。

在1982—1985年，高文华应河北、山东、河南、广东省党史征编部门的邀请，出席他们召开的党史座谈会，理清1935—1937年间中共北方局与这些地方党组织的关系，从而解决了这些地方的一些历史疑难问题，也随之摘掉了一些同志的"假党员"帽子，为一批老同志澄清了历史遗留问题和冤假错案。

高文华在70多年的革命生涯中，对党忠心耿耿，全心全意为人民服务，从不计较个人得失荣辱，鄙视追名逐利，凡是与他共过事的人对此都有深切感受。

新中国成立后的中共湖南第一届省委常委兼长沙市委书记武光说：高文华"为人很正派，办事很稳重，工作认真，生活朴素。当时他是省委副书记兼组织部长，负责南下干部任职的分配，多次听取我的意见，然后交省委常委研究确定"。

曾任国务院农林部水产局局长的涂逢俊说：世界各国水产事业都以捕捞

---

① 指高文华、帅孟奇、杨第甫。

为主，高文华根据我国的情况，提出"'以养殖为主，捕捞为辅，养捕结合'的方针，后来又发展为'以养殖为主，海淡并举，养捕并举，国营与集体并举'，是一个重要贡献"。

从轻工业部到水产部担任高文华秘书长达 10 年的黄健回忆："高部长有个特点，工作任劳任怨，以身作则。他写总结，做报告，都是自己起草。他的记忆力特别好，这是他长期从事地下工作训练出来的特长。凡地下工作者，随身不带文字文件，也不能留下照片，上传下达全靠脑子记忆。他经常去基层，各种情况、数字都装在脑海里，只需写一个提纲，他就讲得清楚了。他从不向别人夸耀自己长期从事地下党工作的艰难经历和革命贡献，也不谈卖掉儿子为党筹措活动经费的事。我在他身边工作十多年，不知道他当过北方局书记，也不知道卖掉儿子为党筹措经费的事。他把这些看成是一个献身共产主义事业的共产党员义不容辞的责任。"

"他从不抛头露面，保持低调。"他晚年最后一位秘书井宁说："高老 1923 年入团，1925 年入党，是职业革命家，1935 年就任中共中央北方局书记，六级干部，是彭真、林枫、李葆华、柯庆施的老上级。建国后，他的最高职务是轻工业部、水产部的副部长，水产部党组书记。他能上能下，建国初年任湖南省委副书记时，兼任省委组织部长、省工业厅厅长，小厂矿处处长，大事、小事，宏观的事，细微的事，从早上忙到晚上，毫无怨言。真是一位无名英雄。"

高文华一贯清正廉洁，克己奉公，始终保持着工人阶级的本色。他每到一个地方，都不要地方领导作礼节上的陪同，不要地方请他赴宴，而是自己掏钱，付伙食费。在益阳农民亲友、邻居家吃饭，也按自己的规定，每吃一餐，付费十元。

更为可贵的，他一生坚持原则、不谋私利。1951 年他任中共湖南省委副书记兼组织部长，多年未见的表弟贾醉公前往看望，顺便向他倾吐一个心声：在农业科研所工作，实在没有出息，请给介绍找一个好单位。高文华直接答复："我们需要上十万干部，但不吸收有裙带关系，像表兄弟一类的人。"这种刚直无私的品德、性格，深深地留在表弟的记忆里。与表弟临别时，高文华语重心长地说："你在农业部门工作，又有专业技术，建设新湖南很需要，希望你安心职守、努力工作，不会没有出息的。"表弟贾醉公没有辜负高文华的期望，潜心从事土壤学研究，成为湖南省农业科学研究院首席土壤学专家。

高文华廉洁奉公、玉洁冰清的品德，襟怀坦白、虚怀若谷的革命胸襟，刚直不阿、淡泊名利的浩然正气,体现了中国共产党人的光荣传统。

1994 年 1 月 24 日 13 时 20 分,这位为中国革命与社会主义建设和改革开放奋斗了 70 年的无产阶级革命家与世长辞了。

"高文华的一生,是革命的一生,战斗的一生,为共产主义事业奋斗的一生,是经得起战争年代与和平环境考验的一生。"这是农业部为高文华写的生平介绍。

章蕴

章蕴，原名杜韫章，女，1905年6月出生于湖南省善化县，是中国妇女解放运动的杰出领导人之一。青少年时代她即追求真理，无限忠诚于党的事业。丈夫惨遭敌人杀害后，肩负从事革命事业和抚育子女两副重担，历经坎坷，百折不挠。新中国成立后，曾任全国妇联副主席、党组副书记，中共中央纪律检查委员会副书记,中共中央顾问委员会委员,为端正党风、惩治腐败,加强党的建设作出了重大贡献。

一

　　章蕴,原名杜韫章,湖南省善化县六都(今望城县含浦镇)之字港村人。1905年6月28日(农历五月二十六)出生于一个小土地出租者家庭,在家排行第二。父亲杜菊藩是个穷秀才,曾在山西省临汾县任过短期县官,为人豪爽,好打抱不平,且廉洁刚正。父亲虽当过县官,却收入甚微,家中生活全靠母亲杜方氏经营祖传的几亩土地维持。贫寒的家境,致使九个孩子先后夭折四个。父亲根据陆机《文赋》中"石韫玉而山晖"的诗句,给章蕴取了一个内涵丰富的名字,叫"韫章"。后来她参加革命,因秘密工作的需要,改名为章蕴。

　　章蕴九岁开始在本村小学读书,只读了两年便因家贫失学。但她渴望读书,隔壁设有家塾,她便常侍立于窗外听讲古文,塾师为其好学精神所动,允其进塾听讲。母亲觉得过意不去,向舅舅借几元钱包了个红包敬奉塾师,章蕴因此获得一个学习的机会。家塾里的先生只教古文,不教演算和其他课程,好学的章蕴不满足。可巧她家有个亲戚是读过洋学堂的,她便缠着他,要他教她英语和数学。那位亲戚欣然同意了,还为她选好课本。学英语需要一本字典,她无钱购买,就把自己心爱的一副金属耳环卖掉,换回了一本字典。就是靠着这本字典,她坚持自学英语,为后来的学习和工作提供了不少方便。

　　1920年章蕴考入长沙益湘小学,1922年暑假毕业于该校。同年秋考入长沙广雅英算专修补习学校,补习一年。因该校废除男女同校,转学至长沙敦雅女子英算专修补习学校补习。当时这个学校建立了共产党的组织,章蕴入学后结识了以教师职业为掩护的中共地下党员陈勉,从他那里接触到了马列主义关于阶级斗争的学说。她先后积极参加学校组织的反对二七惨案、五卅惨案等反帝反军阀的革命活动。一天晚上,章蕴在通俗日报社屋顶平台前揭露帝国主义残杀中国人民的罪行,用她那炽烈的爱国热情,激发着群众的民族自尊心。当赵恒惕派人包围搜捕时,她已从通俗日报社屋顶爬过几个屋顶,一溜烟跑了。

1925 年,陈勉离开补习学校到武昌工作。章蕴对家人说要到汉口去报考大学,来到汉口寻找陈勉,想通过他介绍加入中国共产党组织,参加革命。陈勉没有找到,却考取了武昌高师预科。她本意不在升学,心中不免焦急,只得先借住在姨妈家。姨妈开办了一个弄堂小学叫文萃小学,章蕴在小学里一面教书,一面读书,并寻找党组织。说来也巧,姨父的姐姐有两个儿子,一个是C·P(即共产党),一个是 C·Y(即共产主义青年团),都在做着秘密的革命工作。他们从章蕴的言谈中察觉了她那不凡的志向,非常欣赏敬佩。在这两位表兄的引荐下,章蕴见到了当时正在武汉从事工人运动和妇女运动的女共产党员徐全直,参加了一些革命活动,并很快被秘密接收为中国共产党党员。

1926 年 7 月,国民革命军誓师北伐,武汉的革命力量日趋活跃,章蕴以小学教员的职业为掩护,成为一个职业革命者。这时正是第一次国共合作时期,她受党组织派遣,担任了处于地下状态的国民党汉口特别市党部监察委员、妇女部长,整天忙于发动、组织妇女参加国民革命、迎接北伐军。市党部的工作千头万绪,章蕴紧紧抓住培养妇女干部这个关键,积极筹办妇女干部训练班,并常到训练班去讲课和演说,讲解马列主义理论和建立人民政权的道理。

职业革命者的生活,时刻处于危险之中。反动军阀政府规定:凡革命党,一经抓住,就地正法。一天早晨,章蕴和担任市党部宣传部长的陈定一起出门分头去工作。待她傍晚回来时,蓦然发现陈定一的头颅已被悬挂在武昌火巷口的灯柱子上。

1926 年 9 月,北伐军进驻汉口以后,章蕴领导下的妇女工作十分活跃,号召妇女剪发、放脚。许多受公婆虐待或封建包办婚姻痛苦的妇女都找到妇女部来,章蕴整天忙于接待、处理解救妇女的工作。同年 10 月 10 日,为庆祝北伐军攻克武昌城,汉口市各群众团体组织了盛大的祝捷庆功大会,她组织妇女部的同志在新世界剧场举行的庆祝晚会上,自编自演了一个宣传妇女解放的话剧,郭沫若、茅盾看后,都赞扬戏编得好、演得好。

处于秘密活动时期的国民党汉口特别市党部,基本是由共产党员组成的。北伐军到汉口后,根据陈独秀关于中国共产党应把职位适当地让出一部分给国民党的意见,章蕴于 1926 年 11 月转任汉口硚口特区委组织部长兼妇女部长,后来又代理了宣传部长。硚口是个工厂区,有大大小小十几个工厂,单女工就有 1 万多名。为了接近工人,章蕴不仅改换了装束,还向纱厂女工学会了接头、摇纱等技术活儿,有时工人积极分子出去参加社会活动,她代替顶班劳动。不长的时间内,各个工厂都发展了党员,建立了共产党的支部,出现了一批工人积极分子。为了给工人训练班讲课,章蕴在这段时间里还编写了《什么叫共产主义》《工人阶级的历史使命》等小册子。

1927 年 1 月初,武汉三镇爆发了声势浩大的收回英租界反帝斗争,工人、学生整日在英国领事馆附近游行示威,女工姐妹们也上街游行,发表演说,控诉外国巡捕调戏女工的罪行。章蕴带领工作人员给参加斗争的群众送茶水馒头慰劳,直到英国领事馆撤销,英国军舰开走。

年轻的女部长在组织、宣传、群众工作方面的才能,引起了同样年轻的区委书记李耘生的注意。

李耘生,山东省广饶县人,1923 年加入中国社会主义青年团,1924 年加入中国共产党,曾担任过青年团济南地委书记,五卅惨案、青岛惨案发生后,又受团中央指派到青岛接任团地委书记兼组织部长,发动和组织了 7000 余名学生参加的反帝罢课游行示威。1926 年冬到汉口硚口特区委任书记。他和章蕴这一对志同道合的战友,由互相钦慕而相爱。1927 年春天,经组织批准结合为革命伴侣。

二

"七一五"蒋汪合流、国共合作的大革命失败后,武汉党组织全部转入地下,李耘生受命就任中共武昌市委书记,章蕴也随之转移到武昌做机关工作。

为了适应新的形势,掩护机关,章蕴得学会用另一种方式生活。表面上,她完全像一个普通的家庭妇女,买菜、烧饭、洗衣,有时还和邻居们打打小牌;背地里,她却要挤出时间用明矾水密写文件、书信和种种汇报材料,还要接待各方面来接头的同志,并负责保管武器弹药,还经常要按照指定的地点运送武器弹药。那时她已经怀孕了,装武器弹药的箱子很重,为了不引起敌人的怀疑,路途中她还要装作一点不吃力地提着。

1927年9月里的一天，章蕴到汉口德云里的姨妈家取东西，不幸被申新纱厂的一个工贼认出，通知警察把她抓走，关押在卫戍司令部的看守所里。幸亏这个工贼只知道章蕴在硚口时是工人子弟学校教员，加上卫戍司令部的首席法官是章蕴姨父的好朋友，在姨父奔走下，章蕴只被提审一次，在铁窗里生活了49天后，即作为误捕无罪开释。同年10月，章蕴担任中共武昌市委组织部长。

1928年春，党组织决定派李耘生到南京工作，即将临产的章蕴在李耘生的陪伴下回到湖南善化之字港母亲身边待产，约好生下孩子后，即去南京接受新的任务。

章蕴回到家里，向母亲了解村里的情况和各类人员的思想动向，知道自己的政治面貌已被家乡许多人所了解。为了隐蔽，虽说是首生儿，母亲也不敢送章蕴去医院待产，结果孩子没保住，她自己也大病一场。刚刚满月，走路还得扶着墙的时候，她得到了李耘生在南京被捕入狱的消息。原来，李耘生到南京后，没能接上组织关系就被一个在山东读书时的同学指认出来，国民党法院以"鼓动学潮"的罪名判了他10个月徒刑。尽管李耘生在来信中再三说明自己的事情不严重，章蕴还是决定立即赶赴南京，寻找组织，营救李耘生。

当时，处于国民党统治中心的南京是一片严冬般的肃杀景象。章蕴刚到南京的时候，没能接上组织关系，通过亲戚，在农矿部当了个小职员，每月三十几块钱工资，自己省吃俭用，余下钱来买书和食物送进监狱。为了满足李耘生的学习需要，她还千方百计找到一些"禁书"，买通看监的人送进去，让李耘生能够把牢房变为书房，用功学习。李耘生在狱中每天都要把自己读书后的感想、收获写成日记。出狱时，丈夫双手捧出这份珍贵的礼物，真使章蕴喜出望外。

李耘生在狱中通过难友王井东接上了组织关系，章蕴的组织关系也随之解决。李耘生出狱后被派到沪宁线上做铁路工人工作，后来又相继担任中共南京市委副书记兼组织部长和中共南京特委书记。章蕴这时除继续利用公开职业身份掩护李耘生并挣钱维持家用、接济难友外，一度也曾分工联系中央大学、国民党中央无线电台和难民三个地下党支部。后来组织决定，凡有公开职业的党员，为不暴露身份，一律停止党内工作，她才离开了斗争第一线。但她仍全力支持李耘生的工作，首先是全家的生活重担落在她一个人肩上。这时,李耘生的妹妹患眼病来南京治疗,也和他们住在一起。为了省钱,章蕴总是步行很远去上班,舍不得坐车。她还做好周围群众的工作,以保证李耘生能有个比较安全的环境,无论是先住游府东街时的房东叶菊清,还是后住水佐岗时的房东熊大伯,在她的影响帮助下都成为了可靠的赤色群众。

1930年1月,章蕴和李耘生有了第二个孩子小宁,因家中一无所有,只好让孩子睡在一只破箱子里。一天夜里,章蕴醒来发现原来开着的箱盖不知什么时候盖上了,赶紧打开,孩子已憋得脸色铁青,幸好是只破箱子,上面有几个洞,才保住了孩子的小生命。

1932年4月,章蕴正等待又一个孩子出世的时候,南京党组织内出了叛徒路大奎。李耘生成为敌人搜捕的主要对象。便衣特务找上门,没抓着李耘生、章蕴二人,却带走了他们两岁半的儿子小宁和李耘生的妹妹,并张下罗网埋伏在周围。邻居熊大伯不动声色地竖起报警的竹竿,又扛起锄头装作下田到路口迎候。当他看见章蕴远远地向家走来时,立即把锄头向地上顿了一下。章蕴明白出了问题,返身躲到一个同学家。三天后,李耘生来告诉章蕴,组织决定她先回湖南生孩子,他自己留下营救被捕的同志,处理善后事宜,然后去上海向上级党组织汇报。

革命者的生涯,分别本是寻常事。然而这次分别不比往常,章蕴既忧心于组织的被破坏,牵挂着被捕的儿子和儿子的小姑,更时时为处于危险中的李耘生担心。但她毕竟已是一个比较成熟的革命者,深知拖着即将临产的身子非但不能帮助李耘生,反而是他的拖累,只好服从组织的决定,化妆成病妇,匆匆搭船离去。20多天后,章蕴忽然收到一份署假名的电报,电文大意是:"老李得传染病住院。"她明白这是说明李耘生已经被捕入狱的代用语。过不几天,湖南的报纸上刊登了对章蕴的"通缉令",母亲忙把她转到姐姐家。此时,女儿早力在忧患中降生了。

同年6月8日,章蕴从报载消息得知南京枪杀了一批革命者,其中一个姓朱的,正是李耘生的化名。六载夫妻、并肩战斗的战友,一旦诀别,这个打击该有多么沉重!特别是由于李耘生牺牲,使章蕴失掉了党的组织关系,更使她感到一日也难耐的孤独。在严酷的考验面前,章蕴身上体现出一个共产党员为真理百折不挠的革命精神。她将仇恨埋进心底,并为自己立下三条誓言:一、一定要找到党,回到党组织怀抱;二、除去做工挣钱自己糊口和抚养女儿外,不做国民党的任何工作;三、不再结婚①。她想,只有这样,将来找到组织后才能清清白白地继续为党工作。

章蕴把女儿寄放在母亲家,独自一人外出找党。可是,在白区党组织遭到严重破坏的情况下谈何容易!为了找党和挣钱糊口,她当过拣烟叶的临时工,养蜜蜂的帮工,长途电话接线生。在长沙电信局做接线生的时候,听说局里的勤杂工李嫂是平江人,便想到平江曾是党领导的苏区,通过李嫂可能找到红军。于是她经常有意接近李嫂,了解到李嫂想回平江老家探望,便给她几元钱做路费,请她回家乡去帮助寻找红军。谁知李嫂一去未回,这个希望破灭了。

两年后的一天走在街上,章蕴偶然遇见以前南京游府东街的老房东叶菊清,从她那里得知她和丈夫也因"通共"被判了刑,曾和李耘生关押在同一个监狱里。李耘生临刑前写了个纸条设法传给她,请她转交章蕴。她怕惹来麻烦,销毁了纸条,却牢牢记住了纸条上的话:"过去一百斤担子两人分担,以后只好由你一个人来挑了。"②革命事业,抚育儿女,双担一肩,是历史的重任,是烈士的嘱托,在革命遭受严重挫折的漫漫长途中接过它,该有多么沉重!章蕴默默地承受下来,从此重任承双,"日日在肩",未敢稍懈。

章蕴的两个弟弟,在章蕴的影响下,思想进步,心向革命。大弟弟杜平,在铁路上当护路警,章蕴要他找机会去苏区参加红军,在红军里打听一个叫项英的人,请他帮助接上组织关系。她细心地拆下大弟帽子的里子,在夹层中缝进一个布条,上写:"项英收,杜韫章托。"弟弟带着这顶帽子,时时不忘姐姐的殷殷嘱托,可是始终没能找到去苏区的机会,却在上海被吸收加入了党组织。

章蕴在找党组织,党组织也在寻找和考察章蕴。1936年秋的一天,忽然一个陌生人来到长沙电信局告诉章蕴:"有人要见你。"章蕴按照来人告诉的地点,见到了党中央派来湖南恢复党组织的袁策夷(即袁仲贤)。经过简短的谈话,袁仲贤立即表示:"从现在开始,你回到党组织里来了。"③同年冬,组织利用她公开职业的身份,调她担任湖南省委妇委的工作。

① 中华全国妇女联合会编:《怀念章蕴大姐》,中国妇女出版社1996年版,第231页。
② 江苏省妇女联合会编:《党的好女儿——章蕴》,江苏人民出版社1988年版,第82页。
③ 章蕴:《自传》,存中共中央组织部。

三

全国抗日战争爆发后，1937 年底，长沙电信局要派章蕴到湘潭长途电话局去当接线生，党组织立即指派她以接线生的职业为掩护，任中共湘潭工委书记，在那里恢复、建立党的组织，发动群众抗战。接线生的工作非常繁忙，章蕴和另外两名接线生每天从早上 6 点到晚上 12 点轮流值班，白天还要保持 1 人照常营业，她只能挤出时间去开展党的工作。

土地革命战争时期，湖南地下党组织被破坏得很严重，章蕴到达湘潭后，立即领导当地和外来的党员开展建党工作。经过考察，她首先发展了 1 个小学教师入党，并帮助她当选为妇女界抗敌后援会的负责人。然后，又在那些被国民党控制的群众团体中做工作，使它们逐步变成接受共产党领导的群众组织。到 1938 年 7 月就发展到 30 多名党员[①]，在工厂、学校、农村建立了基层党支部，还组织建立了妇女救国会、青年知识分子读书会。

1938 年五一节这天，湘潭县工委领导和发动工人、青年、妇女举行集会游行，以开展抗日救亡的宣传和扩大党的影响。章蕴不仅连夜加班加点书写传单，还带领基层支部的党员分头到人力车工人、码头工人和店员中去做发动和组织工作。连国民党部队里一些具有正义感的愿意抗日的官兵都发动起来了。这一系列努力，使得湘潭有了抗战的气氛和生机，团结和吸引了许多群众，形成了一股强大的革命力量。

章蕴以一个电话接线生的身份从事发动群众抗战的活动，各方面来找她的人渐渐多起来，引起了国民党方面的怀疑。省委决定让她撤离，参加为期两个月的中共中央长江局汉口短期干部训练班。

1938 年 9 月，中共中央长江局指派章蕴来到新四军军部，任战地服务团党支部书记、妇女大队队长，和战地服务团团长朱克靖、副团长白丁 (徐平羽) 共同领导服务团做宣传抗日、组织民众、支援军队的工作。她经常穿着草鞋，打起背包，深入到皖南山区各县去视察和指导民运队的工作。

针对战地服务团里有些男青年不安心民运工作，认为不如上前线打日本侵略者痛快的情况，章蕴认真做思想说服工作，耐心地对他们讲解：在敌人后

---

① 中共湖南省委组织部编纂:《中国共产党湖南省组织史资料》第一册,1993 年内部出版,第 205 页。

方建立巩固的根据地的一个关键是发动群众,组织和依靠群众,从群众奋起抗日中来着手建党、建立政权、支援武装斗争,群众发动起来了,根据地就成了抗击日本鬼子的铜墙铁壁,从这个意义上讲,做民运工作和上前线打击敌人一样重要。一番话说得那些青年直点头,又兴冲冲地去工作了。

1938 年底,章蕴调到皖南中共中央东南局妇委工作。当时,军队要扩军,战士们要穿鞋,遇到不少问题,甚至一些同志在恋爱、婚姻中遇到的矛盾和苦恼,都找妇委进行解决。由于待人热情,善于团结教育帮助青年,章蕴成为皖南新四军人人敬爱的"二姐"("大姐"是李坚贞)。

1939 年 11 月,章蕴随东南分局组织部部长曾山,率 10 多名党员来到新四军江南指挥部,任江南区党委妇女部长,在 12 月召开的中共江南区第一次代表大会上当选为江南区党委委员。

江南敌后处于日寇盘踞的沪宁沿线,据点林立,封锁严密,敌人天天"扫荡",游击队夜夜移营,经常是天当被,地当床,吃芦根,喝盐汤。作战负伤的伤员们只能分散到群众家里去"打埋伏",靠婶子、大娘、大嫂们来护理照顾。部队吃菜要妇女们种,战士们穿的草鞋要妇女们做,妇女工作十分繁重。章蕴整天忙着到各地检查指导工作,发动、组织群众,支援军队作战。

江南水乡的金坛县建昌圩边,有个贫农妇女叫王吉娣,因为有个儿子叫小红,人们都称之为"小红妈"。1939 年 11 月,章蕴常"游击"到她家去投宿。晚上,两人睡在一床,小红妈常常像亲姐妹一样诉说自己的不幸。章蕴告诉她:"穷人受苦不是命中注定,只要跟着共产党赶走侵略者,将来还要分田地,让人人有吃有穿!"白天,章蕴常抽出时间帮小红妈种田、车水。

见章蕴经常在油灯下写东西,一次小红妈奇怪地问:"我看你也是个女人,手里没有枪,没有刀,怎么打鬼子呀?"章蕴笑着向她解释:"干革命有分工,有的扛枪打仗,有的写文章宣传,有的跑交通送信,像你为我们烧茶煮饭、站岗放哨,也是干革命呀!"[1] 原来自己已经为革命出力了!又惊又喜的小红妈浑身增添了使不完的劲。她把章蕴写好的东西送出去,顶风雪、冒烈日,走上百里不觉累。

后来,小红妈渐渐从章蕴的言谈和别人的介绍中得知章蕴一家丈夫牺牲、儿子失散(章蕴儿子小宁被敌人抓走后下落不明)的情况,章蕴的豪情、

---

[1] 中华全国妇女联合会编:《怀念章蕴大姐》,中国妇女出版社 1996 年版,第 234 页。

胆略感染了这位普通农村妇女。在抗日战争中,小红妈一家为掩护新四军,曾三次被敌人放火烧掉房屋,她和丈夫多次被敌人严刑拷打,都没有丝毫动摇。

1941年1月,章蕴从苏南来到苏中,任苏中区党委妇女部长。同年4月兼任苏中三分区征公粮总指挥。

皖南事变发生后,国民党军队屡屡进攻在敌后坚持抗日的新四军,许多同志没有牺牲在抗日的战场上,却死在了国民党顽固派的屠刀下。章蕴在新四军军部参谋部担任科长的小弟杜剑秋,也不幸牺牲了。新四军上上下下对国民党顽固派破坏抗日大局的行为无不悲愤,章蕴强忍着悲痛投身新的战斗。

处在战乱之中,加上天灾,老百姓手上粮食很紧,可他们宁愿自己少吃,也千方百计拿出粮食来供给打日本侵略者的新四军。章蕴他们一下子征集来许多粮食,都堆放在苏中重镇黄桥。一天,传来敌人进攻的消息,情况十分紧急,有的同志主张先把人撤出去,章蕴坚持要把粮食全部转移走。夜寒风冷,她仍穿着单薄的衣衫,沉着地组织车辆、人力,通宵站在现场指挥。一个女同志能这样临危不惧、神色镇定,鼓舞了所有参加转运粮食的人。当终于把全部粮食转移走时,她正想和大家一起撤离,却感到两腿已沉沉得不能走动了。原来,她的两条腿已肿得像圆筒了。

1941年秋,苏中区党委指派章蕴到东台县任中心县委书记。同年11月,日本侵略军对华中抗日根据地实行"大扫荡",斗争日益尖锐。为了适应形势需要,苏中区党委决定成立二地委,领导二分区即东台、泰东、兴化三个县委的工作,任命章蕴为二地委书记。

章蕴把坚持根据地,开展武装斗争的任务概括为三个字:人、枪、款。她认为,这三个字中,人是第一位的。她要求二分区各级领导首先要做好宣传发动群众的工作。她自己带头,走到哪里必定向群众宣传抗战形势,必定登门拜访知名的统战对象,必定查问农抗会、青抗会、妇抗会的工作。

有一次,章蕴听说九华山大庙的和尚强调"出家人不管俗家事",不肯参加抗日工作,对发动当地群众造成了很不好的影响。她就开导干部们说:"你们去告诉他,国家兴亡,匹夫有责,和尚出了家可没出国,现在国家有难,他也应该为抗日出点力嘛!"这话使许多干部顿开茅塞,他们按照章蕴的指点,晓之以理、动之以情地去向和尚宣传,不但和尚开了窍,群众也发动起来了。

处在敌人"大扫荡"时期的地委机关,几乎天天搬家、夜夜行军。章蕴常常席不暇暖,巧妙地和敌人周旋,还要在战斗和转移的空隙召开会议,研究部署工作。当时,女同志任地委书记、独当一面地承担一个地区党政工作的不多。章蕴敢打敢拼,哪里斗争最尖锐,困难最多,或者基层干部、群众难发动,她就出现在哪里。干部和群众说:章地委在这里,她不走,我们什么也不怕!

在敌人频繁的"扫荡"中,二地委机关人员精简到最低限度,经常只是章蕴和秘书方连,带一部电台,两个机要员,一个警卫员,在敌人"扫荡"的空隙地带穿插行动。每转移到一个村庄,章蕴总是不考虑自己的安全和休息,而是先找当地干部调查了解情况,汇报研究工作。一天,她们经过长时间行军后来到一个村庄,刚住下来,就听老百姓说,河对面驻扎着敌军。方连从大门里探出头一望,果然敌人的动静看得清清楚楚。她向章蕴建议:"咱们还是换个地方吧。"章蕴略一沉吟,摇摇手说:"不用怕,我们看得见敌人,敌人看不见我们。等敌人行动了,我们再走不迟。大家跑路都很饿,先烧饭吃,吃饱了才好跑路呀!"①

反"扫荡"斗争越来越艰苦,二地委机关撤退到海边盐垦区,终于摆脱敌人的追击。盐垦区人烟稀少,土地泛着一片片白盐碱,不长庄稼,也不能种菜,老百姓都没菜吃,部队只能以咸、涩、苦、腥的盐卤下饭。开饭时,有的人紧皱眉头,端着饭碗走开。章蕴便带头盛上饭,浇上卤汁,一边吃一边有说有笑。大家见她吃得那么香甜,也跟着吃起来。

连续的行军,章蕴不但吃不好,而且关节炎又犯了,人瘦弱多了。她的腿关节有病,不能受风寒,可偏偏行军中遇到下雨连件换洗的干衣服也没有。每逢这种时候,大家都能在深夜听见章蕴因腿痛睡不着而轻轻呻吟。但第二天白天,却见她像什么也没发生过似的和大家一起行军。组织上为照顾她的健康,每月发给她几块钱生活补助费,她坚持和大家一起吃饭,从不单独开小灶。

1942年,日、伪军对苏中根据地进行了大规模的"扫荡""清剿",平均每星期进行一次四五百人的小"扫荡",每半个月进行一次千人以上的"大扫荡"。每"扫荡"一次,都要烧、杀、抢、掠,残害老百姓。苏中二地委所辖的

---

① 江苏省妇女联合会编:《党的好女儿——章蕴》,江苏人民出版社1988年版,第21页。

东台县三仓镇，是南连四分区、北通盐阜区的战略要地，是敌人"扫荡""清剿"的重点地区之一。在这年秋季反"扫荡"斗争中，苏中区党委提出了"保卫三仓，保卫丰收"的口号。为了阻止敌人修通从东台县城到三仓的道路，要求二地委发动群众"破路"。章蕴立即召集东台县党、政、公安部门负责人会议，制定了组织群众开展破路斗争的计划。夜间，她带领干部群众挖的挖、抬的抬，把破坏了的公路伪装成好路。白天，让敌人的汽车陷进去以后，再用手榴弹炸毁。这次破路斗争，在章蕴的直接领导下，一共坚持81天，有力地支持了保卫三仓的战斗。

在严酷的斗争环境中，苏中二地委青年部长华威叛变投敌，逃入伪军当了汉奸。章蕴及时和地区专员刘季平商量了一条妙计，将华威捉住。地委、专署在三仓河召开公审大会，判决华威死刑，就地枪决。

1942年2月，苏中二分区召开第一次县长会议，章蕴在会上讲了三个问题：一、中心工作与政权工作配合问题。她认为，二分区民运与政权工作的中心虽是武装斗争，但发展武装需有财政和粮食的保障，足食必足兵，又靠政权工作来领导，这是互为关联、互为依赖的。所以，中心工作不是孤立的工作，不是唯一的工作。二、政府与基本群众利益问题。政府多注意群众疾苦，调剂民食和救济工作，既靠上层分子，还应通过农民阶层来做，作风要民主，注意克服片面反映上层分子意见或片面反映下层群众意见的过"左"或过右倾向。三、民主政治问题。县、区级必须扩大统一战线，罗致地方人才参加机关工作，并要加强和改造乡、保级行政干部以应付反"扫荡"和游击环境[1]。这篇才1000多字的发言稿，抓住了政权建设的几个根本问题，分析十分中肯。

章蕴在苏中二地委工作期间，无论是动员参军、筹集粮款，还是扩大抗日民族统一战线，都做得十分出色。在统一战线工作中，发生过这样一件事：泰东县士绅史某，当面表现进步，背地里却在群众中散布说，他和"章地委"关系如何如何，并假借这个旗号搞土地买卖和假减租。章蕴听说后，在《滨海报》上发表了题为《真进步还是假进步》的文章，又在泰东县参政会上说："……不要以为'君子可欺以其方'，哪些人真抗日，是真朋友；哪些人假抗日，是假朋友，我们清楚得很……希望真心抗战，和群众一致，不要对立。"[2]

[1] 中华全国妇女联合会编：《怀念章蕴大姐》，中国妇女出版社1996年版，第235页。
[2] 江苏省妇女联合会编：《党的好女儿——章蕴》，江苏人民出版社1988年版，第87页

一番话,既有斗争,又讲团结,史某听得面红耳赤,坐立不安,会后赶紧写了一封信,表示一定和共产党、新四军做真心朋友。

1944 年秋,章蕴调任苏中区党委组织部长兼妇女部长。她任苏中二地委书记和苏中区党委组织部长期间,曾经多次发表讲话、撰写文章谈妇女问题,其中影响大的文章有:《为开展妇女工作给全体女同志的一封信》《纪念"三八"与开展妇女工作》《克服妇女干部中存在着的几个问题准备迎接新的革命时代》。这一时期,苏中地区从斗争中涌现出一大批能干的女干部,妇女组织的活动也十分活跃,在男子大批上前线的情况下,妇女参加生产劳动,支援军队,作出了很大的贡献。

早前章蕴在长沙找到组织接受新的任务以后,把女儿寄养在了外婆家,尽管紧张的战斗生活不允许她想家,但作为一个母亲,怎能不牵挂自己的儿女? 接近抗日战争胜利的时候,章蕴在组织的协助下找到了失散多年的儿子小宁。原来小宁和他姑姑被捕后,先被关押在监狱,敌人利用孩子的年幼无知抱他去认父亲。孩子父亲李耘生牺牲后,是李耘生的父亲卖去家中仅有的6 亩地,把孩子从火坑中救了出来,带回山东老家抚养。历经坎坷的小宁回到母亲身边时已经是 15 岁的半小伙子,但由于他在祖父家过的是糠菜半年粮的生活,身体十分瘦弱,像个没发育起来的孩子。小宁被带到章蕴面前时,她几乎不敢相信这就是自己那个活泼可爱的儿子。她走过去挽起孩子的裤管,发现了小腿上那个十分熟悉的橄榄形疤痕。不错,正是小宁。她抱住孩子,禁不住泪如泉涌。小宁在山东老家学会许多农活,却没能读书。从此,章蕴在繁忙紧张的工作空隙中,肩负起抚育后代的责任。小宁和解放后才从外婆家接来的妹妹早力,在母亲的教育下,继承革命传统,刻苦学习,掌握科学知识,相继成为高级工程师,这是后话。

四

1945 年 7 月,章蕴被推选为人民代表随华中代表团去延安,参加解放区人民代表会议。但是这次代表会议没能召开。她和代表团在行军途中听到日本即将投降和人民代表会议暂停召开的消息后,立即返回苏北,被分配到中共中央华中分局任委员兼妇女部长。

1946 年 3 月,在华中解放区第一次妇女代表大会上,章蕴当选为华中民主妇联主任。她在会后传达会议精神时说："这次大会确立了今后华中妇运的方针和任务，在方针任务里面指出了放手发动华中妇女，组织和壮大华中妇女力量，以求华中一千三百万妇女的解放，并推动华中解放区以外的妇女运动是我们的总方针；也提出了要达到这个目的，须以发动和组织妇女生产，开展妇女文化教育运动，争取女权，积极参加民主运动为我们的工作道路；而且指出了妇女运动应与整个群众运动结合起来，使妇女运动成为老解放区群众组织生产、救灾、查减、查增、倒租等工作一个推动力量；也成为新解放区惩奸、减租、增资等工作的配合力量；同时也更成为解放区周围各大城市开展民主运动的声援力量。"①

1946 年 6 月，蒋介石悍然发动全面内战，老解放区淮安遭到了猖狂进攻。按华中分局的决定，章蕴带领一部分女同志和老弱病残人员北撤山东。一开始行军，就有人掉队，由于战事紧急，容不得慢速前进。章蕴组织年轻的同志帮助年老的，体强的同志帮助体弱的。她自己身体也不好，上级配给她的马，她总是让给伤病员骑。在章蕴的率领下，这支队伍按时安全地到达了山东。

全面内战开始以后，在解放了的华中地区掀起了群众性的反奸、清算、复仇运动，并逐步发展为土地改革运动。在这场群众运动中，章蕴深入基层蹲点，调查研究，贯彻落实中央的"五四指示"。

1947 年 8 月，章蕴参加了中共中央工委在河北建屏县西柏坡召开的全国土地会议，并在会上作长篇发言。这个发言有理有据，内容丰富而生动，得到了参加会议同志的好评。不少人打听这位能干的女同志是何许人，一经介绍，立即引起当时也参加会议的康生的注意。康生是李耘生的同乡，在家乡读书时品行不端，最怕人家捅出他这个"老底"来。于是，他抢先向中央诬告章蕴"有历史问题"。会后，章蕴被留下"写自传"，接受审查。当时是刘少奇主持、安子文主办这件事，对章蕴的历史作了公正的结论：无问题，无保留。章蕴离开西柏坡时，刘少奇找她谈话②，告诉她经过审查没有什么问题，给她许多教育和鼓励。

1947 年 10 月，党中央指派章蕴到豫皖苏区工作，经陈毅介绍，到豫皖苏区党委任副书记，分工管理地方工作。这个地区是大别山地区与冀鲁豫解放

---

① 中华全国妇女联合会编：《章蕴文集》，中国妇女出版社 1996 年版，第 18 页。
② 章蕴：《自传》，存中共中央组织部。

区连结的纽带,敌我双方都集结几十万军队开展拉锯战,地方工作十分艰苦。章蕴一方面要发动和组织群众支援战争,保护群众,维护人民群众的生命财产;一方面要领导群众从事生产、土地改革和领导整党等各项工作,巩固和壮大解放区,任务特别繁重。1948 年 8 月,党中央决定豫皖苏区党委升格为中共中央豫皖苏分局,宋任穷任书记,章蕴任宣传部长兼《雪枫报》社长。为了在拉锯战形势下坚持按期出报,她找到粟裕,请部队支援几部大马车,组织了一个流动印刷厂,在几乎日日行军的情况下保证了报纸的印刷发行工作,充分发挥了报纸的宣传作用,并通过加强报社的组织、业务建设,培养了一支过硬的新闻工作队伍。

1948 年秋后,随着辽沈、淮海、平津三大战役的进行和胜利,中国人民解放军整编为第一、二、三、四野战军。第三野战军积极准备渡江作战,为保证部队顺利前进,决定将一些不能随军作战的妇女干部和老弱病残集中起来,成立妇女干部大学,组织学习有关政策和知识,以备做好城市接管工作。第三野战军领导将这副重担交给了章蕴,调她担任了妇女干部大学校长兼政治委员。章蕴到校后,既是这支特殊部队的指挥员,又是教员,很快安定了大家的情绪,组织了学习,解决了许多实际问题。学校开学不久,驻地曲阜发生一次瘟疫,有不少群众受传染死亡。在章蕴领导下,及时进行防疫及治疗工作,全校老少安然无恙,前方、后方、上上下下十分满意。这所学校开办 11 个月,不但对部队作战以很大支持,还为解放大军渡江后大规模的城市接管工作准备了一支干部力量。

由于妇女干部大学属于"军"的建制,连机关工作人员在内有 1 万多人,章蕴成了人人皆知的"女军长"。新中国成立后,在一次集会上,陈毅特地把章蕴带到毛泽东面前,对毛泽东说:"这是我们三野的女军长。"毛泽东含笑风趣地说:"那你们怎么不给她授衔呀!"一句话说得大家都笑了起来。

五

1949 年 5 月,上海解放。章蕴调任中共中央华东局妇委书记和中共上海市委妇委书记,并兼华东地区和上海市妇联主任。她开始在上海这样一个过去国民党反动势力较强、帝国主义侵略影响很深的地方,探索城市妇女工作的新路子。

由于章蕴是女同志中难得的在较长时间担任过一个地区党政一把手的人才，许多女同志听说她将改行搞妇女工作都摇头说："你完全有能力担任比这更重要的工作嘛！"章蕴随和地笑了。她说："妇女工作也很重要呀！无论是打仗，还是和平建设，都离不开妇女，再说，这也不叫改行。我这一辈子，一直在做妇女工作，不是做妇女工作兼做其他工作，就是做其他工作兼做妇女工作。我们妇女同志不做妇女工作，谁来做呢？"① 在她的影响带动下，许多妇女干部开始安心、热爱自己的工作。整个华东地区很快就形成了一支强大的妇女工作队伍。

刚刚解放的上海，国民党的残渣余孽还在作垂死挣扎，不断造谣生事；市场被不法商人操纵，倒买倒卖，囤积居奇，百姓深受其害；流氓地痞，伺机捣乱；国民党从台湾派来飞机轰炸工业区；帝国主义实行经济封锁。反动势力狂叫：共产党进得了上海，管不了上海。面对如此局面，章蕴从妇女工作这个角度考虑，认为最要紧的是把妇女组织起来，团结广大妇女群众，积极完成市委的中心工作，肃清残余敌人，建立革命秩序，保护人民民主，迅速恢复生产。在抓好各级妇女组织筹建工作的同时，她带着一批人去工厂，下里弄，拜访各界知名妇女。通过调查研究，她很快把城市妇女工作的特点归纳为一句话："各界中有妇女，妇女中有各界"② 。她认为妇女工作不能仅靠妇联来做，还应推向社会，联合各有关方面共同来做，并创造性地运用"妇女代表会"的形式，最大容量地把广大基层妇女组织起来。这一经验很快受到全国妇联领导的重视，在全国妇联一届三次执委扩大会上予以肯定，并加以推广。1949 年7 月，上海全市成立了妇联筹委会和里弄妇代会组织。

与此同时，章蕴还派出妇联干部深入到上海国棉八厂试点，成立全市第一个女职工代表会。她撰文总结推广这一经验指出：女职工代表会是组织、团结、教育广大女工保证积极完成工会中心任务的最好组织形式和工作方法，是女工们研究讨论解决女工切身问题的最好组织形式和工作方法，它是妇联联系工会各方面工作的纽带。女工的工作与工厂内部的行政管理、工人生活、工人活动、生产计划分不开，厂里的女工工作应以工会和女工部为主，

---

① 江苏省妇女联合会编：《党的好女儿——章蕴》，江苏人民出版社 1988 年版，第87 页。

② 江苏省妇女联合会编：《党的好女儿——章蕴》，江苏人民出版社 1988 年版，第34 页。

妇联一方面发动和运用社会力量从厂外为女工服务；一方面配合工会深入到工厂就女工方面的问题调查研究提出建设性意见。在国棉厂的试点外，章蕴率领干部到几个女工比较多的大厂调查女工四期保护和托儿所的情况，并在厂内试办妇女儿童福利事业，如建立女工保健站、婴儿哺乳室、托儿所和训练保健人员等。这些经验在上海各工厂企业推广，为解除女职工后顾之忧，为恢复发展生产，起了积极的作用。

章蕴虽然工作忙碌，但很关心周围群众，发现了群众的困难，总是及时抽出时间去帮助解决。当听说上海电车司机戚桂生的妻子生了三胞胎，戚桂生工资低，无法养活三个孩子时，她当即买了三套孩子的衣服和奶粉、糖送去。之后，又建议上海市妇联从妇联机关福利费中按月给戚桂生家经济上一定的补助，孩子稍长又帮助其进了中国福利会办的幼儿园。

解放初期，上海市区妇联干部一部分来自地下党，没有公开工作的经验；一部分来自解放区，对大城市情况不熟悉，大多没有做过妇女工作或存在不重视妇女工作的思想。为此，章蕴先后在市妇联主办的《现代妇女》杂志上组织了四次讨论，并撰写《上海一年来妇女运动和今后任务》《中国共产党与妇女解放》等文章。这些文章有实例，有分析，帮助提高了大家的认识，使许多同志增强了信心，安下心来做妇女工作。

1949 年 9 月，章蕴出席了中国人民政治协商会议第一届全体会议。同年12 月，以章蕴为团长的华东妇女代表团参加了在北京召开的亚洲妇女代表大会。

以章蕴为首的上海市民主妇女联合会筹备委员会，经过近一年的紧张筹备，于 1950 年 8 月，胜利召开了上海市第一次妇女代表大会，揭开了上海妇女工作新的一页。为解决妇女的就业问题，在章蕴的领导下，上海市妇联办起了缝纫工厂、手工艺社等生产组织，吸收了 2 万多名妇女参加工作。同时，创办了妇女消费合作社和上海市第一所全托幼儿园。为了支援抗美援朝战争，在"有钱出钱、有力出力"的号召下，组织妇女积极捐钱买飞机大炮，积极送儿女奔赴朝鲜战场。

1951 年的"三八"节，在章蕴的领导下，上海市区举行了 30 万妇女反美抗日的示威游行。妇女们纷纷控诉日军侵占上海时期的暴行，许多身受其害、身临其境的妇女，都积极参加游行。这是上海妇女界一次空前的声势浩大的游行。

六

1952 年 7 月，章蕴调任中共中央妇委第三书记兼全国妇联秘书长。当时，国民经济恢复时期的任务已基本完成。1952 年 9 月，毛泽东提出了"中国怎样从现在逐步过渡到社会主义去"的指导方针和大致设想（后来概括为从新民主主义过渡到社会主义的总路线）。妇女工作如何围绕党的中心工作，做好党的助手？妇联如何能成为党联系妇女群众的纽带呢？章蕴从调查中了解到，新中国成立后，随着抗美援朝、镇压反革命、民主改革、"三反""五反"以及增产节约运动，妇女群众普遍发动起来了。她们在各自的岗位上努力作贡献，取得了显著的成绩。全国妇联的工作也是形势大好，汇集了各方面的人才，具有各种不同的经验，都在探索如何在新的历史条件下，发动妇女参加社会主义革命和社会主义建设，为国家过渡时期的总路线服务。而此时各级妇联虽然做了大量工作，但不少妇联的领导同志，对新形势下妇女运动、妇女工作出现的新情况、新问题很不了解，既反映不出新情况，又提不出开创新局面的意见。根据调查的情况，1952 年 11 月，中央妇委专门召开会议，讨论健全各级妇委组织和如何改进工作的问题，会后给毛泽东写了一个请示报告。毛泽东接见中央妇委的领导同志时作了一送（向党委提出改进妇女工作的意见）、二催（催党委答复）、三批评（如党委迟迟不答复即可提出批评）的指示[1]。中央妇委为贯彻执行毛泽东的指示，对各级妇委提出了几点要求：（1）要学习党的方针政策，及时对妇女工作作出指示，主动配合党委在一定时期的中心工作，布置妇女工作。（2）要钻研工作，深入实际，深入群众，了解新情况，总结新经验，分析问题提出建议。（3）建立请示汇报制度，每年妇委要向党委作综合汇报四五次。妇委成员及妇联干部要系统地学习马列主义基本理论，并要与实际相结合。

1953 年 3 月，章蕴在全国第二次妇女代表大会上，当选为全国妇联副主席，协助蔡畅、邓颖超主管全国妇联的日常工作。在这次妇女代表大会的讲话中，她反复强调，领导干部要沉下去，深入基层了解实际情况，总结群众的创造。

女性民间外交，是当时蔡畅、邓颖超根据党中央的精神而积极倡导的。

---

[1]　中华全国妇女联合会编：《怀念章蕴大姐》，中国妇女出版社 1996 年版，第 240 页。

章蕴创造性地开展女性民间外交活动。她首先要求妇联的同志在对外活动中，严格遵守党中央制定的外事方针，要做到内外有别，严守纪律，不卑不亢，求同存异，以达到寻求友谊，展现新中国妇女地位的作用。同时，要求大家重视对外交部的请示报告，取得他们的帮助和支持。

1953年，第一个日本民间妇女代表团来到北京，访问全国妇联。章蕴领导布置了这次接待工作，受到日本客人的高度赞许。另一次，英国工党领袖萨莫斯吉尔夫人访问全国妇联，章蕴主持接待。她简要介绍了新中国各族妇女翻身解放，政治经济地位提高的状况。座谈中，这位工党女领袖提出了一些问题，章蕴对答如流，态度稳重，言词文雅，不失原则，风度极佳。

为了多方面开展妇女外交活动，邓颖超提出开展夫人外交。利用我国驻外大使回国述职的机会，及时在全国妇联召开驻外大使夫人座谈会。这样的会议一般由邓颖超主持，章蕴主讲，内容主要是希望驻外使节夫人能多做驻在国上层妇女工作，以增进中国妇女和有关国家妇女之间的往来和友谊。

1954年3月，在章蕴的主持下，全国妇联召开了一次大区主任会议，专门检查改进领导作风决定的执行情况，对各级妇联深入实际的问题加以督促。她在会上说：一年来，从全国妇联到大区、省市妇联，在工作作风上是有进步的，工作是有成绩的，主要表现在省市以上的妇联负责干部不同程度地深入了基层，掌握了重点，抓住了一些工作上的主要问题，因而对下面的新情况比过去清楚多了，工作上的盲目性、主观主义和官僚主义不同程度地减少了，干部们的工作情绪也比过去饱满和活跃了。但有个别领导同志还没有"沉下去"，没有对妇女群众的情况进行深入细微的研究。她强调指出，"沉下去"是为了了解妇女参加社会主义改造和社会主义建设中的新问题，解决在中心工作中如何开展妇女工作，这是很重要的。各级妇联领导干部沉下去，就是遵循中央一贯倡导的从实际出发的精神，做好妇女工作。当大家对新的情况还不太了解，指导一般化，下面的好经验总结不上来的时候，主要领导深入下去，抓住重点调查研究，就可找出原因，取得经验，这是一举多得的好办法[①]。她的讲话和提醒，无疑对妇联各级领导改进工作作风，起了很大的推动作用。

1954年5月，第一次全国农村妇女工作会议召开，章蕴代表中央妇委作报告。她总结了过去一年的成绩，提出今后农村妇女工作的根本任务，就是

---

① 江苏省妇女联合会编：《党的好女儿——章蕴》，江苏人民出版社1988年版，第48页。

要进一步教育和组织广大农村妇女,坚决贯彻国家过渡时期的总任务,逐步
实现农业的社会主义改造,不断地发展农业生产力,使农业生产与社会主义
工业的发展相适应,并在这个基础上逐步实现农村妇女的进一步解放。[①]报
告中还提出必须教育农村妇女,努力提高社会主义觉悟,拥护农业合作化的
各种措施,坚决走社会主义道路;要注意解决农村妇女的特殊困难,贯彻男女
同工同酬。根据章蕴的报告,并集中会上讨论的意见,全国妇联起草了关于
农村妇女工作的指示。党中央认为这是过渡时期指导农村妇女工作的好文
件,批准发给各地贯彻执行。

1954 年 9 月,章蕴当选为第一届全国人民代表大会代表。同年 12 月,当
选为中国人民政治协商会议第二届委员会常务委员。

1954 年,章蕴率领中国妇女代表团出访法国。当时中法两国尚未建交。
法国各方对新中国的第一个来访代表团十分关注。尽管法国当局曾以代表
团的活动不得涉及政治及政治宣传作为发给签证的条件,但为促成这次访
问,法国各界人士组成包括戴高乐派、社会党、共产党、无党派人士和文化、
科学界名人在内的接待委员会,委员会主席是天主教妇女界知名人士德拉玛
尔法夫人。他们认为中国妇女代表团是一个在政治、文化、社会等方面具有
代表性的高层次的代表团,团长章蕴更是大家注意的中心。中国妇女代表团
抵达巴黎机场后,章蕴在致词中高度赞扬了法国人民的革命传统,诚挚地希
望发展两国人民的友谊,表达了中国人民坚持反对帝国主义、殖民主义的立
场和决心。在各界举行的欢迎大会上,章蕴每次讲话都表达了对法国人民的
友好感情,以及饱受帝国主义侵略和战争灾难的中国人民热爱和平和建设祖
国的迫切愿望。巴黎大学校长夫妇设家宴宴请代表团,同章蕴无拘无束地交
谈。当他们送别中国客人时,热情地赞扬章蕴团长是一位和蔼可亲的革命政
治家,具有令人仰慕的人格魅力。

1955 年 3 月,中国共产党全国代表会议召开。章蕴从理论到实际,就当
时与社会主义建设和社会主义改造事业有着密切联系的婚姻和家庭问题在
会上作了系统的发言,博得与会者的高度评价。

同年 4 月,章蕴主持召开了全国城市妇女工作会议。这次会议的中心议
题是讨论国家过渡时期城市妇女工作的根本任务。她在会上作了《国家过渡

---

① 中华全国妇女联合会编:《章蕴文集》,中国妇女出版社 1996 年版,第 179 页。

时期城市妇女工作的任务和当前几项具体工作的报告》,指出城市妇女工作的根本任务是:团结教育城市各族劳动妇女和其他各阶层的妇女,热烈响应党的号召,克服困难,努力增产,反对浪费,厉行节约,为完成和超额完成第一个五年计划,为逐步实现国家过渡时期总任务贡献最大的力量[①]。妇女要提高社会主义和爱国主义思想,提高文化科学知识,培养社会主义道德,正确处理个人与国家,个人与集体的关系,更好地发挥妇女在社会主义建设中的作用。同时会议还解决了城市妇联的主要工作对象问题,确定应以职工家属、手工业者家属、个体女手工业者、郊区农村妇女以及其他劳动妇女为主要工作对象,同时注意在私营工商业者家属、小商小贩家属和爱国民主妇女中进行工作。厂矿女职工的工作由工会来做,在校在职妇女的工作应由各单位党委和有关人民团体来做,但在婚姻家庭、儿童、培养女干部等方面,妇联应予以关怀和支持。

1956 年 3 月,全国妇联召开了全国工商业者家属和工商业者代表会议。章蕴主持会议,配合会议撰写《和工商业者家属谈谈心》的文章,谈了作为工商业者家属在社会主义改造中应抱的态度和应起的积极作用,强调要看到光明的前途。这个会议,使工商业者家属受到了深刻的教育和鼓舞。

1956 年 9 月,在中国共产党第八次全国代表大会上,章蕴被选为候补中央委员。

同年 10 月,全国妇联下属的中国妇女杂志社编委的同志从读者来稿来信中发现一篇题为《我们的夫妻感情为什么破裂》的稿件。作者是北京市某中学的一位女教师,她控诉丈夫进城后喜新厌旧、为达到目的采取多种办法折磨她的不道德行为。编委同志把稿件传阅后,一致认为如能在刊物上公开发表,对于批评某些干部进城后经不起金钱美女考验的腐朽思想大有好处。不料在发稿后即将开印时,来稿人说她丈夫得知她投稿后,要她立即撤回稿件,否则将和她彻底决裂。编委同志感到很为难,既怕影响人家夫妻和好,又怕影响刊物按期付印。在此情况下,主编找章蕴汇报。章蕴立即吩咐主编把投稿的女教师请到自己家里面谈。这位女教师痛哭流涕地叙述了她和丈夫结婚及感情破裂的前前后后。章蕴深表同情,极力安慰她、鼓励她,并对她说:你是经过战争年代考验,受过党的长期教育,又有一定文化修养的人民教师,

---

① 中华全国妇女联合会编:《章蕴文集》,中国妇女出版社 1996 年版,第 210 页。

对你丈夫的思想状况和人品你也最了解,也最能作出正确判断。你们在战争
年代结为夫妇,感情一直很好,现在已有三个孩子。如果他是真心悔悟,你
就不要顾虑《中国妇女》能否按期付印,你可以把稿件抽回。如果他并非出
于真心,而是怕稿子登出会影响他的声誉和地位,骗你把稿子抽回后很快又
翻脸不认人,又来想法子折磨你,那你就不一定去满足他的私心和要求。这
种事只能由你自己拿主意,我的意见仅供你参考①。这位女教师回家后经过认
真考虑,决定不抽回稿子了。这篇稿子登出后,引起社会各方面的强烈反响。
《中国妇女》收到的来稿来信,由原来每月四五千件猛增到 8000 多件,发行
量由原来的 50 多万份增加到 90 多万份。以来稿来信方式参加讨论的,有各
行业关心妇女问题的热心人士,也有中央机关的领导同志。这位女教师的丈
夫受到降级和警告处分,与此事有关的一位破坏他人家庭的"第三者"也受
到应有的处理。

　　1957 年 1 月,章蕴在全国省市自治区妇联主任联席会议上提出:"如何
发挥妇联的作用? 要走五条路。我们一定要千方百计走通五条路,作用才能
很好发挥。第一条路是深入实际,了解情况,抓紧宣传教育工作,培养提高干
部。第二条路是在党的领导下,争取党委不断加强对妇女工作的领导。第三
条路是在政府领导下,督促政府贯彻执行宪法、有关法令,促进他们关心妇女
工作,解决可能解决的问题,促进机关宣传妇女问题,男女平等政策。第四条
路是直接联合并督促有关人民团体、经济组织、国家机关加强妇女工作,关心
妇女问题,解决可能解决的问题。第五条路是积极参加立法工作。凡是与妇
女有关的立法,妇联都应过问,使妇女问题能在各种法中反映出来。"②

　　同年 9 月,召开了中国妇女第三次代表大会。这是一个具有重大历史意
义的大会。章蕴受全国妇联执委会的委托,在大会上作了《勤俭建国、勤俭持
家,为建设社会主义而奋斗》的报告。上一年,我国在基本完成生产资料的
社会主义改造任务之后,进入了社会主义建设阶段,这次大会的主题,就是解
决在建设社会主义时期妇女工作的方针任务。章蕴所作的报告贯彻了党的
八大路线和邓小平对妇女工作的指示精神,总结了在伟大祖国的变革中,妇
女所起的作用和地位的巨大变化,指出勤和俭,首先要勤,号召妇女们积极参

---

① 中华全国妇女联合会编:《怀念章蕴大姐》,中国妇女出版社 1996 年版,第 148 页。
② 中华全国妇女联合会编:《章蕴文集》,中国妇女出版社 1996 年版,第 255 页。

加社会主义建设，为祖国创造财富，同时要艰苦奋斗、勤俭持家。章蕴的报告材料丰富，观点鲜明，针对性强，使人听了之后深受教育。

1958 年 3 月，全国妇联在武汉召开七省妇女工作会议，章蕴主持了这次会议。会议的主题是充分调动广大妇女群众的积极性，多快好省地建设社会主义。章蕴认真地听取到会同志关于在基层开展思想好、劳动好、团结互助好、教育子女好、家庭和睦好等内容的"五好"活动的发言，深受启发，认为"五好"确是活跃基层妇女工作的好方法，它的内容丰富多彩，提法通俗易懂，广大妇女群众容易接受，还可以随着形势发展随时补充新内容。她找到会的同志交谈，收集典型材料，反复研究，认为"思想好"是"五好"的中心环节，以此提炼出以"一好"（"思想好"）带四好的生动口号。她连夜写出发言稿，在会上作了总结发言。"一好"带"四好"的提法，深受到会同志欢迎，认为基层妇代会工作的路子更宽了。

会后，章蕴深入到湖北、河南农村，察看当年流行的"高产实验田""卫星田"，找妇女积极分子、妇女代表座谈，到群众家访问。通过调查，她发现基层妇女干部普遍存在急于报功的情绪，恨不得一夜之间抢先进入共产主义，因而在发动妇女群众夺高产、放"卫星"时，忽视妇女本身的特殊情况，提出一些过"左"的口号，采取一些不切实际的做法。由于劳动强度大，有很多妇女得了子宫下垂、闭经等疾病。有的生产队，在田间遍插"丰产田"标牌，秧苗却长得稀稀落落，看不到丰产的迹象。有的干部由于急于完成上面布置下来的高指标，弄虚作假，强迫命令。种种现象，使章蕴痛感高指标、瞎指挥、"共产风"所产生的影响和问题，深感必须采取有力措施加以纠正，才能巩固集体生产，保护群众的积极性。回到北京后，她向全国妇联党组汇报此行的见闻及自己的看法，并集中其他工作组的意见，写成书面报告向党中央反映。

1959 年 4 月，章蕴当选为第二届全国人民代表大会代表。同时当选为中国人民政治协商会议第三届委员会常务委员。

1961 年夏天，章蕴在河北昌平县马池口公社马池口大队蹲点。那时，党中央已经采取措施，在全国纠正"共产风"、浮夸风、瞎指挥造成的"一平二调三收款"的错误，责令各省市清理、退赔无偿调用生产队和社员群众的财物、生产工具等。章蕴下去蹲点后，访问了许多社员群众，参观了大队食堂，看了社员用餐情景，走遍了大队耕地，和大队干部座谈，广泛听取各方面意见。在麦收大忙季节，她跟着群众凌晨起来下田割麦，边劳动边向群众了解情况。

有时她还挨家挨户访问，发现在"一平二调"的"共产风"影响下，社员家里空荡荡的，家家户户都很贫困。看到这些情景，心里沉甸甸的，焦虑得满脸通红。章蕴在马池口大队住了两个多月，把她了解到的情况及意见向昌平县委反映，并应邀在县委扩大会上讲话。县委十分重视章蕴的意见，采取积极措施，落实退赔政策。章蕴发现有些地方的干部弄虚作假，立即以她一贯求实的精神给以批评并如实向当地党委汇报。

三年国民经济困难时期，机关干部和居民一样，油肉蔬菜粮食，全都凭票供应，章蕴也和大家一样，过着清苦的生活。她看到自家院子里有一大块空地，就领着秘书、司机和服务员，把空地开辟为菜园，在院子四周搭起架子，种上丝瓜、苦瓜、倭瓜，生活相应地得到一些改善。

1965 年，章蕴参加了全国妇联在北戴河召开的各省市妇联主任会议。她在这次会上发表简短讲话，列举许多事实来说明和要求妇女干部苦练基本功，以成为妇女工作的"全把式"。这次讲话受到与会者的热烈欢迎。

七

"文化大革命"开始，在康生点名授意下，章蕴立即成为重点批斗对象，关入"黑后院"（全国妇联机关造反派私设的牢房），被逼迫交待"叛徒罪行"。章蕴始终坚持真理，坚持实事求是，相信党，相信群众。她贴出了"严正声明"，按历史本来面目介绍了自己的历史，回击泼向她的污水。在长达十年的日子里，不论是关押批斗，还是威胁利诱，章蕴始终做到不消极、不颓废、不低头。有一次，造反派对她说，你站到我们这一边来吧，我们保你。她立即严正地回答："我如果有问题，谁也保不了我，我没有问题，也不要任何人保。"[1]

1969 年底，章蕴被送到河北省衡水县"五七"大队监督劳动。这时她已年近 65 岁，患有严重的高血压等疾病。她一个人负责饲养 200 多只鸡，每天要运饲料、剁菜、清扫鸡屎，双臂累得又红又肿。到了冬天，还分配她管"革命群众"房间里的炉子。她常站在纷飞的大雪中筛炉灰、拣炉渣，稍不小心，炉火熄灭，便会受到训斥。

每天出大力气劳动，却不许得到一点营养，食堂里只卖给章蕴窝窝头。

---

[1] 中华全国妇女联合会编：《怀念章蕴大姐》，中国妇女出版社 1996 年版，第 242 页。

医生见她身体十分虚弱,批准她买一斤鸡蛋调养。她不忍独吃,想送三个给同时受难的全国妇联老干部曾宪植大姐,因受监视不能往来,只好把鸡蛋放在曾宪植门口的煤渣里,让她自己去拿。不料此事被人发现,报告了军代表,当即下令搜查了每个"专政对象"的宿舍。这就是轰动一时的所谓"五七"大队"三个鸡蛋一把火"事件。章蕴因此有了"新罪名",吃了更多的苦。但她仍未就此低头,当稍有行动自由,立即烧好菜去医院探视重病中仍然被监管的陈丕显。

十年浩劫,给党造成了巨大损失,使国民经济几乎走到崩溃的边缘,给人们心灵深处留下了难以磨灭的伤痕。粉碎"四人帮"后,全党全国人民欢欣鼓舞,许多冤假错案得到平反和纠正。章蕴蒙受多年的冤屈也得到彻底平反。这时,章蕴已届 71 岁高龄,仍以"未敢白头言倦"的精神工作,恨不得一下子把在十年内乱中白白浪费掉的大好光阴追补回来。

1977 年,章蕴担任中共中央组织部顾问,具体负责老干部上访接谈工作。

1978 年 2 月,章蕴当选为中国人民政治协商会议第五届委员会常务委员。

1978 年 12 月,在党的十一届三中全会上,章蕴当选为中共中央纪律检查委员会副书记。

1977 年到 1981 年,她被分配抓平反冤假错案工作和主持对康生、谢富治及王力、关锋、戚本禹等江青反革命集团案主犯和要犯的党内审查工作。

当时,在"文化大革命"中及其以前蒙冤受屈、长期靠边站的老同志、老干部向中央组织部和中央纪委提出平反要求的多不胜数,不少人直接找到章蕴家里。她关照家里人,不管在什么情况下,不能阻挡来找她的人。不论多忙、多累,对每一个来找她的人都是热情接待和给予深切的同情,并耐心地听取他们的申诉。每天下来,她都是血压升高,满脸通红。女儿早力担心她的身体,劝她放慢节奏,保证休息时间。她总是无限感慨地说:"你们要将心比心,设身处地想想,这些同志长期蒙受冤屈靠边站,被剥夺了为党工作的权利,内心该有多么痛苦呀!我自己就有深刻的体会。""我真想尽快地帮助他们解脱出来,抚平他们心灵上的创伤。这个工作做好了,就是在维护党的团结,维护党的声誉,加强党的战斗力呀!"[1]

---

[1] 中华全国妇女联合会编:《怀念章蕴大姐》,中国妇女出版社 1996 年版,第 202 页。

1981 年春，有一位新疆籍的老同志申诉，说自己"文化大革命"前就以所谓"民族主义"问题受审查，"文化大革命"中又被打成"历史反革命"入狱 10 年，粉碎"四人帮"以后虽恢复了人身自由，却迟迟没个明确结论。章蕴受理此案后，经调阅全部有关案卷了解到，这位已 80 多岁的老同志，青年时期就参加了革命，为此在旧中国曾被军阀盛世才关押过 7 年，险遭不测。他同共产党早有联系，并在 1949 年新疆和平解放时作出过重大贡献，同年由王震等同志介绍加入党组织，先后在新疆和北京中央机关担任过要职。从一贯的表现看，他对党是忠诚的，虽也有小的失误，但据此而怀疑他在政治上有什么大问题乃至打成"历史反革命"，是完全不对的。在他受了那么大委屈之后，还把他长期"挂"在那里，不能以其余生为党工作，那就更加不妥了。

于是，章蕴立即出马，直接找到中共中央组织部和中央统战部的主要领导同志，就此事交换意见，取得共识。然后，奔赴乌鲁木齐，同新疆维吾尔自治区党委的主要负责同志当面商讨，迅速达成一致意见。结果，这起拖了十几年的冤案，在她手上不过 7 天就彻底解决了。

1982 年三四月间，上海和福建两省市之间，为几起经济案件的处理产生分歧，影响到双方关系，中央纪委委派章蕴前去调查处理。章蕴去后，把两家派出的全权代表团拉到一张桌子边上，由她亲自主持，开了九天"合议会议"。她苦口婆心地引导双方的同志，努力发扬党的实事求是、群众路线和自我批评的优良传统，全面准确地领会和掌握中央有关开放、搞活的精神，以此衡量是非。本着正确的精神和原则，大小会结合，会内外结合，让双方在一起平心静气地摆事实，查依据，讲道理，作剖析，开展同志式的批评与自我批评；在核对事实的基础上，分清是非，弄清性质，明确责任，从而有效地消除了隔阂，缩小了距离。

在主持"合议会议"过程中，章蕴只当"向导"，不作"裁判"，尽力引导大家群策群力，自己动手给自己解"疙瘩"。就这样，在不长的时间里，章蕴圆满地解开了这个闹得很僵的"死疙瘩"，两省、市委非常满意。邓小平在 1982 年 9 月中央顾问委员会第一次全体会议上的讲话中，特别提到："前一段章蕴同志到福建去工作了两个多月，她在那里就搞得很好嘛"①。

---

① 《邓小平文选》第三卷，人民出版社 1993 年版，第 7 页。

1982 年 6 月，为纪念丈夫李耘生殉难 50 周年，章蕴带着子女到南京雨花台烈士陵园为李耘生扫墓，沉痛悼念为革命献出生命已五十载的至爱亲人。她流下了悲伤的泪水，满怀激情地以《告英灵》为题，写下了《如梦令》四阕：

（一）

回首雨花台畔，

别语匆匆遗愿。

五十易春秋，

日日在肩"双担"。

双担，双担，

未敢白头言倦。

（二）

回首雨花台畔，

从此一家离散。

遗腹女出生，

千绪万思相伴。

遗范，遗范，

儿女受人称赞。

（三）

回首雨花台畔，

休说离愁万千。

血雨又腥风，

奔走后方前线。

弹冠，弹冠，

欢庆地旋天转。

（四）

骇浪恶风难忘，

换得神怡心旷。

春色满人间，

告慰英灵如上。

如上，如上，

胡不破云归望。①

　　1982年9月，在党的第十二次全国代表大会上，章蕴当选为中共中央顾问委员会委员。作为党的十二大主席团成员和人事领导小组成员，章蕴为会议筹备和召开倾注了大量心血。

　　同年10月，《人民日报》记者准备走访出席十二大的一些代表。陈丕显告诉记者："应该写写章蕴大姐。她是我们的女中豪杰，是我们学习的榜样。早在抗战时期，我在苏中区党委任副书记时，她是苏中二地委书记。从组织上说，是我领导她，从思想上说，是她帮助我。她的那颗心，从青年时代起到现在，就倾注到为共产主义奋斗、为人民谋利益上。"陈丕显还风趣地对记者说："我向邓大姐告了她的状！"那就是永远不服老，不顾77岁的高龄，还拼命地工作。当记者把陈丕显的话告诉章蕴时，她笑笑说："年纪大了，应该退到第二线了，但是一个共产党员的革命意志是永远不能衰退的。"记者问她：一个人怎样才能坚持革命到底呢？章蕴沉思了一下，说："这个问题我已反复想了好久了，在大革命失败时想过，在爱人牺牲时想过，在坚持敌后斗争时想过，在林彪、'四人帮'倒行逆施时也想过。一个人要坚持走革命道路，我觉得最重要有两点：一个是要有坚定的革命信念，也就是说要树立科学的世界观——共产主义的世界观。一个是要有百折不回的革命精神。再好的革命真理，如果没有一批革命志士为之献身，也只能是一纸空文。"②

　　当时，广东省按中央规定实行对外开放的特殊政策、灵活措施，效果究竟怎么样？在北京传说纷纭，褒贬不一，存在着许多责难声，似乎那里的开放、搞活"一团糟"。章蕴不轻信传闻，决心去摸摸底，进行实地调查和考察。1982年11月，章蕴到了广州。在近一个月的时间里，她广泛接触省、市领导干部、新华社记者、业务主管部门干部，乃至宾馆服务员、医生和随行人员的亲友，向他们查问情况，还下到街道办事处和居民委员会同基层干部座谈，

---

　　①　江苏省妇女联合会编:《党的好女儿——章蕴》，江苏人民出版社1988年版，第202页。

　　②　《人民日报》1982年10月11日第3版。

去商店和农贸市场看场面,摸行情,又参阅了省、市委提供的有关资料,感到"眼界大开,疑团顿释"。她在写给中央的汇报信上,对这次实地调查和考察的印象,作了总的概括:"广州市场相当繁荣,人民生活安定并有明显改善,人心也是安定的,社会风气并未港化;广大干部、群众对党的领导和现行政策是满意的;尽管有些方面,诸如在外汇包干、财政包干、落实知识分子政策、发展文教、卫生事业,开展'五讲四美'活动,改革商业体制,改善副食品供应等,困难还成堆,但总的趋势是,生产建设蒸蒸日上,进展很快,欣欣向荣,方兴未艾。总之,路子走对了,前景很可乐观。"[1] 她在信里还摆出许多具体调查结果来佐证上述的论断,很有说服力。

怎样看待广东物价居全国之冠呢? 章蕴经过调查,支持广东一些同志的分析,指出:"多年来,我们总是用行政办法控制供求矛盾、价格矛盾,商品渠道堵塞,不能货畅其流。十一届三中全会以来,冲开老框框,旧的虚假的平衡打破了,国民经济全局活了,商品生产发展了,市场繁荣了。现在正处于新的平衡开始建立而又尚未完全建立的过渡阶段,出现了一时的物价上涨现象是可以理解的。只要认真按经济规律办事,重视价值规律的作用,狠抓生产,改革体制,疏通渠道,问题定能逐步解决。对各方责难,要坚决顶住。"后来几年,广东市场情况的变化,证明章蕴把"脉"摸准了。

从一些社会现象上,章蕴敏锐地看出,广东的开放、搞活并未"离"社会主义道路之"谱",而且已明显收效。在给中央的汇报信上,她特别提到:"前些年,广东闹过一阵'外流风'和'进城风'。现在风向开始变了:申请出境的逐渐减少,已走了的人中,却陆续有一些人又返回来定居和就业。过去城里职工怕下放农村,乡里农民向往城市,现在倒过来,是城里干部和职工羡慕农民;社队工业和多种经营开展得好的地方,不断有城里技工和技术人员被招聘了去";"原听说人民币在这里吃不开,手头没有外汇券或港币就寸步难行,实际上根本不是这么回事"。

章蕴还把她在广东听到的当地干部和群众"放心和满意什么,不放心和不满意什么",直言不讳地向党中央和中顾委作了反映。

同时,章蕴在广州还了解到,广东省在开放、搞活的初期,一度大量进口国外商品推销到外省,就手在人家那里抬价抢购物资出口。这种错误做法受

---

① 中华全国妇女联合会编:《怀念章蕴大姐》,中国妇女出版社 1996 年版,第 164 页。

到中央批评后,省委和省人民政府即严令制止,坚决纠正了。可是,在这以前已经进口入库的尼龙丝和尼龙布,两项合计折价达十几亿元之巨,总不能老积压在那里,省里同国务院几个主管部门几经商量,提过几个处理方案都碰了回来,走投无路。长久积压下去,这批货会霉变不说,单是支付仓库费用和银行贷款利息就吃不消。章蕴心急如焚,立即在写给中央的另一封汇报信上发出呼吁,建议由国务院统筹安排并规定期限,尽快把这批尼龙丝、尼龙布"消化"掉。她特别强调:"无论如何,不能坐视这些国家财产白白糟蹋了,搞得不好,表面上是广东倒霉,说到底还是国家吃大亏!"章蕴的恳切呼吁得到中央领导的重视,她反映的这个问题,连同一道反映的其他几个困扰广东的财经问题,不久都比较妥善地得到解决。

章蕴执行党的任务和掌握政策,从来是实打实,绝不掺杂个人的好恶,更不受个人恩怨所影响。这在党的十一届三中全会之后,她受命主持对林彪、江青反革命集团案的主犯、核心人物和罪魁祸首之一康生的审查工作中,表现得格外鲜明。康生曾两度造谣诬陷章蕴为"叛徒",致使她备受冤屈。特别是"文化大革命"中,她为此遭到许多折磨和迫害。但是,当章蕴负责对康生在"文化大革命"中所犯罪行及其政治历史进行审查时,丝毫没有感情用事。她反复交代参与审查工作的同志,务必坚持实事求是的原则,力戒主观性、片面性、随意性;所有证据和结论,都要经得起时间和历史的检验,凡未能找到确凿证据的,即使有大量材料表明嫌疑重大,十之八九可能是那么回事,也只列为"存疑的问题"上报。另外,她主持的对王力、关锋、戚本禹的审查也是一样,这三人当年写下许多煽风点火、批这批那的文章,章蕴坚持实事求是地检查、分析每篇文章的内容和"出笼"的经过,凡属"奉命"草拟并经过授意者审定的,均予剔除,不让审查结论带上半点"水分"。

章蕴一向爱憎分明。一方面,她嫉恶如仇,1981年至1982年间,在主持查处黑龙江于天章诈骗案、河北陈梦猇诈骗案以及河南安阳"汽车大王"案时,不管案情多么错综复杂,牵涉面多么广,她都知难而进,力排阻障,追查到底,坚持以事实为依据,以法律为准绳,惩办那些挖社会主义墙脚的罪犯,毫不心慈手软。大骗子陈梦猇被法办后,她提笔写了《玩火者必自焚》的文章,刊登在《人民日报》上。文章说:"陈梦猇招摇撞骗案的破获,又一次向'糖衣炮弹'袭击下昏昏然的同志敲响了警钟。这件事提醒我们:建设物质文明和建设精神文明,一定要两手抓;在改造客观世界的同时,必须努力改造主观世界，只有固本，才能祛邪。否则，我们这支队伍就不可能有坚强的战斗力，今后难保不会有人还要在糖弹的袭击下败下阵来，蜕化变质！"① 另一方面，在主持对一些冤假错案的复查、甄别工作和为无辜的受害者伸张正义时，她始终倾注了"对同志对人民的极端热忱"。发生在"文化大革命"中的批所谓"师道尊严"的《一个小学生的日记》事件，章蕴充分考虑到十年内乱的特殊历史背景，经过认真查证、分析，仔细研究案卷，找与此事相关的学校校长、老师座谈，明确指出小学生本人是无辜的受害者，并特地亲切接待她，勉励她甩掉精神包袱，挺直腰杆，堂堂正正地做人；认定她父亲在此事件中虽然有错误，但并不严重，有关部门将其作为"敌我矛盾"处理显然不妥，从而严格依据党的政策改正过来。

八

1983 年 4 月，章蕴先后深入到山东、北京、天津等省市的一些街道、机关、厂矿、农村，调查了解这些地方的整党试点情况。回来后，她撰写了《关于京、津、鲁三省市整党试点情况的调查报告》，反映了不少重要情况，并对整党工作提出一些有益的意见和建议，为中央修改整党决定提供了很有参考价值的材料，受到好几位中央领导同志的好评。薄一波在中央顾问委员会成立一周年时说："章蕴同志'不敢白头言倦'，亲自到北京、天津和山东十几个试点单位作了调查，写出了有见地的报告。"②

1984 年 1 月到 1985 年 6 月，章蕴被中央整党指导委员会指派为中央机关"党群口"整党工作指导小组组长。章蕴首先把增强党性看作治本之道，始终抓住不放；其次是自告奋勇，带头捅了"派性"这个"马蜂窝"。章蕴特别强调："整党的学习阶段，就是为增强党性打基础的，它是整党中的关键性的一环"，在这个阶段，"一定要狠抓增强党性这个根本，决不能离开这个根本去抓学习，舍本求末"；并明确指出："整了党而没有增强党性，整党任务就完成不好、完成不了，甚至要失败。对这一点，我们要有高度的认识。"

章蕴从中央机关"党群口"各部门的整党动态中看出，派性对于整党工作

---

① 中华全国妇女联合会编：《章蕴文集》，中国妇女出版社 1996 年版，第 337 页。
② 中华全国妇女联合会编：《怀念章蕴大姐》，中国妇女出版社 1996 年版，第 177 页。

的干扰，随着整党工作的深入，越来越明显。在一些部门和单位，能否克服派性，成了整党能否更加深入进行的大问题。为此，她主持召开一连串调查会、座谈会，广泛听取各方面的反映和意见，就这个问题同大家一道进行研究、分析，做好充分的思想准备。1984 年 4 月，她在《增强党性，克服派性》的报告中明确指出："'以我为中心'，结派营私，党同伐异，唯权是夺，唯利是图，唯名是争，唯派是从，就是派性的核心所在"。由于她采取摆事实、讲道理，进行正面教育，启发自觉的办法，剖析了派性，批判了派性，然后发动大家联系切身体会进行专题讨论，消除派性的流毒和影响，在广大党员中引起很大反响，收效比较显著。此后，《红旗》杂志全文发表这篇报告，并特地加了"编者按"，说："章蕴同志这篇文章，对派性作了具体分析，有较深的见解，是当前整党工作中的一篇好教材。现在我们有些人写论文，不研究问题，当文抄公，说空话，这个风气很不好。此文在改进文风方面对我们也是颇有教益的。"①

为了端正党风，章蕴不只是言传，更难得的是做到了身教。《关于党内政治生活的若干准则》公布的时候，章蕴召开了有儿子晓林（即小宁）、女儿早力及他（她）们的妻子、丈夫参加的家庭党员会议。孙儿天天、外孙女解爽是共青团员，也"列席"参加。她要每个人谈了学习《准则》后的感想，然后说："我以为，这个文件是一部从思想上，作风上建党的大法，是全党 3800 万党员处理党内关系的共同纲领，是对照每一个共产党员包括党的高级干部思想、行为的镜子。对这面镜子，光自己对照还不够，还要自觉地求助于党和群众的监督。我已向党支部提出了请求，请求他们从政治上爱护我，按《准则》精神对我进行严格监督。你们是与我朝夕相处的知情人，我的言行和工作怎么样，只有你们最清楚。我要求你们，对党负责，对我负责，监督我执行《准则》，哪怕在一些细小问题上有一点不符合《准则》的地方，都要对我提出意见。我们的关系，既是具有血缘关系的亲人，又是革命队伍里的同志，应该互相帮助，互相促进！"她还和后辈们一起拟定了一个互相监督、互相促进的公约。

儿子晓林担任国防科工委外事局局长多年，出国的任务较多，章蕴对此非常关心，因为当时出国问题上的不正之风在社会上影响很坏。每次晓林临行前，她总是千叮咛、万嘱咐："要以身作则，严格遵守外事纪律，要为国家节约开支，节省外汇。"有一次，晓林从泰国回来，章蕴在晓林包里发现一个金

① 《红旗》杂志 1984 年第 9 期，第 6 页。

光闪闪的小佛像,拿在手里沉甸甸的,她以为是金子,满不高兴地说:"为什么这么贵重的礼品不上交?"其实这是在泰国佛寺参观时,主持送给每个客人的一个小佛像,外刷一层金粉,晓林解释后,才打消了她的疑虑。女儿早力买了一台录音机学外语,她要看发票,看是不是走私货。北京一度牛奶供应比较紧张,她按规定给刚满三周岁的外孙停订牛奶。有人对她说,可以照顾她一份牛奶。她说:"不用了,实际订了也不是我吃嘛!"

当年在《全面提高党员素质是党风根本好转的坚实基础》这篇文章里,章蕴介绍了自己加强自我修养的实践体会,那就是:"对表"(经常对照党章)、"慎独"(表里如一)、"自省""自学"。多少年来,她已养成习惯,一直用这四种方法自我检验,看自己的言行有没有不符合党性要求的地方。她常说:我们每个共产党员填写入党志愿书时都写着"为共产主义奋斗终身"和"全心全意为人民服务"这两句话,我要求与全体共产党员一道时刻不忘这两句誓言,用自己的行为实践对党的承诺,不以假话骗党。

1985年3月,正当全党认真学习和领会邓小平提出的一靠理想,二靠纪律重要思想时,为了搞好这方面的宣传,《红旗》杂志总编辑熊复拜访章蕴,两人进行了一番交谈。交谈是围绕着党性问题进行的。章蕴亲切地说:"我这个60年的共产党员,无时无刻不在改造思想。改造思想,改造自己的世界观、人生观,就是增强党性。我深深体会到,改造思想的过程,就是增强党性的过程。我是三句话不离党性,写东西也总是离不开党性。"她说:"自从粉碎'四人帮'以后,特别是党的十一届三中全会以后,中央作出许多战略性决策,党的路线、方针、政策是正确的。对外开放,对内搞活经济,搞经济体制改革,都是非常正确的。无论物质文明建设还是精神文明建设,都大见成效。特别是经济建设,发展很快。全国整个形势大好,一年比一年好。我是喜出望外,越来越高兴。现在是我最高兴的时候。我不是没想到形势会这么好,而是没想到会发展得这么快。我一天总是乐哈哈的。我是党喜则喜、党忧则忧啊!喜,是主要方面。"

章蕴特别强调党员干部应该有理想。她说:"邓小平同志提出在建设有中国特色的社会主义时要做到'四个有',即有理想、有道德、有文化、有纪律,并且指出理想和纪律特别重要,我们要好好领会。什么叫做理想啊?最根本的理想,就是实现共产主义,为共产主义奋斗终身。为了实现共产主义这个理想,要不惜付出任何代价,不惜牺牲个人的一切。这也就是党性的综合。所谓党性，说到底，就是为共产主义而奋斗。一个共产党员，没有共产主义理想，那他就是个没有灵魂的共产党员。没有灵魂，还有什么党性啊！"这次章蕴谈话的内容，1985 年《红旗》杂志第 7 期以《共产主义理想是党的精髓》为题进行了登载。

1985 年 9 月下旬，全国党代表会议在北京召开。来自各方的代表带来了各方面的讯息，总的令人鼓舞，有的却使人焦虑。特别是党风问题，成为代表们经常的话题。相关议论引起了章蕴的沉思：为什么党中央三令五申抓党风，却禁而不止？执政党应该如何进行自身的建设？党的队伍的情况究竟怎么样？一个个疑问使她辗转反侧，夜不能寐。党代会一结束，她就决定要到基层去调查研究。

同年 10 月下旬，年已八旬且身患冠心病、高血压、糖尿病、骨质增生、食道裂孔疝等多种疾病的章蕴登上了南下的列车，前往南京做调查研究。在南京期间，由于气候潮湿，章蕴的关节炎犯了，疼痛难忍。但她坚持按计划展开工作。她听取了江苏省委组织部同志的汇报，参加了大专院校师生党员、离休老干部党员和在职领导干部党员三个座谈会。她的听力不太好，每次座谈会，她都请发言者靠近身边，一边听讲，一边认真地记录。

初步调查使章蕴的注意力集中到党员素质问题上。她认为，党员素质是党性的具体表现。党员的政治、思想素质，与党风息息相关。端正党风，很重要的一个方面就是提高党员素质，"固本祛邪"。她想：我们党现有 4200 多万名党员，分别编入全国各地方、各行业 200 多万个基层党支部。试问，这支党员大军的素质究竟如何呢？她决定就此作更深一步的调查，写一篇文章，为端正党风尽一点力。

11 月上旬，章蕴抱着病体回到北京。经过一段时间的治疗，病情稍有好转，她又开始了对北京党员队伍状况的调查。她听取北京市委组织部同志的汇报，召开工业、农业、机关、财贸、学校、街道等六条战线的党员座谈会，掌握了大量第一手材料。但她仍不满足，提出要亲自参加基层支部组织生活会，和第一线的党员们一起过组织生活。12 月的一天，寒气逼人，章蕴冒着严寒来到北京汽车制造厂转向机分厂，参加四工段的党支部大会。会场设在一间简陋的工房里，没有暖气，室内很冷，章蕴穿着大衣，坐在工人们中间，认真听大家发言，时不时摘下手套做记录。就这样，她先后参加了海淀区四季青田丰农工商总公司一党支部、宣武区工会党支部、清华大学精密仪器系党支部、西单商场侨汇商店党支部的组织生活会,和基层党员亲切地交流思想。听到有的同志对社会上和党内不正之风感到积重难返时,章蕴满怀信心地对他们说:"只要我们坚持不懈地狠抓党内增强党性,提高党员素质工作,党风和社会风气的根本好转,一定可以实现。"

北京的调查结束后,章蕴没顾上休息,元旦前夕又赶到石家庄了解河北农村党支部的情况。一到石家庄,她就向省、地委领导询问起革命老区特别是平山县人民生产和生活的情况。平山县委组织部部长带着该县封城、东岗两个村的党支部书记,到石家庄向章蕴汇报了老区党的基层组织建设情况。当听说自党的十一届三中全会以后,老区的商品生产搞起来了,人均收入成倍增长,人民的生产与生活发生了可喜的变化时,章蕴感到很高兴。而当听说还有相当一部分村庄因为交通闭塞,生产、生活条件太差,至今还相当贫困,有的深山区连吃水都很困难时,她的心情非常沉重,难过得流下了眼泪。次日,她冒着凛冽寒风,乘车直奔西柏坡,对如何改变老区贫困落后面貌,向平山县委同志提出了殷切的希望。

经过前后 3 个月的深入调查,章蕴记下了 16 开的 4 大本调查记录,对党员队伍素质的基本状况和基层党组织的工作状况有了比较清楚的看法,下笔写文章的思路也越来越清晰了。春节刚过,她悄悄来到天津,和陪同前往的同志一道"消化"材料,然后亲自确定主题,明确指导思想和对一些问题的看法观点,共同商定写作大纲;初稿拟出后,又亲自主持逐段逐句推敲、修改,直到定稿。经过一个多月的艰苦写作,《全面提高党员素质是党风根本好转的坚实基础》一文终于完成了。文章从理论上论述了党性、党员素质与党风的关系,以翔实的材料介绍了当时党员素质的状况,并从组织措施和党员个人两个方面提出了全面提高党员素质的办法。

1986 年 5 月,《红旗》杂志第 10 期刊发了这篇文章。5 月下旬,中共中央总书记胡耀邦给中共中央办公厅、中共中央宣传部、中共中央组织部写了一封亲笔信,称赞文章"的确写得好",并说:"章大姐是个爱动脑子想问题、遇事又很认真的人,她调来中央之后,所写的东西,我都是每篇必看的,而且印象都好。重新工作之后,不顾年老体衰又写了几篇好东西。"[1] 并建议将章蕴的文章收集整理,出一本书。根据胡耀邦的建议,章蕴先后撰写的《增强党

---

[1] 中华全国妇女联合会编:《怀念章蕴大姐》,中国妇女出版社 1996 年版,第 176 页。

性、争取党风根本好转》《关于京、津、鲁三省市部分整党试点的调查报告》《在整党中发扬党的优良传统、大兴批评和自我批评之风》《增强党性、克服派性》《全面提高党员素质是党风根本好转的坚实基础》等文章编辑成《章蕴谈党的建设》一书问世出版，成为全体党员重要的学习材料。收入书中的文字，都是在 1983—1986 年期间完成和陆续发表的。这些文章，有的对中央起草关于整党的决定起了重要的参考作用，有的被许多单位列为整党学习的必读文件（材料）。

1986 年 7 月 1 日，为纪念中国共产党成立 65 周年，章蕴给中共中央直属机关先进党支部、优秀党员表彰大会写了一段题词："共产党员的入党志愿书上无不写着'为共产主义奋斗终身'和'全心全意为人民服务'两句誓言，用自己的行为实践对党的承诺，不以假话骗党。为此，作为一个共产党员就要毕生进行党性修养，活到老，修养到老，改造到老；就要处处事事起先锋模范作用，平时当模范，紧要关头当英雄；就要杜绝各种各样的不正之风，同非无产阶级思想作风彻底决裂；就要艰苦奋斗，勇于进取，为社会主义两个文明建设建功立业，有所贡献！"

1987 年 10 月，章蕴作为特邀代表出席了党的第十三次全国代表大会，并担任大会主席团成员。

1990 年初，鉴于某些共产党员对党认识的模糊，章蕴在病中撰写了《谈谈对我们党基本特色的认识》的文章，作为一名老共产党员向党呈交的一份思想汇报。江泽民看了文章后写道："章大姐不愧是我们党的一位老战士、老干部、老领导，她年逾古稀，始终关心党的事业。"① 这篇文章分别发表在当年 4 月 2 日《人民日报》和《党建研究》当年第 5 期上。

纪念党成立 70 周年的日子转眼要到了。1991 年 4 月 3 日《人民日报》发表《章蕴大姐的心愿》一文，庆祝党的 70 诞辰。卧病在床的章蕴，兴高采烈地为党的生日庆祝。她在一段抒发心意的文字中写道："我现在说话很吃力，写字也很困难，但从心底发出心音以表达我对党的爱，对党的亲，对党的忠诚，对世世代代后人的殷切希望。我由衷地高呼，共产主义理想一定会实现！"

1992 年 10 月，章蕴作为特邀代表出席了党的第十四次全国代表大会，又

---

① 中华全国妇女联合会编：《怀念章蕴大姐》，中国妇女出版社 1996 年版，第 193 页。

一次担任大会主席团成员。同时撰写了《切实强化党内监督》的书面发言。

1995 年 9 月在纪念中国人民抗日战争暨世界反法西斯战争胜利 50 周年之际，章蕴病痛缠身，仍以坚强的毅力出席了首都各界的纪念大会，并坚持到大会结束。事先章蕴还向大会交上了书面发言，以她生命的最后时刻，向党提出了反腐倡廉要与党的"抓住机遇，深化改革，扩大开放，促进发展，保持稳定"的 20 字方针同步进行和消灭贫困、达到共同富裕是具有中国特色的社会主义本质的见解。就在去世前一个月，这位 91 岁高龄的老党员仍然关心、惦念着党的事业，对王宝森案件的发生无比气愤，奋笔写道："腐败风气是实施二十字方针的死敌，是建设有中国特色社会主义的死敌。反腐倡廉要与二十字方针同步进行，要坚持到底。"临终前，她还反复念叨着反腐倡廉和扶贫工作。

1995 年 10 月 25 日，章蕴因病医治无效，在北京逝世，享年 91 岁。

贺敏学

贺敏学，男，1904 年 8 月出生于江西省永新县。1927 年 3 月加入中国共产党。毛泽东曾称他"武装暴动第一""上井冈山第一"，为井冈山革命根据地的建立和发展作出过重要贡献。主力红军长征后，留在赣粤边坚持游击战争。全国抗日战争中，先后任新四军挺进纵队参谋长、江南（苏北）指挥部参谋处长、苏浙军区参谋处长。解放战争中,曾任山东野战军第一纵队参谋长、华东军区学兵训练处长、华东野战军四纵十二师师长、二十七军副军长兼参谋长。新中国成立后,先后任华东军区防空司令部司令员、华东建筑工程管理总局局长、西北建筑工程管理总局局长、福建省副省长、福建省政协副主席、中共福建省纪委第四书记、福建省人大常委会副主任、全国政协常委等职。逝世后,中共中央追授正部级待遇,称其为"无产阶级革命家"。

一、书香子弟闹学潮，辍学习武为救国

1904 年 8 月，贺敏学出生于江西省永新县南乡黄竹岭。贺家家境殷实，"有田百亩上下，茶山、木山数十块，开办油坊兼杂货店"[①]。贺家祖辈是书香门第，至贺敏学父亲贺焕文时，仍捐了个晚清举人，并被作为候选县丞，但到县府所任却是刑门师爷。贺敏学母亲温吐秀，祖籍广东梅县，少时进过学堂，有些文化底子。贺敏学的名字，寄寓了父母的希望：敏而好学，延续贺家书香，日后能成大器。

贺敏学幼时经常患病，祖父和父母为此心疼不已，请来医生专门在家看护。幼年的贺敏学为此花去家中万金之巨，得了个"二金仔"的绰号。作为家中的长子长孙，他备受宠爱，甚至到了"娇生惯养，吃好的穿好的，非鱼即肉否则就不吃"、不能受委屈的地步[②]。

贺敏学七八岁那年，一家人从黄竹岭搬到了县城。贺焕文和族伯兄弟合伙开办了铁厂，资本一部分由黄竹岭老家杂货店换进来的物品折算，另一部分由温吐秀动员娘家给予适当帮助。铁厂既办，温吐秀又在县城开了一间杂货店。因此，几年间，贺家虽又添了贺子珍、贺怡等子女，家庭经济仍然相当富裕。

但一场意外的官司搅乱了贺家平静悠闲的生活。贺敏学读高小那年，一个农民拿着贺焕文帮写的状子，和无理与其争夺水利的地主打起了官司。农民明明在理，却因地主贿赂官府而告输，被打入牢狱。立志要为穷人说几句

---

① 《贺敏学自传》（1944 年），未刊稿。
② 《贺敏学自传》（1944 年），未刊稿。

公道话办几件公道事的贺焕文,出于义愤和同情,主动为该农民立保画押,把他保了出来。谁知这农民被保释出狱后,因无法付清诉讼费,更害怕地主寻凶报复,不辞而别远走他乡。贺焕文遂被抓进大牢"顶罪",一关数月。贺家付清了一笔数目不菲的勒索,才算了结。贺焕文为助人而丢了职位和银两,却不后悔。父亲的言行举止给了贺敏学深刻的影响。

为了重振家业,贺焕文出狱后在永新县城南门买了座三进的两层建筑,开了"海天春"茶馆,兼营饭菜和旅馆,并卖些日用小杂货。因诚实守信,经营有方,日子慢慢又有了些起色。

贺敏学 12 岁考入高小一年级,因对校长无故处罚学生打抱不平,发动全班同学起来反抗。被记小过一次后心中不服,乃于翌年离校,转投邻县吉安的阳明甲种商业中学就学。身在异地,但他拔刀相助、敢于反抗的刚直性格依然故我。为了抗议北洋政府卖国求荣,他组织学生自治会,领导爱国学生签名,与学校当局据理力争,走上街头抵制洋货,呼吁民众不当亡国奴。校方无法容忍这样的过激行为,于是,带头闹学潮的贺敏学于 1921 年被迫离校,回到永新,就读于禾川中学,与后来的井冈山"大王"袁文才同窗,情同手足。就读期间,一学生无端受人诬告。原告虽没理由,但因贿赂了县官,口气狂妄,弄得该学生不敢前去县衙参加开庭。身为禾川中学学生领袖的贺敏学闻讯,立即组织 30 多个同学护送他一同到县衙,并参加旁听。县长见此情势,只好宣布该学生无罪。贺敏学豪爽耿直、嫉恶如仇的性格对弟妹们起了潜移默化的影响。他每天放学回家,总要给弟妹们带来一些新奇的消息,还经常带一些有进步思想的同学和校友到家里来。他们中有后来成为永新第一批共产党员的欧阳洛、刘作述、刘真、王怀等人。

一天,两个兵丁在"海天春"茶馆点了酒菜后猛喝。他们眼见老板娘温吐秀颇有姿色,便喷着酒气说些不三不四的下流话。这还不够,其中一个竟动起手脚来。恰好在场的贺敏学心头怒火勃起,二话没说,伸手拿起茶炉上一根烧得通红的火钳子,猛地朝两兵痞的屁股捅去,痛得他们哭爹叫娘,抱头鼠窜。贺焕文、温吐秀知道兵痞们绝不会善罢甘休,忙劝儿子速离家门,连夜到黄竹岭老家避祸。后来,贺焕文夫妇给两个兵痞赔了医药费、说了许多好话,并送去了 100 个"袁大头"。

平息了兵痞的报复事件,贺敏学却"赖"在黄竹岭叔父家再也不想回校读书了,跟了一位篾匠师傅学织篾。但不过个把月,他觉得织篾这活计太枯燥无味,也太没出息,认为"只有习武才有出路,才能救国救民于水火"①,于是又拜名师学武艺,练就一身功夫,在以后艰难曲折而险象环生的革命生涯中,发挥了重要作用。

二、北伐前夜加入国民党,白色恐怖中转为共产党

1925年7月,贺敏学在江西省城南昌投考了军官子弟学校。这时已是国共合作的大革命时期。一天,他碰到前来秘密搞学运的旧日同学和校友刘作述、欧阳洛。他们都已是国民党党员,在他们的影响下,贺敏学抱着火热的爱国激情,在北伐的前夜加入了国民党。

1926年暑假,贺敏学回到永新。8月,誓师北伐后进展顺利的国民革命军(即北伐军)抵达与永新毗邻的湖南省境。看到时局要变,贺敏学留下协助欧阳洛、刘作述工作,于9月中旬引导北伐军由茶陵经莲花进入永新境内,赶走盘踞永新的军阀孙传芳所部。

永新光复后,贺敏学被选为国民党永新县党部常务委员、商民部长,他还担任了中共永新党组织领导的农民自卫军副总指挥。担任县党部妇女部正副部长的贺子珍、贺怡,和哥哥一样,积极投身反帝反封建第一线,领导工农开展政治、经济上的斗争,并进行一系列移风易俗改革社会陋习的工作。兄妹们在永新传为美谈,被称为"永新三贺""贺家三兄妹"。

在国民党县党部工作后,贺敏学那固有的忠义救国、侠客式的英雄主义得到进一步发扬,孙中山"天下为公"的思想对他更是产生了影响。他从自家头上开始革命,连劝带逼地让父亲将家中粮库中的粮食分给无粮贫民,并宣布免收老家黄竹岭的田租。这还不够,他还将族伯贺调元作土豪论罪,亲率农民自卫军没收其家产,将之分给劳苦大众。贺敏学希望在国民党这面大旗下,能早日铲除人间不平事,因此处处与邪恶势力作对,在群众中的影响越来越大,却引起了以周继颐为首的国民党县党部右派的强烈不满。

贺敏学感到在国民党内没有政治前途。县党部副书记兼行政临时委员会委员长欧阳洛两年前就已是共产党员,趁机与贺敏学谈起了共产主义主张,并不时借一些马列书籍给他看。贺敏学旗帜鲜明地赞同共产党的主张。1927

---

① 《贺敏学自传》(1944年),未刊稿。

年 3 月，经欧阳洛介绍，贺敏学加入中国共产党。他后来回忆："因为我有侠义英雄主义思想，在与恶势力斗争中又取得了普通大众的信任，因此受国民党右派的排挤打击，同时自己也看出靠这些贪官污吏、土豪劣绅来革命，社会是决不会得到改造的、劳苦大众也得不到解放，要革命要解放只有依靠共产党。事实证明只有共产党才是真正的革命政党，他们始终走在斗争的最前列，为劳苦大众争自由。由于血的教训、革命书籍、进步同学及妹妹的影响，使我认识和信仰共产党，从而参加了共产党。"①

贺敏学入党后第一天开会，竟发现贺子珍和贺怡也在场。这才知道，当他还在南昌读书时，两个妹妹就已参加了欧阳洛、刘作述等人在县城开办的平民夜校，并先于他这个当哥哥的加入了共产党（尔后再被党指派加入国民党），他回到家里后的言行举止，两个妹妹都及时报告中共永新支部。

1927 年 4 月初，中共永新临时县委在县城左家祠成立，欧阳洛为县委书记。贺家三兄妹任县委委员，还分别担任青年部长、妇女部长、妇女部副部长职务。蒋介石四一二反革命政变骤发不久，永新国民党县党部右派头目周继颐，秘密在县城东门的穆如堂召集会议，密谋反共事宜。贺敏学奉令率农民自卫军包围穆如堂，先发制人逮捕了一些国民党右派首领。混乱中，反动头目龙镜泉和刘枚皋伺机逃脱，以重金、地位为饵，收买土匪李乙燃、尹寿嵩等反动武装。

6 月 10 日凌晨，反动武装向县城悄然摸进，突袭农民自卫军驻地，释放被关押的周继颐、陈子绍等，旋即进攻县党部，捣毁各个革命团体，逮捕了未及走脱的中共永新临时县委委员胡波等人和部分革命群众。史称永新六一〇反革命事变。这天，贺敏学在乡下检查农民自卫军工作未归。闻知反革命事变，遂隐蔽在离县城不到十公里的紫雾村，准备重新组织武装力量进攻县城。消息不慎走漏，匪首李乙燃率几十名悍匪向紫雾村扑来，贺敏学寡不敌众，落入敌手。

国民党右派早就把贺家视为眼中钉肉中刺，必欲斩尽杀绝而后快。却不料，贺子珍已受派到吉安工作。而机敏的贺怡得知事变，马上领父母躲在邻居的柴房里，尔后在晚间摸到城墙上，把几匹布接在一起，系于墙垛，轮流从城墙下吊下来。出城后，贺怡领着父母直奔吉安附近的清源山一座庙里，在

---

① 《贺敏学自传》（1944 年），未刊稿。

于此出家的同父异母兄长处潜伏下来。匪徒找不到人,为了解气,便把"海天春"茶馆砸了,并占为营房。尔后,反动政权宣布将贺家的家产全部没收,除贺家三兄妹外,还将贺焕文、温吐秀列入通缉名单。贺焕文、温吐秀夫妇怀着对反动派的愤恨和对革命的同情,下定决心与儿女们站在一条战线上,一家人从此都成了革命者。

三、"暴动第一""上井冈山第一"

贺敏学被捕后,因有一身武功,硬是被戴上了一副重达 5 公斤的脚镣,关押在县城监狱。他利用放风的机会,与狱中的其他共产党人取得联系,成立了狱中支部,被推举为书记。狱中支部通过从牢墙缝隙递条子等办法,在各牢房都建立了联系,积极领导全体被囚禁的革命群众开展斗争,共相砥砺。他们还设法与城内原工会会员、进步学生和基本群众取得联系。中共永新临时县委驻吉安办事处为了营救狱中同志,决定联合宁冈、莲花、安福四县农军会攻永新。接到密告后,贺敏学特地给已在井冈山"占山为王"的袁文才写了封短札,藏在竹柄油纸扇中,通过探监的舅妈和小妹仙圆带出,请袁文才出兵配合永新党组织行动。随后,贺敏学领导狱中支部积极做好配合劫狱的准备工作。

1927 年 7 月 26 日,永新、宁冈、莲花、安福四县农军会攻永新县城,取得胜利。这是共产党领导下的一次反对国民党反动派、地主阶级的农民暴动,极大地鼓舞了湘赣边界人民的斗争勇气,有力打击了反革命气焰,也为以后井冈山革命根据地的建立打下了坚实的群众基础。毛泽东曾在《井冈山斗争》中提到"暴动队始于永新",指的就是这次四县农军会攻永新的暴动。1954 年,毛泽东在中南海菊香书屋与贺敏学的长谈中,再次称贺敏学"暴动第一",足以说明永新暴动在毛泽东心目中的地位。

暴动后,鉴于原永新临时县委已难发挥领导作用,遂在监狱支部的基础上建立新的永新县委,贺敏学被推举为书记,并兼任永新农民自卫军指挥。新县委成立后,马上在县城内召开万人群众大会,宣布处决几名被活捉的反动头目,并宣告成立永新县革命委员会,以贺敏学为主席,王新亚、王佐、袁文才为副主席。同时,将四县农军组建成赣西农民自卫军,以便统一指挥,王新亚任总指挥,贺敏学、袁文才、王佐任副总指挥,贺敏学还兼任党代表^①。

这时国共合作已全面破裂。永新土劣龙镜泉、刘枚皋不甘失败,搬来驻湖南茶陵的国民党军第三军军部特务营,欲收复永新城。贺敏学和王新亚在县城肖家祠内召集各路农军首领开会,制定御敌方案。初战告捷不久,国民党驻吉安的第八师二十四团又向永新扑来。王新亚找到贺敏学商议,认为敌强我弱,光凭四县农民武装无法守住永新城,应在敌人形成合围前主动撤出。贺敏学也认为,暴动的队伍都是各县的革命种子,宜回各县坚持斗争为好。根据他们的设想,参战队伍分三路行动:莲花的农民武装仍由杨良善率领回原地活动;王新亚因对湖南较熟悉,则率安福的农民军到浏阳一带打游击;袁文才、王佐的队伍仍回井冈山。永新局面最为险恶,共产党员和自卫队员暂行回家隐蔽,贺家兄妹因在永新目标太大,可暂避敌锋芒,跟随袁文才、王佐上井冈山。

贺敏学布置完人员的去留后,率一部分永新共产党员、数百名农民自卫军和百余支枪^②,跟随袁文才、王佐踏上了上井冈的征途。为防患重病的王怀落入敌手,贺敏学还指示用担架把他抬上山。毛泽东称贺敏学"上井冈山第一"。纵观解放后幸存的党内同志,确数贺敏学和两个妹妹最早上井冈山。

敌人血洗永新后,对贺氏家族及亲属施行惨无人道的报复。连贺敏学寄放在舅妈家不满10岁的小妹贺仙圆,也遭剜眼致死。小弟贺敏仁幸亏跑得快,昼伏夜行上了井冈山。国民党江西省政府还悬赏5万银元,缉拿贺敏学三兄妹和他们的父母,并称见尸首者可得2万银元。这个悬赏告示贴遍了永新、宁冈一带的城乡。

上井冈山后,贺敏学以赣西农民自卫军副总指挥身份在茅坪和茨坪上下轮流走动,帮助两支农军练兵习武。他还针对袁文才、王佐部队绿林习气重的特点,有的放矢地灌输革命道理和共产党人的崇高理想。

湘赣两省敌人在一时难以"剿灭"袁王武装的情况下,改用"招安"对策。

---

① 参见贺敏学《永新暴动》《回忆井冈山的革命斗争》,分别载于星火燎原编辑部编《星火燎原·丛书之一》(解放军出版社1986年版)、井冈山革命博物馆等编《中国共产党历史资料丛书·井冈山革命根据地》(中共党史资料出版社1987年版)。

② 关于上井冈山的永新人枪数字,各种说法不一,贺敏学的两篇回忆文章(《回忆井冈山的革命斗争》《永新县地方武装的发展》)的说法也不尽相同。笔者经多方比较、求证,认为贺敏学《回忆井冈山的革命斗争》中的提法较为可信。

贺敏学虽然自信"我和袁文才是同学,我的话他还能听一听"①,而王佐是听袁文才的,有袁文才在,王佐决不会干卖友求荣之事,但他总感觉心里不够踏实,担心革命力量意外受损。况且,井冈山太过于闭塞,永新县委在山上形同虚设,与党已失去多时联系。他想掌握一下永新同志潜回家乡后的活动情况,并设法寻找上级党组织,既可了解外面的世界,又可请示下一步的行动,寻机扭转包括井冈山在内的边界局面。贺敏学主意既定,叮嘱病中留山的妹妹贺子珍要多注意袁文才的思想动向并加以引导,随后又分别与袁文才、王佐作了番长谈,就与胡波等人潜行下了山。

四、穿针引线,为改造袁、王部队付出心血

1927年10月初,贺敏学潜伏在永新、宁冈交界的小江山从事地下工作,得知有支千余人的部队驻扎三湾,他一时猜不透该部的来历,于是一面先派人去三湾村打听情况,设法弄清这支部队的性质,一面布置防备。据他回忆:"打听到这是毛委员的队伍。我们便派人去和他们联系。这时毛泽东同志也派人来找到了我们,并送给了我们十几担枪,袁文才也用竹筒子装了几筒现洋(大洋)给部队作给养。就这样,10月上旬,毛泽东同志带领工农革命军来到了茅坪……"②

毛泽东在秋收起义前,就通过永新暴动的领导人之一王新亚(王新亚率部回湖南途中奉命参加秋收起义)了解到井冈山的情况,并知道了贺敏学此人。井冈山的革命基础和复杂地形,是毛泽东决定引兵上山的先决条件。工农革命军上山不久,贺敏学即"奉毛泽东命令通知莲花、宁冈、永新三县各地埋伏的干部开会"③,是谓象山庵三县联席会议。

会上,毛泽东首先向大家详细地谈了大革命失败后的严峻形势,畅谈了自己想在井冈山建立农村根据地的设想,作出了开展武装斗争和土地革命等一系列指示。他叮嘱各县负责人,回去迅速行动起来,恢复、建立和发展党的

---

① 参见贺敏学:《永新暴动》,星火燎原编辑部编:《星火燎原·丛书之一》,解放军出版社1986年版。
② 贺敏学:《回忆井冈山的革命斗争》,《中国共产党历史资料丛书·井冈山革命根据地》,中共党史资料出版社1987年版。
③ 《贺敏学自传》(1944年),未刊稿。

组织，发动群众打土豪、分田地、筹款等，并要巩固和发展地方农民自卫军。鉴于永新的党组织遭敌破坏严重，毛泽东指定刘真任永新县委书记，重建县委。蓝图定下后，各县负责人纷纷回原地领导斗争。贺敏学却被毛泽东暂时留了下来，以便咨询袁文才、王佐等人及井冈山的有关情况。

受毛泽东所托，贺敏学试探性地和袁文才谈及请工农革命军帮他训练队伍一事，获得同意。毛泽东马上从工农革命军中选了游雪程、徐彦刚、金蒙秀、陈伯钧等得力干部，以教官身份走进袁文才的绿林队伍之中。有贺敏学在两头得心应手地穿针引线，毛、袁之间的关系得以进一步升温。毛泽东很快就答应了袁文才的邀请，搬来茅坪八角楼居住。他在八角楼住的那间房子，就是原先贺敏学住过的。

八角楼离袁文才家只有百来步路，毛泽东与袁文才之间来往方便。贺子珍因疟疾未愈，未随永新的共产党员一起回永新，此时仍住袁家。一来二往，毛泽东与生性活泼的贺子珍也便熟络起来。贺子珍和哥哥贺敏学一样，成了毛泽东详加了解边界历史、地理、农民斗争、风土人情等情况最好的访问对象。

11月中旬，毛泽东定下二打茶陵的作战指令，贺敏学也被派去参战。茶陵既克，他立即赶到九陇山，参与筹建永新县委、组织工农暴动队、发展地方武装等工作。不久又接到进工农革命军军官教导队参加首期培训的命令。

工农革命军军官教导队办在宁冈砻市镇一个祠堂里，学员有部队连级以上军官，也有边界各县管军事的干部。与贺敏学一起参加首期培训的有30多人，包括后来成为国务院副总理的谭震林，成为开国上将的陈伯钧、陈士榘等人。毛泽东亲自为教导队学员讲课，深入浅出阐明马克思主义的普遍真理，循循善诱地启迪大家的思想觉悟。

1928年2月中旬，军官教导队参加了毛泽东亲自指挥的攻打宁冈新城之战，击毙敌营长，活捉敌县长，粉碎了赣敌对井冈山根据地的第一次"进剿"。贺敏学在实战锻炼中，领会到毛泽东用兵打仗的军事指挥艺术，为他日后的军事指挥生涯开了个好头。教导队的培训在这次战斗后也就结束了，贺敏学受毛泽东派遣，到袁文才、王佐的二团担任党委书记，协助党代表何长工工作。

贺敏学到任后，和何长工一同分析了袁、王部队的特点，认为在二团迅速发展党员，加强政治工作，用无产阶级思想教育士兵是当务之急。他们很快制定出了具体的工作计划,在部队中建立了政治课、文化课制度,以给士兵灌输无产阶级思想。贺敏学还利用与王佐母亲熟悉的条件,带何长工登门看望王母,以使她了解共产党的主张,并对王佐施加影响。

党代表与后来的政委一样,要服从党委集体领导,但在当时,党委书记行政上要服从党代表领导。何长工与贺敏学谈话中,认为二团"工作重心在班长",于是贺敏学愉快地接受任务,以党委书记之职,从班长干起,直到排长、连长,"在战场上发扬敢打敢拼的勇气,遇到危险也要完成组织上交给的任务"[1]。他还叮嘱已在二团当号兵的弟弟贺敏仁,要严于律己,事事争先,不能因哥哥姐姐的身份而有高人一等的思想。

贺敏学利用当班长、排长、连长之机,和士兵促膝谈心,讲革命军队的性质和任务,有针对性地做思想工作。他还向袁文才、王佐建议二团连队的制度和建设应以毛泽东带上井冈山的一团为榜样,并组织下级军官和士兵前往一团参观。在何长工、贺敏学等共产党员的发动下,二团向一团看齐,也像一团那样进行严格的政治、军事训练,并很快组织起了士兵委员会。随着党的政治工作在袁、王部队扎根,战士们的阶级觉悟和思想素质有了明显提高。在此基础上,贺敏学着手培养一些好苗子入党,二团的党组织发展很快,各连都建立了支部,有了明确的政治方向。

4月初,王佐经何长工、贺敏学介绍加入了共产党,他高兴地对贺敏学说:"这下子我成了挂牌子的人(指成为共产党员)了。"[2]当月,二团出征湘南,为掩护朱德、陈毅所率南昌起义余部及湘南起义部队到井冈山会师,立下了汗马功劳。朱德、毛泽东领导的两支革命军队胜利会师并整编成工农革命军第四军,1928年6月改称红四军后,二团改称红四军三十二团。

为把袁、王部队改造成一支在共产党绝对领导之下的为工农大众求解放的革命队伍,贺敏学付出了辛勤的汗水和心血。但由于他从不居功自诩,加上各种可以理解的原因,致使解放后党史涉及对袁、王部队改造的叙述时,鲜有提及他的这段经历。时隔60多个春秋,在贺敏学作古后,曾在二团担任连党代表的中顾委副主任宋任穷在悼念文章里,给历史和后人作了个明确而清晰的交代。

---

[1] 《贺敏学自传》(1944年),未刊稿。
[2] 江西省档案馆等编:《革命历史资料丛书·井冈山的武装割据》,江西人民出版社1983年版。

五、发展地方武装建奇功,奇袭敌指挥部有殊勋

袁、王部队的改造基本成功后,毛泽东又亲自把一项新的任务交给了贺敏学:回永新去,发动群众,发展地方武装,开展游击暴动。

贺敏学带着毛泽东拨给的 7 支枪回到永新南乡,在七溪岭山下的明心寺会合了县委委员尹铎,接着又联络了龙建田等人,工作很快就有声有色地开展起来。先是在辛田一带组织游击队和暴动队,指挥部就设在龙建田的辛田老家,由贺敏学担任总指挥。在打击土豪劣绅的斗争中,党的组织和队伍得以发展和壮大。

红四军粉碎赣敌对井冈山的第二次"进剿"后,向永新追击溃逃之敌。贺敏学等领导永新游击队和暴动队并发动全县的农民武装接应红军。红军一打永新获得全胜,贺敏学和县委领导人组织四乡群众抬猪运酒,慰劳红军。永新县委于校场坪召开欢庆红军胜利、永新解放的群众大会,宣告成立永新县工农兵政府,贺敏学当选为主席。

1928 年 5 月下旬,红军二打永新胜利后,湘赣边界党的第一次代表大会在宁冈茅坪谢氏慎公祠召开,贺敏学被选进了以毛泽东为书记的中共湘赣边界第一届特委会[1],接着又奉命返回永新。

在永新九陇山区,贺敏学协同王怀、刘作述等人,很快就拉起了计有7000 多人的游击队、暴动队,壮大了地方武装力量。革命力量的蓬勃发展,使九陇山成为永新县巩固的革命根据地。

6 月,国民党湘赣两省政府调动 10 个团的兵力汇集湘赣边界,准备"克日会剿"朱毛红军。其中,赣敌 5 个团进占永新后,马上向宁冈推进。永新通往宁冈新城必经龙源口及七溪岭。6 月 22 日下午,红四军军委书记陈毅在宁冈新城主持召开营以上干部会。红四军参谋长王尔琢谈了军部初拟的作战方案和兵力部署,即朱德和陈毅率二十九团和三十一团一营迎击新七溪岭之敌;王尔琢、何长工率二十八团迎击老七溪岭之敌;毛泽东率三十二团一部和部分地方武装间道绕到敌军侧后牵制其行动;三十二团一部作机动部队,先作后勤保障,待关键时刻再出击御敌;永新、宁冈两县的赤卫队和暴动队,大部配合红军作战(包括抬伤兵、送弹药、送茶饭),一部继续袭扰永新守敌。

---

① 《贺敏学自传》(1944 年),未刊稿。

会上，贺敏学陈述了一个兵以奇胜的大胆设想：敌前线指挥部设于龙源口附近的白口村，如我军在白口村后的武功潭一带山岭埋伏一支小分队，待敌我双方激战之时，突袭并打掉敌指挥部，势必造成敌指挥失灵，为我军的胜利创造条件。会议采纳了这一建议，决定由贺敏学和袁文才率三十二团一个连及永新部分自卫队，于武功潭山上埋伏，配合作战，并相机袭击敌前线指挥部。

贺敏学和袁文才率兵奇袭白口村收到了救急奇效。6月23日，新、老七溪岭的战斗都打得惨烈，战斗中红军虽然多次重创敌军，挫其攻势，但直到中午仍未能攻占敌军先行所占山头，双方形成僵持，连红四军军长朱德都亲自手提花机关枪上阵了。此时，与红军对峙之敌与指挥部电话联络不上，派人去联络，道路又被封锁，始知指挥部受袭被端，不由得乱成一团，全线崩溃。敌几个团长怕被全歼，带上残兵败将夺路往永新逃跑。红军和地方武装密切配合，乘胜追击，在山脚下的龙源口围歼了敌人大量有生力量。此战计歼敌1个团，击溃2个团，缴枪千余支。战后，"不费红军三分力，打垮江西两只羊（杨）"之说遍传赣西。

贺敏学率众追到龙源口，还未喘过气来，又收到了毛泽东派人送来的亲笔信，交待他"当夜即动员七、八千名群众，于明晨派一千人搜山，其余配合进城"[1]。红军随即再克永新县城。

龙源口大捷并紧接着的三打永新，打垮了江西军阀朱培德的主力，国民党其他军队就不敢轻举妄动了。井冈山根据地扩大到永新、宁冈、莲花三县全境，吉安、安福县各一小部分，以及遂川县北部、酃县东南部，红色割据面积达7200多平方公里，区域人口有50多万。用毛泽东在《井冈山的斗争》里的话来说，"是为边界全盛时期"。以贺敏学为主领导的永新县地方武装在井冈山革命斗争中起到了不可或缺的作用。

在井冈山地区诸县中，永新人口多，有兵源，经济也最为发达，粮食和给养充裕。毛泽东高度重视永新根据地的建设，提出："我们看永新一县，要比一国还重要。"[2] 为了指导和推动永新工作，毛泽东曾多次与贺敏学等永新领导人交换意见，并作实地调查研究。7月上旬，他亲自到永新西乡塘边作调

---

[1] 《贺敏学自传》(1944年)，未刊稿。

[2] 中央文献研究室编、金冲及主编：《毛泽东传（1893—1949）》，中央文献出版社2004年版，第185页。

查,并在这里和贺子珍结合在一起。

六、永新困敌,两保井冈山

1928 年 7 月 15 日,赣敌 11 个团开到永新"会剿"。此时,在湖南省委代表杜修经的压逼下,红四军二十八团、二十九团向湘南郴州冒进,根据地兵力空虚,仅有三十一团留守。毛泽东立即在永新西乡召集干部会议,首先命令坚壁清野,避实击虚,主动撤离永新城,接着将三十一团分为东、北、中三路,每路由红军指挥员和永新县委负责人组成行动委员会负责指挥,发动群众,用游击战术对付敌人的"会剿"。贺敏学和三十一团团长朱云卿、团党代表何挺颖等人组成中路行委,以永新城郊为游击重点,指挥部则设在白口村一带。毛泽东还借助贺敏学等人,组织起 3 万多人的地方武装(有七八百支枪),配属各路。

当时敌我兵力为 11∶1,土豪劣绅蠢蠢欲动。永新洋中的土劣搞到了 10 余支枪,还暗地里招兵买马,欲响应赣敌"会剿"。贺敏学得知消息,立即组织起一支精干游击队,悄然从赣敌的中间插过去,神速地再次解决了这支保安队,对周围的土劣起到了震慑作用。随后,贺敏学指挥游击队并发动群众配合红军,从四面对敌人进行各种骚扰。

红军三十一团在贺敏学等人领导的永新地方武装的密切配合下,与 11倍于己的强敌周旋了 25 天,不但未受大的损伤,反而缴枪 300 多支。赣敌被围困在县城附近 15 公里内达 25 天之久后,发生内讧,溜之大吉。8 月中旬,永新的局势得以缓解。后来,这次成功的行动被称为"永新困敌"。

8 月下旬,毛泽东率三十一团三营急走湘南,去迎还朱德、陈毅所率二十八团。湘赣两省敌人探得根据地空虚,遂纠合 4 个团兵力,分两路再次"会剿"。守卫井冈山的只有三十二团和三十一团团部,势单力薄。驻永新的三十一团一营除留下一个连在原地牵制敌人外,其余部队风尘仆仆连夜从永新火速赶回井冈山,贺敏学率永新部分地方武装也随同上山参战。

8 月 30 日黄洋界保卫战取得胜利,保住了井冈山根据地。毛泽东在迎还红军大队途中,闻讯大悦,欣然命笔,写下《西江月·井冈山》的华彩篇章,内有"黄洋界上炮声隆,报道敌军宵遁"一句。句中"炮声隆",指的是红军向敌人放出的一炮,这一炮对保卫黄洋界乃至井冈山根据地都起到了非同寻常的作用。以往人们只知道黄洋界保卫战中这一炮起了特殊作用,而不知抬炮携弹者何人。曾任贵州省委书记、全国政协常委的李立晚年回忆井冈山斗争诸事时,始揭谜底:"(黄洋界)保卫战的时候,他(引者按:指贺敏学)在小井一个仓库里找到了三发炮弹,搬到哨口上,在俘虏里找到了一个炮手,结果三发炮弹,只打响一发。主席的《西江月·井冈山》中,'黄洋界上炮声隆',讲的就是这发炮弹。"①

1929年初,毛泽东、朱德率红四军主力3600余人出击赣南后,湘赣两敌八个旅六路并进围攻井冈山。大病初愈的贺敏学再次率永新部分赤卫队上山,协同彭德怀、滕代远、王佐保卫井冈山。终因敌强我弱,激战多日后,井冈山失守,彭德怀、滕代远率三十团(原红五军部队)突围。贺敏学和永新赤卫队先随王佐所率三十二团转入深山作战,稍后潜回永新。

3月间,驻守湘赣边界的国民党军队陆续外调,参加蒋介石集团对广西李宗仁集团的军阀战争。何长工趁机联系王佐、李灿等几股部队向敌突袭,收复了井冈山的大部失地。不久,湘赣边界特委集中边界的红军和一部分赤卫队,组成湘赣边界红军独立第一团,下辖两个营,第一营由王佐部队组成,第二营由永新、宁冈、莲花、茶陵赤卫队和原红五军留下的一部分人员组成。贺敏学站在大局角度,不仅主张派出得力的赤卫队员加入第一团,还拿出了60支好枪。永新出人出枪之数,为边界各县之冠。

7月,彭德怀率红五军攻打安福县城。贺敏学闻讯率队前往助战,路经桃花山,不费一枪一弹收编以侯挺义为首的绿林武装30多人。彭德怀对此举大加赞扬。

11月11日,贺敏学率赤卫队参加了收复永新之战。边界特委机关也迁到了永新。12月,永新县第一次工农兵代表大会在县城万寿宫召开,改选政府②,选举边界特委委员、永新县赤卫队党代表朱昌偕为苏维埃政府主席,贺敏学当选永新县苏维埃副主席兼自卫军总指挥及游击大队大队长。

年底,永新游击队扩大到万余人,在边界武装中番号为第十四纵队,贺敏学任司令员,刘作述任党代表。纵队下分4个支队,每个支队下辖3个大队,

---

① 李立:《井冈山斗争诸事忆》,星火燎原编辑部编:《星火燎原·丛书之一》,解放军出版社1986年版。

② 多数说法认为这次会议正式成立了永新县苏维埃政府,鉴于1928年5月曾成立以贺敏学为主席的永新县工农兵政府,因此笔者取《贺敏学自传》(1944年)"政府改选"之说。

每个大队下设 3 个中队。除游击队外,全县还有赤卫总队,由贺敏学兼任总指挥。贺敏学在为日新月异的革命气象而高兴之时,也为边界突然出现的错综复杂关系而忧心。这一切,源于袁文才、王佐在 1930 年 2 月的被错杀。

袁、王之死,给井冈山革命力量造成了极大的损失,经营了多年的井冈山革命根据地从此失守,直至 1949 年夏才重新插上红旗。

七、主动请求降职,一年两次负伤

1930 年 2 月,贺敏学率永新赤卫队受命编入黄公略领导的红六军。红六军下辖 3 个纵队(始设一、二旅),每个纵队平均有八九百条枪,下辖 2 个支队。贺敏学任第三纵队纵队长[①],刘作述任政委。

3 月初,红六军第三纵队和第一纵队、军直属队会合后,即由黄公略率领,由永新、莲花北上作战。路经萍乡芦溪,遭敌伏击。战斗一打响,贺敏学即身先士卒,不料被飞弹击中,仆地后血流如注,幸赖几位勇敢的战士拼力救下。芦溪之战缴获甚多,随后在萍乡安源作短暂休整期间,贺敏学根据黄公略的指示,要三纵队主动让出一部分缴获武器,帮助地方建立武装。部队又要快马前进,黄公略决定贺敏学返永新疗伤,并在本县创造部队,其职由徐彦刚接任。

贺敏学回到黄竹岭老家,在当地一个老郎中的精心医治下,伤口渐愈。他是闲不住的人,立时就走村串户投身扩红,很快就拉起了一支数百人的队伍,并受令带队参加整编。他原以为自己能率部队上战场,孰料上级命令下来,红二十军组建在即,他这支队伍只好先行"贡献"给二十军[②],而他仍回永新县工作,担任赤卫队总指挥。

---

① 关于红六军第三纵队纵队长一职,笔者翻阅了大量史籍,几乎都只提徐彦刚,惟独(军事科学院军事图书馆编著《中国人民解放军组织沿革和各级领导成员名录》军事科学出版社 1987 年版)说是刘作述,徐彦刚接刘作述。由此可以肯定徐彦刚并非首任。而贺敏学在自传中明确表示首担此职。考虑到贺敏学为首的永新地方武装在第三纵队中占主要席位,且其地位与刘作述同等,此前两人又长期一军一政共事,笔者认为应支持贺敏学之说。惟因其任职时间过短,而刘作述以政委兼纵队长也甚短,故被后人以后继者徐彦刚蔽之。

② 贺敏学在自传中称被编入红二十二军,似有误。笔者根据其自传中又明确点明编入一七四团之说,并结合中共永新县委党史研究室编《永新人民革命斗争史》等诸多史料,推断应为二十军,恰好二十军确有一七四团。

6月底，黄公略率红六军一、三纵队回到莲花。贺敏学病体尚未痊愈，却按捺不住想回部队的心情，带着一批新兵赶往莲花。他主动表示，为不影响部队正常工作，还是请徐彦刚继续担任第三纵队纵队长，三纵队哪个职位有空缺，自己就补到哪里。贺敏学革命不为做官的思想，受到黄公略和政治部主任毛泽覃的赞赏。几天后，贺敏学被任命为第三纵队第九支队参谋长（支队长李聚奎）。从纵队长降为支队参谋长，贺敏学不以为意。

7月1日拂晓，红六军发起七打吉安之战。冲锋在前的贺敏学再次负伤，但他只作了简单包扎，坚决不下火线。因敌凭险据守，红六军缺乏攻坚手段，攻城未果。7月5日，红六军撤围转移休整，旋即受令改番号为红三军，以避免与湘鄂西的红六军混同。8月初，红军在赣西南红红火火的革命气象鼓励下，前往攻打长沙。红三军将士秣马厉兵，贺敏学也希望能在战争中大显身手。谁料，大军还未开拔，他的病体却撑不住了，乃受命重回永新疗养。

9月，贺敏学的病情有了明显好转，第一个想法就是回部队去。他在袁州（今宜春）找到红三军时，才知长沙一战伤了元气，老搭档刘作述在8月底第二次攻打长沙时不幸牺牲。红三军受损颇大。考虑到红二十军组建不久，战斗力较弱，赣西南特委决定从红六军抽调一批得力干部，到红二十军加强领导力量。贺敏学到了红二十军，担任一七四团参谋长。一七四团由永新、莲花、宁冈、安福、茶陵、攸县等县地方武装组成，其中永新这部分武装，恰是当初贺敏学在家养病期间组织起来的，他自有一份亲切感。针对部队多系新兵、农民和游击习气较浓、装备较差、战斗力也较弱等特点，贺敏学协助团长李学俊从强化军事训练入手，使一七四团的战斗作风大有改观。

9月底，根据红一方面军总前委[①]的指示，红二十军在刘铁超、曾炳春的率领下，配合红三军，从袁州（今宜春）出发，经分宜、安福，向赣西南的中心城市吉安展开了第九次进攻。一七四团的任务是攻破城西南敌军防线，并与兄弟部队一道攻克城南门。10月4日拂晓，各路红军与数万赤卫队发起了九打吉安之战。贺敏学率部攻城时受伤，他没当一回事，继续冲锋。经数小时激战，南门终于易手。至5日晨，吉安全城解放。

贺敏学在指挥作战上有魄力，有创造性，身先士卒，"在战场上凡是危险

---

① 红一方面军成立于1930年8月23日，下辖红一军团和红三军团，共3万余人，朱德任总司令，毛泽东以总前委书记兼任总政治委员。

的事，只要上级有命令，就尽量想法达到任务的完成"①。红二十军军长刘铁超、曾炳春为得到这员虎将而高兴，闻讯他在战斗中负伤，指示安排他到吉安医疗条件最好的法国医院医治。但不容贺敏学安心静养，一件大事发生了。

八、反"围剿"中显身手，受毛泽东"连累"释兵权

1931年初，贺敏学奉命到江西省苏维埃警卫团工作，团长、政委、党委书记、政治处主任一肩挑。省苏主席曾山前次险遭不测，认识到省苏的保卫力量亟待加强，贺敏学这员虎将的到来，让他真有"踏破铁鞋无觅处，得来全不费工夫"之感。曾山亲自出面欢迎，对贺家老小嘘寒问暖。

警卫团成立之际，只有贺敏学和勤务两人，肩挑四职的他实质上只是个光杆司令。但他有的是组建部队的本事，何况已有番号在手。经他多方奔走和筹措，警卫团的架子很快就搭了起来：先从省肃反委员会拨来20余人的保卫队，成立警卫排，尔后和泰和县警卫团合编为一个连；再把从吉安出来到泰和参加革命的上百名工人和纠察队转要过来，编为一个连；半月后从万安又调一个连来时，贺敏学已亲自扩大了一个新兵连。不过个把月时间，警卫团便从空架子到拥有4个整连。

1931年2月底，国民党军对中央苏区第二次"围剿"的战争阴云渐趋浓密，在一切为了前线、一切为了胜利的号召下，警卫团受令编入红十二军三十五师一〇五团参加作战。枪伤痊愈后的贺敏学早就盼望上战场，因此整饬部队立即前往。

贺敏学率部编入后，红十二军三十五师增至2000来人。三十五师师长龙普霖在井冈山时期也曾参与对袁文才、王佐所部的改编并任改编后的工农革命军第一师二团的连长，贺敏学作为二团党委书记还是其上级。对贺敏学到手下当团长，龙普霖和师政委欧阳健起初担心难以驾驭。但贺敏学顾大局识大体的言行举止，慢慢解除了他们的顾虑。由于贺敏学在红三军工作过，在他的有效协调下，红三军七师指战员对龙普霖一度担任西路军总指挥统一领导他们也积极拥护。井冈山老战友粟裕、宋任穷这时也在三十五师，分别担任兄弟团的团长、政委，贺敏学与他们，还有自己的新搭档、一〇五团政委

---

① 《贺敏学自传》（1944年），未刊稿。

赖际发,相处融洽。

强将手下无弱兵,在贺敏学的言传身教下,一〇五团这支新组建起来的部队越战越勇,从怯于上阵,到不满足打小仗,甚至敢于打大仗,成了一支出色的劲旅,在中央苏区第二次反"围剿"中立下了卓越战功。

过了一个来月,国民党军的第三次"围剿"又接踵而至。贺敏学奉令又回到红三军,任第九师(即原来的第三纵队)参谋长,师长为徐彦刚,政委为朱良才。1931 年 9 月 8 日下午,在合围敌蒋鼎文、韩德勤两师时,贺敏学像往常一样,身先士卒猛打猛冲,在战斗中腿部再次负伤。使他痛惜的是,红三军军长黄公略在指挥部队隐蔽防空时不幸牺牲。贺敏学伤势不轻,医院起初打算动手术锯掉腿。贺敏学坚决不同意,医院经慎重考虑,决定采取保守疗法,终于保住了他的腿。

贺敏学出院后,没有再返红三军(九师参谋长由耿飚接任),被安排回到江西省苏维埃政府(机关已迁至兴国),担任省苏军事部开设的随营学校校长一职。他"责任心强,天天埋头苦干,任劳任怨"[1]。

1931 年 9 月下旬,红一方面军主力开往闽西汀州集中,在福建分兵发动群众,扩大红色区域,解决部队给养。赣西苏区区域内的反动武装日趋猖獗,以地主武装土围子为主的白色据点频繁作乱。肃清地主武装土围子,成了根据地建设的一项重要内容。但这些土围子往往易守难攻,江西红军独立第三师师长邓毅刚即在指挥攻打于都土围子时牺牲,部队伤亡严重。中共江西临时省委书记任弼时既要管省委又要管部队工作,一人实在顾不过来,点名要贺敏学来带江西军区的特务团。

贺敏学果然不辱使命。在他的精心带领下,3 个月后,原先沉沉不振的特务团焕发了活力。贺敏学率特务团整训补充期间,一道急令把他召到了江西军区司令部。司令员陈毅告诉他:江西军区独立六师四团在攻打赖村土围子时,部队损失近半,团长也负了伤,但土围子却依然故我,得让你这老将出马。

贺敏学率特务团奔赴前线后,亲自侦察土围子的情况。知己知彼后,才令强攻,将赖村土围子一举拿下。接着,他率特务团又打下几个寨子,声名大噪。这时,军区独立团数攻赤石寨不克,上级命贺敏学率特务团配合作战。

---

① 《贺敏学自传》(1944 年),未刊稿。

贺敏学和特务团全体指战员统一了思想,甘居配角,服从独立团团长统一指挥。惟因独立团团长指挥能力较弱,赤石寨土围子还是没有拔除。此事牵动了苏区中央局的关注,来电命令限期攻克赤石寨,并令留在赣西根据地与江西军区部队共同作战的红三军军长周子昆督战。周子昆了解从红三军出去的贺敏学,任命他为攻寨总指挥。贺敏学细心制定作战方案,率特务团在没有独立团配合的情况下,独立攻击,按期攻克。

随后,贺敏学率特务团按令开往江西军区,就任第五分区参谋长,1933 年 3 月兼任二十三军参谋长。红二十三军此时归东南战线总指挥兼政治委员叶剑英直接指挥,负责赣南方向的作战任务。3 月 27 日,贺敏学率红二十三军一部渡河至赣城与南康之间活动,给赣县沙石埠敌人很大打击,迫使赣城之敌死守城内,不敢出击。此后,红二十三军转战于粤赣和闽西大地,积极配合中央红军主力作战,打了不少胜仗,为中央苏区第四次反"围剿"的胜利作出了贡献。

4 月 20 日,中革军委下令将江西军区的第三分区、第五分区划出,合并改设粤赣军区,统一指挥中央苏区南方战线的军事。红二十三军归粤赣军区临时指挥,身为军参谋长的贺敏学,除了行军布阵、练兵作战必须事必躬亲外,扩红工作也不离左右。他利用"红五月"到来之机,积极在于都等地发起扩红运动,一个月内竟吸收了 2000 余人参军,"使二十三军成为赣南战线最有力的主力军"[①]。

6 月 7 日,红一方面军取消军一级建制和番号,由军团直辖师,红二十三军改编为红军独立第二十二师,担负中央革命根据地南线的作战任务。贺敏学"代理了一阵子师长,在分区地区形势紧张时,又回到分区工作"[②]。此后,二十二师高层变动频繁,师长先后由龚楚、程子华、魏协安、周子昆担任,政委先后由方强、黄开湘担任,参谋长由孙毅担任,长征前夕编入红九军团序列。

贺敏学回分区后,积极领导本辖区部队做好第五次反"围剿"准备。他对德国顾问李德的"短促突击"战术发表了不同看法,由此被撤销职务,调往中国工农红军大学校(简称红大)学习,并任教员。

① 《红色中华》1933 年 6 月 7 日。
② 《贺敏学自传》(1944 年),未刊稿。

当时在红大担任军事教员的还有郭化若、周士第、韩振纪、宋时轮等人，因为黎川失守而被博古、李德撤职的萧劲光，也在红大担任政治教员。他们中不少人是受到极左路线的打击的。1934 年 2 月何长工调离红大校长之职后，贺敏学的日子就更不好过，连教员都当不了了，以防他在学员中散布"不利"言论。

此时，毛泽东一家已搬到瑞金城西 10 多公里的梅坑云石山上居住。那里离红大不远，贺敏学不时前去看望。

九、赣粤边开展游击战

第五次反"围剿"失败，中央红军主力长征后，贺敏学留在新成立的中央军区机关工作，先给游击训练班上课，培训游击骨干，旋又奉命参与除奸，后经由陈毅提议，到留守的红二十四师担任七十一团参谋长。上任伊始，他就接手了一项重要任务，"被派至赣南到广东路线进行侦察"[1]，为即将进行的中央苏区党政军机关突围打前站。侦察的结果，使贺敏学认定"走小路可以全部通过"。但这意见被否决。项英"为妥善计仍主张分散走，一路去福建、一路向西、一路走中间至粤桂湘赣边区"[2]。项英这个决定是在 2 月中旬中央苏区党政军机关迁往于都禾丰后作出的。突围部队中，有一路是贺敏学和龚楚、石友生率领的七十一团，"由中路突击"，目标是湘南。由于突围时间错过了最好良机，在数十倍之敌拉网合围、围追堵截下，每一路突围都遭受了惨重损失。

2 月下旬，七十一团（约 9 个连）1200 余人，在中央军区参谋长兼团长龚楚、政委石友生、参谋长贺敏学率领下，从于都、会昌边界山区出发，开始突围行动。在各路突围人马中，该路不仅人数多，武器也精良，还专门配有无线电台。贺敏学率小分队在前头开路。到达南雄边界，七十一团与地方游击队和工作团取得联系后，急欲赶路。石友生主张休息，就地烧水做饭。贺敏学亲自带人警戒，村里百姓四处奔跑的情景引起了他的注意。他感觉情况异常，急忙上前打听，老乡边跑边气喘吁吁地说广东军（即国民党粤军部队）

---

① 《贺敏学自传》（1944 年），未刊稿。
② 《贺敏学自传》（1944 年），未刊稿。

来了。

贺敏学转身跑向龚楚那边,简略报告情况后,毫不犹豫地提出率一排人掩护大部队向油山方向转移。由于贺敏学反应敏捷,部署得当,又沉着指挥,偷袭之粤军某部见红军已有准备,只是远远地胡乱打枪。贺敏学指挥一个排与敌人周旋一番后,天已抹黑,乃迅速撤出阵地,沿油山方向追赶大部队。途中碰到与敌接触的七十一团后卫部队三营。贺敏学率众从侧背阻击敌人,与三营会合后,他见敌人凭借优势兵力,攻势并不稍减,感觉持久下去,有被敌人全歼的危险,遂命三营长率所部人马撤退追赶大部队,由他仍然率领原先的这排人掩护。

三营安全撤离了,贺敏学所率一排人却被敌人紧紧咬住。他指挥队伍勇猛血战,且战且退。抓住敌人的火力弱点,从谷地打到山上后,他拿出了井冈山转圈圈的游击战法,领着战士们左转右挪。黄昏时分,他们瞅个空档,从敌人包围圈的空隙间一冲而过。清点人数,一路战斗下来已折损 10 来号人,尚剩 20 多人。

在追寻大部队的漫漫长路中,却见一支 20 多人的队伍从后面叫喊着追赶而来。贺敏学不知是哪方部队,一面辨别,一面下令做好战斗准备以防不测。待后面队伍越跑越近时,贺敏学也急忙朝他们奔了过去,并一把抱住那个领头的人,原来竟是七十团政委游士雄,他们的队伍也被打乱冲散了。一路收容落伍和打散人员,到油山后一清点,有 200 余人。部队扩大起来了,却与大部队失去了联系。贺敏学认为,决不能让收容起来的失散人员再行散掉,可以一边联系一边坚持敌后斗争。几位主要干部都同意他的提议,把部队编成 3 个连,番号为湘赣边游击司令部第二支队,由贺敏学任支队长,游士雄为政委[①]。贺敏学向部队阐明了今后的打算,并决定眼下先前往油山休息几天。

部队到达油山,很快就遇到麻烦。因为与上级失去联系,经费没了来源,大家临时凑在一起的钱粮很快就见底了。连吃饭都成问题,该如何继续革命? 窘境面前,贺敏学只好出面向油山分区求助。分区领导人却想趁机把这支部队补充兼并过来。贺敏学没有同意,说:"我们接受中央分局的任务是到广东、江西、湖南边界活动,建立游击根据地"[②]。

---

① 《贺敏学自传》(1944 年),未刊稿。

② 《贺敏学自传》(1944 年),未刊稿。

为避免不必要的摩擦,贺敏学率队离开油山继续转移,得悉龚楚所部有到北山的迹象,遂沿南(雄)(大)庾公路朝北山方向前进。到得北山,有消息说,龚楚率部于此只作了短期停留,几天前已前往湘南。贺敏学决定不留北山,继续前进寻找大部队。一日,战士们忽地押来一名自称要见他的"奸细"。一看,竟是身着便衣的中央军区司令部第二科(情报科)科长严重。让贺敏学更为欣喜的是,严重带来了项英、陈毅的亲笔信!

原来,项英和陈毅率队在贺敏学之后不久也到了油山,随后又迁往北山。听说不久前这一带有红军战士踪迹,推断有可能是战斗中失散的红军,乃派严重化装成老百姓寻找。严重历经波折,终于找到这支队伍。看了项英、陈毅的信,贺敏学"当即奉命停止前进"[1],率队跟随严重折返来到北山,与项英、陈毅他们会合。

1935 年 4 月上旬,贺敏学在江西大余县长岭参加了连以上军政干部会议,与会 70 余人。项英和陈毅在会上总结了红军主力突围转移后中央苏区游击斗争的经验教训,分析了当前斗争的形势和困难,并决定制定下一步的行动方针。长岭会议是赣粤边游击区由正规战争进入游击战争的转折。根据"统一指挥、分散行动"的原则,长岭会议调整了游击队的部署,确定在赣粤边共建立五块大的游击区。贺敏学带来的湘赣边游击司令部第二支队一部编入总部直属队,跟随项英、陈毅、李乐天、杨尚奎、陈丕显等领导人在北山和油山一带活动;一部则由贺敏学带领,跟随蔡会文下北山开展游击战争,向湘东南汝城、桂东一带发展,并设法与龚楚带领的红七十一团及湘赣省委取得联系,争取与北山游击区联成一片。

贺敏学和蔡会文率部辗转粤北,往江西崇义、上犹迂回,在逶迤崎岖的南岭山脉中昼夜兼程。下旬抵湖南酃县,与当地领导人会合后,席不暇暖继续转移到湘赣交界的桂东县桂阳一带,"目的想找红军主力,估计主力在桂东"[2]。路上突遇湘赣军区独立某团一个多连的队伍。原来该团叛变投敌,他们拒绝相随冒死冲出,正为去向茫然。蔡会文和贺敏学经一番工作,"将这支部队争取回来扩大了自己",并从他们那里得知,龚楚率部已去广东乐昌。经商议,贺敏学率一支小分队回北山,向项英、陈毅汇报寻找结果,也汇报这边

---

① 《贺敏学自传》(1944 年),未刊稿。
② 《贺敏学自传》(1944 年),未刊稿。

部队的游击部署。

不过半个月工夫,大余、信丰、南雄地区的公路沿线已筑起了碉堡和营寨,有的大村庄里也安插了据点,连山窝里也出现了戴钢盔的敌人。敌人布防设卡,日夜巡逻,贺敏学率领的小分队只好做起了夜行人。到北山后,见敌人正在"清剿"。由于项英、陈毅率红军游击队完全栖居山林,进入与世隔绝般的艰苦生活,贺敏学率众转了几个山头,都未获半点音讯。一天在寻找途中与配合国民党军进山"清剿"的周文山部遭遇,贺敏学指挥部队转移迅速,除他自己负伤外,未有其他人员伤亡。此番脱险后,贺敏学感觉这样下去不行,活动不便,吃饭也成问题。为减小目标,他命队伍返回湘南与蔡会文会合,自己带一名战士留在北山,一面治伤,一面寻找项英、陈毅。一次,他带战士打土豪家,不期而遇红军游击队,进而见到了项英、陈毅,汇报了一切经过。

贺敏学伤愈后,赣粤边特委任命他为游击大队长兼政委,在北山天井洞一带活动。陈毅叮嘱他:你是井冈山的老同志,要经受住任何严酷的斗争考验;斗争异常复杂,任何时候都不能放松警惕性,要识破敌人的一切诡计。

十、生死关头识奸计,长途漫漫寻组织

1935 年 10 月中旬,贺敏学所率游击队转到了天井洞对面山上。驻天井洞的秘密交通员赖文泰向他转交了粤赣游击队后方办事处主任何长林的信。信上说,龚楚已来北山,要召集红军游击队和北山区委干部、后方人员到天井洞开联欢会,并传达重要指示。因何长林不知项英、陈毅的现住地,所以信上还要贺敏学"并转项、陈二同志",告之龚楚"这次是来与项、陈联络报告情况"①。

贺敏学为失联多时的龚楚终于有了下落而高兴,但心头很快就掠过一丝疑云:眼下斗争恶劣,各游击队又分散活动,在此情况下集中主要干部开会,非同寻常,有没有问题呢? 而且龚楚失去联系太久,是否起了变化? 随即,他觉得自己多心了。他对龚楚和何长林都极熟,尤其是龚楚,在井冈山斗争中多有接触。他实在难以对身为中央军区参谋长的龚楚产生怀疑。前来送

---

① 《贺敏学自传》(1944 年),未刊稿。

信的秘密交通员赖文泰也是项英、陈毅信得过的人,他讲述的亲身经历的情况似乎也不容猜疑。赖文泰说,他在隐蔽场所曾对龚楚率领的这支队伍跟踪观察了两天,亲眼看见他们与前来"清剿"的周文山匪部打过仗,击溃了反动武装。

但贺敏学依旧没有放松警惕。送走赖文泰后,他先派了一个人去查看情况。派去的人"回来报告说没有什么,而且游击队的指导员也来条说明没有问题"①。至此,贺敏学乃决定前往,但还是考虑待见着龚楚切实摸清情况后,再斟酌是否给项英、陈毅转达开会通知。而且,他在行前还对部队部署了必要的应变措施,并把驳壳枪压满子弹。

贺敏学到得天井洞,后方办事处主任何长林站在洞口招呼他进去。两旁的守卫只放贺敏学进洞,而把随行的警卫员拦在外头。这么一打照面,细心的贺敏学忽地心头一惊:这些守卫个个脸色红润,衣服簇新,头发梳得油光水滑,身上的武器除少数几支长枪外,几乎都是一色的快枪和驳壳。北山游击队员生活艰苦,人人面黄肌瘦,胡子拉碴,头发蓬乱,衣衫褴褛,哪会是这些人的模样?而且,游击队武器杂乱,以长枪为主,又哪会有如此整齐的装备?这么一琢磨,贺敏学感到情况愈发的不对:以往开会为了不暴露目标,都很机密,为什么这次有所不同,戒备又是如此森严,如临大敌?而且树丛中和石头后也隐约埋伏着人,隐藏着一股杀气。联想中,他马上意识到,不好,有情况!但已不容他打住脚步,龚楚已在里头叫唤他了。

贺敏学硬着头皮进入洞内,不远不近地与龚楚搭讪。就在一问一答中,贺敏学瞥见龚楚四周的人个个虎视眈眈,如临大敌,且都是些陌生面孔。如果是七十一团的人员,怎么会自己一个也不认识呢?而且,他们开口怎么都讲广东话?肯定出现了叛徒!贺敏学转念间已作出肯定判断,并为自己没有把开会通知转达项英、陈毅而暗自庆幸。却又想,万一项英、陈毅从别处渠道得知此讯而赶来,岂不坏事?事不宜迟,必须立即采取行动!他飞快地给已先行来到的游击队小队长刘矮牯等人使了个眼色,然后面对龚楚,一语双关地说:龚参谋长带了这么多陌生人来呀!龚楚吱唔着,忽然说肚子疼,得出去方便一下。贺敏学知道这是龚楚欲要行动的暗号,遂当机立断地对刘矮牯等人说:我走得也急了些,也想去小解一下,你们去吗?说罢转身拔腿疾步向外

---

① 《贺敏学自传》(1944 年),未刊稿。

冲出。但四个汉子挡在洞口，把黑洞洞的枪口对准了他。贺敏学用力猛地推倒其中两人，随即抽出驳壳枪撂倒另外两人，拔腿往山下猛跑。身后枪声大作，夹杂着"不能让他们跑了"的呼喊声。贺敏学以树木、险岩作掩护，东旋西转，在射出一梭子弹击中数敌后，身上也中了弹。他见情势危急，不假思索就地滚下山崖，躲藏起来。待搜索之敌走远，才"慢慢地勉强走到休养所，通知部队立即转移，同时又派人通知项、陈二同志及后方特务队转移"[1]。

贺敏学在生死关头识奸计，猝然搅乱了叛徒龚楚布下的骗局。项英、陈毅在接到贺敏学的报告后，立即布置指挥部转移。龚楚带人在北山天井洞、龙西石一带严密封锁，日夜搜查，并将与游击队有联系的群众抓去拷打、杀害。北山地区的游击队、交通站和党组织，先后遭受了严重破坏。此事被称作北山事件，因事影响甚大，项英后来将之写进了向中共中央汇报的《三年来坚持的游击战争》，其中专门写到了贺敏学的表现。

鉴于北山事件的教训，赣粤边特委和游击队主要领导人进一步分散，特委书记项英主要留信丰，贺敏学跟着陈毅前往南雄，担任"区（县）委副书记兼指挥当地游击队"[2]。

南雄是敌人疯狂"清剿"的一个重点区域。党的基层组织这时已被大量破坏。南雄县委为此决定领导干部分头下山，到各地去恢复组织。贺敏学亦兼负大门坑党支部的恢复工作。他考虑到带武器不方便，便把驳壳枪留下，干脆赤手空拳单人前往。在路上他被敌人的便衣侦察排作为可疑人员逮捕，没有暴露身份，只说是过路人。敌人不信，将他就地扣留在大门坑村，第二天又带在北山被捕后叛变的何长林来认。贺敏学自知无法隐瞒身份，大声痛斥叛徒。

何长林问项英、陈毅在哪？贺敏学骗他说已去江西。敌排长用香烧来烧灼他，他还是这些话。他被押到南雄后，龚楚亲自前来跟他个别谈话。贺敏学痛斥龚楚："为什么破坏党组织？党对你是不差的，自己要反省一下，将来没有好结果，我已被捕，就是死也没关系，不过你得清醒。"[3]

1936年6月，两广军阀联合发动反蒋事变，粤军从赣粤边撤走。贺敏学眼见对自己的看管松了许多，瞅准时机脱离看守，在街上忽遇正在讨饭的严

---

[1] 《贺敏学自传》（1944年），未刊稿。
[2] 《贺敏学自传》（1944年），未刊稿。
[3] 《贺敏学自传》（1944年），未刊稿。

重。此后，两人同住北门外的一座庙里，合做小孩玩具兜售，并商量进行下层工作，暂时埋伏并医治伤口。贺敏学伤愈后，以替人补皮鞋、胶鞋为掩护，进行兵运工作。当他给国民党军士兵补鞋时，以便宜或不要钱、或冒充老乡、或结拜兄弟的方式拉关系，鼓动他们开小差。有愿意开小差者，便提供便衣让他们走。严重则利用地方关系，带路作向导。在他们的引导下，"开小差约百余人"[①]。后来情况发生变化，两人还设法以替地主看守鱼塘为职业，或充当挑担货郎，来掩护自己的工作，并打听组织的消息。

1937 年 7 月，全国抗日战争爆发。8 月，贺敏学偶然在一张报纸上读到国共合作的消息，而且得知陈丕显正在南雄与国民党当局谈判，便扔下货郎担，直奔南雄，未遇陈丕显，又和严重共赴池江，见着了正在负责组建新四军的项英，报告了被捕经过。项英让广东南雄党组织调查实情，1937 年 9 月由南雄特委、东南分局决定批准恢复了贺敏学的党组织关系[②]。

十一、入编新四军，勇挑革命重担

1937 年 9 月，贺敏学担任抗日义勇军驻赣南（池江）办事处主任。办事处公开身份的有 8 人，对内是中共粤赣边特委的办事机关，特委书记杨尚奎，贺敏学等为特委委员。10 月下旬，赣粤边特委召开集中在大余县池江、杨柳坑、段屋整训的湘粤边红军游击队大会，宣布改编为江西抗日义勇军第一支队，任命贺敏学为支队长。贺敏学率第二中队到信丰县号召爱国青年参加新四军，不到半个月工夫便超额完成任务，他还通过与国民党地方当局交涉和斗争，使湘粤赣边界 10 来个县撤销了"铲共团"，释放了被关押的红军游击队员和干部。

1938 年 1 月 6 日，刚成立的新四军军部由武汉移至南昌。2 月初，各省游击队整编完毕，开往皖南岩寺集中。正盼着上抗日前线的贺敏学，这时却接到父亲病逝的消息。料理完丧事后，他因组织需要留在赣南，继任办事处主任一职。不久，先后被调往赣北、赣东北工作。在赣东工作两月有余，中共中央东南分局又让贺敏学和谭启龙带 10 余名干部到粤军一六○师工作。原

---

① 《贺敏学自传》（1944 年），未刊稿。
② 《贺敏学自传》（1944 年），未刊稿。

来,此时驻防在赣东北地区九江至景德镇一线的一六〇师,有共产党的工作基础,东南分局遂决定在其中组织一个临时工作委员会,由贺敏学负责军事工作,谭启龙负责政治工作。目的是加强党在这支部队中的作用,争取其投入抗日战争,一旦九江、南昌沦陷,党即以该部为基础,在赣东北地区开展游击战争①。

到任后,贺敏学就任一六〇师中校参谋,谭启龙任少校参谋。他们在工作中积极宣传抗日救国思想,在部队中树立国共合作、抗战必胜的信心。贺敏学还指导一六〇师的莫旅长率兵在庐山设伏,全歼日军一个大队,战利品呈送师部后,参观者甚众。九江沦陷前夕,一六〇师奉命调防他处,项英乃亲自电告新四军南昌办事处,提出调贺敏学到皖南新四军军部,另行分配工作,谭启龙仍留东南分局组织部任巡视员。

贺敏学到皖南军部后,在军教导总队担任军事教员。教导总队的学员都是军政干部,除了学习,平时还和正规部队一样编队,以备随时投入战斗。为加强对教导总队各队的军政领导,不久还增设一、二两个大队。一大队为军事队,下辖一、二、三各队,大队长贺敏学,政治委员刘文学;二大队为政治队,下辖四、五、六队,大队长乔信明。

教导总队一期学员毕业后,1939 年 2 月,军部首长找贺敏学谈话,决定调他去新四军挺进纵队(简称挺纵)担任参谋长。11 月,以陈毅、粟裕担任正副指挥的新四军江南指挥部成立,贺敏学由挺纵奉调江南指挥部,任三科(侦察科)科长,不久转任五科(军事教育科)科长,继而任指挥部参谋处长(未设参谋长)。在参谋处长的任上,贺敏学长于谋略、精于筹划、着眼全局、大胆心细的作风,很快就博得了陈毅、粟裕首长的称赞。

江南指挥部改为苏北指挥部并东进黄桥不久,决定创办苏北抗日军政干部学校。陈毅兼任校长,副校长冯定,贺敏学由陈毅点将,参加干校的筹建工作,并兼任教育长。在 1940 年 10 月初的黄桥决战中,贺敏学"率一个队和指挥部特务营一同参加战斗"②。据俞炳辉回忆:在黄桥决战中,"贺老表现了大无畏的革命精神,日夜操劳,保证了通讯联络畅通,为黄桥战役的胜利立下了功劳"。

---

① 参见《谭启龙回忆录》(建国前部分),山东人民出版社 1995 年版。谭启龙回忆这是一支川军部队,不确。

② 《贺敏学自传》(1944 年),未刊稿。

黄桥决战胜利结束后,苏北军政干校与江北军政干校、皖东干部学校合并,于盐城创办中国人民抗日军事政治大学第五分校(后改称华中抗大总分校)。校长、政委由陈毅兼任,贺敏学任副教育长兼训练部长(训练部长一职后由薛暮桥担任)。在抗大五分校,贺敏学和女学员李立英结为夫妻。陈毅送给这对新人的贺礼是一块西洋挂表。

1941 年 7 月,鉴于在日军的"大扫荡"下,盐城、东台、湖垛、建阳等地相继沦陷,而初来新四军军部的"联抗"① 部队缺少一个得力的军事指挥员,陈毅便委派贺敏学代表军部"前往指挥联抗,配合(黄克诚)三师作战"②。尔后,联抗随军部活动于老黄河两侧,担任军部的警卫任务。战情稍稳,贺敏学又奉命帮助联抗整训。

联抗结束整训已是 9 月,刘少奇、陈毅专门召开联抗连以上党员干部会。会上,刘少奇代表华中局和新四军党委宣布:黄逸峰为联抗部队司令员、党委书记,贺敏学、彭柏山(彭冰山)为部队党委委员,贺敏学任参谋长,彭柏山任政治部主任。会后,刘少奇、陈毅在与贺敏学谈话时指出:"到联抗工作重心务须放在部队管理教育方面,将此部队保存到抗战胜利时仍有现有数量,至于司令部各部门尤其是经济方面,小问题上不必多于顾问,以注意干部间关系的问题。"③

联抗回防后,苏中行署和军区决定将兴化、东台、泰县结合部的地区,作为联抗新的活动区域,并将有关机构和人员移交其领导。联抗也积极主动发展,在 1942 年春夏之交,已发展到一个来团的兵力。这年夏天,根据中共中央关于全党开展整风的决定,联抗开始有步骤地开展整风,期间贺敏学提出不能放慢部队的训练和扩建工作,得到黄逸峰的支持。9 月,贺敏学协助黄逸峰领导联抗部队开展军政大练兵。他还在政治部主任彭柏山的帮助下,主持办起了军事政治干部轮训班,"抓住时机提出当前实际军事理论的研究,连级干部以上相互研究和讨论河川战斗及其它,适当使用干部,对旧军队或到

---

① "联抗"部队是经由陈毅精心策划,1940 年 10 月 10 日成立于苏中海安曲塘镇、在特定历史时期担负统一战线任务的一支武装部队,相当于新四军的外围军。用"鲁苏皖边区游击总指挥部直属纵队"和"鲁苏战区苏北游击指挥部第三纵队"的番号建立联合抗日"司令部",简称"联抗"。1944 年 10 月,联抗部队在完成历史使命后撤销建制,两个团正式编入新四军。

② 《贺敏学自传》(1944 年),未刊稿。

③ 《贺敏学自传》(1944 年),未刊稿。

队伍不久的(人员)采取团结、改造、争取的方针"①。1942 年底,苏中区党委决定,将原兴(化)东(台)泰(县)区委改为兴东泰地委,以黄逸峰任书记,实现党政军一元化。贺敏学担任地委委员,分管军事,肩上多了一项帮助建立并指导地方抗日武装的任务。

联抗一连串的战斗,赢得了各阶层的普遍赞扬。联抗能在险恶的环境中生存下来,还锻造成一支能征善战的劲旅,与参谋长贺敏学的军事指挥密不可分。联抗老战士金萍深情地说:"贺敏学同志是一个很好的军事指挥员,在战斗时,他身先士卒,英勇顽强地带领部队和敌人战斗。在战斗间隙,他对部队的军事训练很为重视。为了提高部队的军事技术和战斗力,他经常深入连队组织军事训练。针对'联抗'地区的河网特点,他还因地制宜开展河川战斗训练,要求每个指战员都学会游泳、武装泅渡、划船技术,经过战斗训练,部队的战斗力有很大提高。"②

1943 年 7 月初,贺敏学在联抗指挥最后一仗——墩头血战。不久,奉调华中党校(设在新四军军部)学习。翌年 9 月,贺敏学受命担任新四军一师(兼苏中军区)特务一团团长,在讨伐企图消灭联抗、夺占曲塘以北地区、截断新四军南北联系的国民党顽固派税警总队陈泰运部之战中,取得辉煌战果③。战后,联抗也完成了特定使命而撤销番号。除了军事过硬,贺敏学还给联抗指战员留下了很好的印象:"为人光明磊落,对党的事业忠心耿耿,思想正派,作风踏实,谦虚谨慎,平易近人,与群众打成一片,对待下级热情和蔼,关心体贴。他生活艰苦朴素,从不特殊,不论在战斗或行军中总是和同志们同甘共苦",因此"深受大家尊敬"④。

1944 年 12 月,贺敏学调任新四军一师七团(俗称老七团)团长,冒着交加的风雪,率部跟随新四军一师师长粟裕从高邮、宝应地区南下浙江。南下要通过敌人重重封锁线,而风险最大、难度最大的是偷渡长江。跟随粟裕行动的还有 300 多名干部,而作战部队除师部直属小部队外,仅老七团而已。

---

① 《贺敏学自传》(1944 年),未刊稿。
② 金萍:《一位坚强的革命者——记"联抗"参谋长贺敏学》,中共海安县委史志工委编:《昨日辉煌》,中共党史出版社 1993 年版。
③ 参见步兵第六十九师师史编审委员会:《劲旅雄师——步兵第六十九师师史》,1998 年 7 月。
④ 金萍:《一位坚强的革命者——记"联抗"参谋长贺敏学》,中共海安县委史志工委编:《昨日辉煌》,中共党史出版社 1993 年版。

贺敏学深感肩负重任,因此一路胆大心细,密切注意敌情。部队昼夜行军20来天后,于12月26日进至仪征,在离长江边约15公里的小营李宿营。贺敏学布置部队作好警戒后,又和粟裕一起研究过江事宜。

1945年1月,部队顺利过江后,进至浙江省北部长兴县西北槐花礁地区,与王必成十六旅会师,成立苏浙军区,部队整编为一、三、四纵队。七团改番号为七支队,是三纵队(司令员陶勇)的主力。

因制造皖南事变而深得蒋介石看重的国民党军第三战区,妄图趁新四军初来乍到、立足未稳之际,一口吞噬。2月初,第三战区司令长官顾祝同、副司令长官上官云相得知新四军大部队已进入莫干山,在广德以南仅有三纵七支队,便调集国民党军第六十二师全部、忠义救国军一个团以及浙江保安大队第二团共5个团,经孝丰及其西北向七支队突然发起进攻。他们满以为以5:1的优势,可以轻易地把七支队吃掉,并切断新四军大部队的归路,进而达到围歼的目的,因此狂言"两天解决,绰绰有余"。哪知第一步就碰到了硬茬子!贺敏学一面向纵队司令员陶勇报告敌情,一面和政治委员张日清指挥七支队奋起自卫反击。在援兵赶到后,在黄泥冲一举歼灭六十二师主力2个营,并活捉该部团长。三纵乘胜挥师,攻占孝丰县城,控制了天目山北部地区。反顽首战,计歼顽军1700余人,七支队荣立头功。接着,贺敏学率部又参加了天目山第二次反顽,苏浙军区乘胜控制了东、西天目山。至此,苏浙军区部队开辟了浙皖边10个县、纵横50多公里的广大地区。

几战下来,陶勇对贺敏学刮目相看,称"姜还是老的辣"!贺敏学的战友、当年九支队支队长俞炳辉对贺敏学也深表敬佩。两人每次就军事、政治问题交谈时,贺敏学都是坦诚相对。俞炳辉每每认同他的分析,一次转了个话题问:"你是否与毛主席有亲戚关系?"贺敏学不假思索地回答:"你问这个干什么呢?我们不是靠什么人,是靠共产党、靠人民、靠自己对党的事业的忠诚。"这话对俞炳辉触动很大,后来他回忆说:"这期间,我们经常在一起开会,一同战斗,结下更深厚的友谊。给我印象最深的是他一心一意为人民服务的精神,他从不拉关系。"①

苏浙军区第三次反顽前夕,贺敏学奉调军区司令部参谋处长。重新给粟

---

① 俞炳辉:《为共产主义事业奋斗终身——悼念贺敏学同志》,《福建党史月刊》1989年第11期。

裕当参谋处长,贺敏学驾轻就熟,工作细致认真,积极出谋划策,颇得粟裕赏识。时隔不久,根据局势发展,贺敏学受命担任第三分区(浙西军分区)司令员。

抗战胜利后,9月,中共中央提出向北发展、向南防御的战略方针,粟裕部署部队撤出江南。10月13日,贺敏学率浙西军分区机关,跟随苏浙军区副司令员叶飞渡江北上。

十二、从一纵参谋长到华野学兵训练处长

1945年11月11日,贺敏学出席了军区连以上干部会议。张云逸宣布中央命令:组成远征军(又称叶飞赖传珠纵队)北上,任命叶飞为纵队司令员,赖传珠任政治委员,贺敏学任参谋长。纵队下辖3个旅。

纵队组建后,贺敏学协助军政主官着手进行两项工作:一是以苏浙军区配属叶飞的人员和浙东部队、苏中军区抽调的人员组成纵队司令部,以原浙东区党委和浙东游击纵队政治部人员组成纵队政治部和后勤部;二是筹划北上东北作战。随后,贺敏学率先遣队先行出发,布置北上的行军、宿营、粮秣事宜,并到山东龙口接受渡口、船只,做好渡越渤海前往东北的准备工作。11月下旬,叶飞接到贺敏学一切就绪的报告后,即和赖传珠率纵队北上。月底抵莒县朱梅地区休整时,中央电令暂停北上,原地待命。12月6日,中央军委电令,叶赖纵队留置山东作战,改称津浦前线野战军第一师,后又改为山东野战军第一纵队(即山野一纵,简称一纵)。

1946年1月8日,一纵配属鲁南军区警八旅及鲁中地方武装,发起攻兖(州)讨逆(尚未缴械的日、伪军)围泰(安)战斗。在一纵一、二旅攻打兖州的同时,三旅顺利占领了泰安车站及西关,完成了对泰安城伪军宁春霖部的包围。贺敏学接报后,向叶飞建议:尽管国共两党发出了停战令,但国民党军6个师已空运徐州,内战随时可能发生,我们不能为此而过多地消耗有生力量,因此暂不攻打有坚固设防的泰安城,而首先迫使津浦线上那些分散的较小据点里的日、伪军向我方投降。叶飞同意了这一建议,并派一部兵力对日军窪田隆根旅团实施包围佯攻。

得悉新四军包围了窪田隆根旅团,国民党军事当局急令该部日军尽快撤至济南集结缴械,并命令大汶口伪军接替赤柴、华丰、东太平日军的防务,泰

安伪军接替泰安西南至大汶口的日军防备。一纵察觉敌人意图后,叶飞说:在我军包围内的日军,理所当然应由我军受降。贺敏学也认为,不能放弃接受日军投降的权利,如果侵华日军的先进武器装备都被蒋介石集团接收,将对今后的革命造成危害。这时,新四军军长兼山东军区司令员陈毅也就此向一纵发来指示:对这部分日军,我们决不能轻易放过,但也不能操之过急,可以分几次"吃掉";受降不属于国共两党停战的范围,我们要坚持受降的权利,但在策略上要有灵活性。贺敏学根据陈毅、叶飞的指示,要求一纵三旅以一部配合鲁中地方武装包围泰安,集中主力阻止日军北撤,迫使其就地缴枪。

1月13日后,一纵奉令停止攻城,由此腾出兵力,以军事压力和政治攻势相结合的策略,逼迫日军窪田隆根旅团投降,收复国土。贺敏学令一纵二旅配合三旅行动,逼近华丰矿区,加紧军事和政治攻势。日军在东太平车站集中了几十车皮军用物资,被二旅3个团包围,并切断了水源。日军困于华丰公司和东太平车站。如此这般,日军已成瓮中之鳖,插翅难逃。接下来就要迫使日军缴械投降了。

叶飞、赖传珠和贺敏学考虑到:如强攻日军有坚固设防的华丰矿区,既增加部队伤亡,又将毁坏这个大煤矿及其一切设施,为避免将士们没必要的伤亡,还是先礼后兵为好。他们派出能说会道、操一口流利日语的纵队政治部联络部长金子明到华丰公司和窪田隆根谈判。由于一纵采取军事围困与政治攻势相结合的策略,渐次推进,施加压力,迫使窪田隆根同意交出40多节车皮的军用装备和仓库物资,并答应留下全部重武器。1月22日达成协议,双方都签了字。为防日军违反协议,贺敏学经请示叶飞,又在日军撤离的道路上部署了兵力,严密监视日军行动。23日,在铺满白雪的公路上,数千日军被迫将坦克、汽车、山炮和掷弹筒、重机枪等放置路边,同时点交了仓库辎重,随后手贴裤缝弯腰垂头列队,按一纵指定的路线惶惶如丧家之犬北撤。

1946年5月以后,和平的迷雾渐渐散去。一纵奉令围歼泰安城的宁春霖部和大汶口吴化文第一团赵广兴部。此战中,贺敏学及时拿出部队的使用、配属及战术意见,供叶飞、赖传珠参考。

全面内战爆发不久,根据中央军委命令,山东野战军和华中野战军集中行动,编为华东野战军(简称华野),两个指挥机构合二为一,成立华东军区。陈毅任司令员。为了解决毛泽东一再催促的兵员补充问题,华东军区成立学兵训练处。陈毅考虑贺敏学在红军时期就有训练新兵、组建部队的经验,因此决定调他来当处长。

贺敏学训练新兵、组建部队驾轻就熟。不到一个月工夫，就有一批兵源补充到了各部队。其中一纵从自己的老参谋长手上得到的"实惠"尤多：在12月中旬宿北战役发起前，一纵一旅补充了鲁南新参军战士800余人，一纵二旅补充了鲁中翻身农民1200余人，一纵三旅补充了鲁中一个新兵团。兵力壮大后，一纵在宿北战役中大胆穿插，继分割敌整编十一师和整编六十九师后，与兄弟部队一起全歼敌整编六十九师，创下骄人战绩。莱芜战役后，随着兵员的再次补充，一纵重新恢复了原来的9个团。

1947年5月，华野主力在孟良崮战役歼灭敌王牌七十四师后，蒋介石集结32个旅、24万人重点进攻沂蒙山区，企图把华野挤到胶东半岛的"牛角尖"决战。华野主力主动向外跳到国民党统治区作战。华野及山东解放区的后方机关和干部家属、老弱病残人员，被国民党重兵压迫到渤海边一狭窄地区，几千人员和大量物资准备使用民船渡海向东北解放区转移，而急需用于掩护渡海行动的作战部队又远在外线作战。

情况危急，如数千家属和后方人员无法转移而牺牲或成了敌人俘虏，对革命阵营的震动不言而喻。远在陕北的中共中央也得知了情况。了解到随家属和后方人员行动的最高军事指挥员是华东军区学兵训练处长贺敏学后，毛泽东急电，命华野在渤海一带被打散的部队尽速到贺敏学处报到，归其指挥，遂行转移重任。贺敏学临危受命，一方面将新兵和后方零星人员，连同打散的华野几股小部队，按班、排、连组建成临时作战队伍，利用地形巧妙配置部署，迎击来犯之敌；另一方面，迅速组织人员，调度大小民船，抢运众多的干部家属撤退。

在贺敏学亲自指挥下，狙击队伍打得相当出色而灵活，胜利掩护了干部家属和老弱病残人员及物资安全撤往东北解放区。随后，贺敏学带几个连的部队，历经艰难险阻，突破重围，寻找到华野主力归建。

十三、从豫东战役到淮海战役，主力师师长身先士卒

1948年4月，贺敏学重返战场，担任华野四纵十二师师长，参加豫东战役，承担的任务是在开封以东地区防御，阻止敌援西进。贺敏学和师政委伍洪祥向部队作了紧急动员后，率部抵达孟皎集以南、孙府砦以北地区，构筑第

一线防御阵地。

5月24日，国民党军邱清泉兵团整编第五师、八十三师分三路进犯。华野四纵十二师前哨部队当即于战斗警戒阵地迎击敌先头部队，迫敌兵力展开后，乃主动撤出警戒阵地。中午2时许，敌向十二师阵地全线进攻，十二师的阵地靠近黄河和陇海铁路，这里都是沙地，难以修筑坚固的防御工事，攻守都极为不易，完全靠火力强拼。敌整编第五师颇有战斗力，又依仗飞机、坦克和重炮，进攻凌厉而猛烈。十二师的阵地很快就陷于火海。紧要关头，贺敏学拿起冲锋枪亲临三十四团前沿阵地指挥。他对师政委伍洪祥说：我牺牲了由杜屏副师长指挥，杜屏牺牲了由黄胜参谋长指挥，总之一定要坚守这阵地！

贺敏学亲临最前沿，大大鼓励了指战员。尽管敌人组织了一次又一次攻击，十二师阵地却像一面牢不可破的铜墙铁壁，死死挡住了敌人。十二师和兄弟部队与敌恶战数日数夜，确保了豫东战役的全胜。开封解放、伤员安全撤出、物资大部运走之后，贺敏学率十二师才奉命撤出阵地，向杞县以南转移。

面对解放军各部的主动撤退，蒋介石令邱清泉兵团和区寿年兵团追堵。邱、区两兵团步调不一，很快拉开了40公里的距离。粟裕抓住有利战机，组成突击集团，围歼区兵团。贺敏学率十二师进至杞县西南潘屯一带，和兄弟部队一道分割了邱、区兵团间的联系。在华野紧缩对区兵团包围时，邱兵团倾全力东援。十二师奉命再次阻击打援，和兄弟部队设伏于聂岗、桃林岗一带，顽强阻击，使敌两兵团始终无法靠拢。

蒋介石急令黄百韬兵团由东向西疾进增援。为了确保歼击区兵团，贺敏学、伍洪祥率十二师（欠三十五团）又奉命东进阻击黄兵团。7月1日，正当十二师与友邻三纵交防之际，敌乘隙占领班庄、官庄、过庄等地。在贺敏学命令下，十二师三十六团组织反击，夺回阵地，完整无损地交给三纵后才东开归建。

十二师这次受命阻止打援，保障了陶勇统一指挥华野部队总攻区寿年兵团部龙王店，一举全歼区兵团，敌兵团司令区寿年在龙王店被活捉。在围攻龙王店的战斗中，十二师三十五团也有出彩的表现。

豫东战役经过开封、睢杞两个阶段半个来月的连续作战，共歼敌9万余人，一举改变了中原和华东战场的战略态势。

10月下旬，贺敏学率部结束休整，随即于11月上旬投入淮海战役，奉命参加首先消灭敌二十五军于碾庄、摧毁黄百韬兵团部的战斗。贺敏学指挥3个主力团先后向碾庄西北的秦家楼、大牙庄、小牙庄等外围据点发动猛烈攻击，号召全师官兵以有我无敌的决心，拼死作战。十二师的对手敌二十五军战斗力较强，凭着坚固工事顽强抵抗，逐屋与攻击部队展开争夺战。在多年的征战中，贺敏学始终不改身先士卒的作风，部队打到哪，他和师指挥所也就搬到哪。参谋和警卫人员屡加劝阻，可从他嘴里蹦出来的都是那句老话：危险，战士们就没有危险了，就当官的命值钱？这是什么逻辑！我牺牲了，还有政委，还有副师长，还有参谋长！

师长作好了随时牺牲的准备，全师上下哪还有懦夫，哪个怕疲劳、怕困难、怕饥寒、怕伤亡，敌人跑到哪里，就坚决追到哪里。广大指战员士气高昂，昼夜兼程，人人奋勇争先、"革命加拼命"。11月21日，黄百韬兵团遭华野主力全歼，淮海战役第一阶段的战斗胜利结束。

随后，杜聿明率国民党30万大军向徐州西南蜂涌而下欲行西逃。贺敏学根据上级命令，率全师随纵队和友邻部队一路穷追猛打，昼夜兼程65公里。连续作战，长途奔袭，处于极度疲劳中的官兵难免有情绪，有人还发牢骚说："总前委红蓝笔一指，我们小兵就得跑死。"贺敏学和伍洪祥做了不少思想工作，稳定了指战员的情绪。12月4日，十二师和兄弟部队在皖北永城附近的陈官庄追上杜聿明大军，将其四面围住。

杜聿明眼见突围无望，就地转入坚守防御。根据敌情，四纵改取"全纵展开，各师准备，轮番攻击，逐点歼灭"的战术。在贺敏学的精心组织和指挥下，十二师进攻吴庄、杨李庄的战斗，受到纵队首长高度赞扬，郭化若称之为运用上述战术的一个"范例"。

淮海战役开始时，十二师有指战员7697人，战役中伤亡3490人，战后补充到10505人。1949年1月10日淮海战役结束后，贺敏学与政委伍洪祥率十二师披着一身硝烟，奉命转到山东峄县地区整训，师部设于台儿庄。

2月初，中央军委发布命令，全军进行统一整编。华东野战军受命编为第三野战军（即三野），贺敏学奉调三野第二十七军，任副军长兼参谋长。

十四、"渡长江第一"

作为二十七军副军长，该如何协助军政主官（军长聂凤智，政委刘浩天）

带领全军在即将到来的渡江战役中,胜利横渡天堑呢? 这是贺敏学上任以后日思夜想之事。

抗战中曾在江南、江北指挥部有过渡江作战经验的贺敏学,感到这场即将发起的空前规模的渡江战役,不仅要重视战役发起前的战斗动员、思想整顿、适应性训练准备,以及熟悉地形和水性特点、征集船只等工作,还应特别重视对敌情的侦察了解,确切的情报是渡江取得胜利的重要一环。能不能派一支精干善战的侦察小分队先遣渡江,钻到敌占区,详尽细致地掌握可靠的敌情资料,并里应外合,策应渡江部队,确保渡江战役全胜呢?

贺敏学在军党委会议上提出这个方案,不料未获通过。持反对意见者的理由是,派一支部队先遣深入渡江,人数多了容易暴露目标,少了则无法对付国民党军队,在后援不继、无法接应的情况下,有全军覆没的危险。平时宠辱不惊、为了团结可以息事让步的贺敏学,每当事关战役战斗的成败,事关指战员们的流血牺牲等重大问题时,却不惜据理力争。他说:不入虎穴焉得虎子,只要我们准备充分、细致,侦察分队谨慎、机智,就可化险为夷,完全可以应付敌人。他表示:哪怕军党委会上只有我一票,我也要坚持派遣侦察先遣队,二十七军通不过这个建议,我就以个人名义向兵团建议,向总前委甚至向中央建议①。

大家在这个问题上争论得厉害。坚持独立见解的贺敏学,如果以一己名义把有关想法上报兵团和总前委,由上级定夺裁决,当然也未尝不可,但却意味着挑明二十七军主要领导人之间意见有分歧。他经过缜密考虑和组织,决定派出几名胆大心细的侦察兵尝试着先过江侦察,探一探路子。

后经聂凤智支持,贺敏学接连几天都派侦察员过江侦察。具体结果是:虽然有的在江中迷了方向,有的碰上大浪翻了船,但成功比率占了八成,登上对面江岸的侦察人员不但侦察到敌人的许多江防情况,还抓回了30多名"舌头"。贺敏学据此认为:既然分散的侦察活动能够进行,且成功比率很大,那么,侦察分队的活动也应该可能。

军长聂凤智虽然疑虑尽释,但事关重大,而且军党委会还有不同意见,乃决定向上级请示,等候行动。中央军委和总前委很快就有了回声,对二十七军这一大胆而胸怀全局的构想极为赞赏,责成妥善实施。

---

① 李立英访谈,2000年10月于福州。

对这件事,二十七军军长聂凤智后来回忆:"有的同志提出,能不能派遣一支侦察分队过江,与江南地下党组织取得联系,及时而周详地掌握我军当面之敌的变化情况,通过无线电台不断向军部报告。对此,军党委掂量又掂量。在百万大军渡江前夕,单独由我们军派一支武装侦察分队潜入江南,决非轻而易举之事。不仅侦察分队本身,就连我们军党委在内,都要承担很大的风险。但是,风险虽大,有利因素却也很多。……我们经过反复研究,将实施方案上报兵团。兵团首长考虑,虽然二十七军只打算派遣一支侦察分队过江,但事关渡江作战全局,在全军没有先例,为慎重起见,需向上级请示。经过一级一级上报,最后得到中央军委和总前委的赞誉和批准。"①

侦察分队渡江侦察方案获中央和总前委同意后,贺敏学马上协助聂凤智组织实施:从军侦察营抽出一、二连,从各师抽调 3 个侦察班的骨干共 300 多人,带上电台,组成渡江先遣大队,由二四二团参谋长亚冰(章尘)、军司令员部二科(侦察科)科长慕思荣带队,分任正副大队长。这支渡江先遣大队的行动,解放后被艺术家们拍成一部风靡全国的电影《渡江侦察记》。电影拍出后,时任二十七军的领导拜访贺敏学时,由衷地说:"没有贺老,就没有《渡江侦察记》。"②

1949 年 4 月 20 日下午,根据中央军委和总前委的决定,包括二十七军在内的三野中路突击集团先于全军一步渡江。当晚 8 时许,大小渡船千帆竞发,万桨击水,如离弦之箭一齐向南岸突进。在这些出征将士中,有后来担任过解放军总参谋长、国防部长、中央军委副主席的迟浩田,当时是二十七军的连政治指导员。

贺敏学从二十七军前指深入到八十师行动,以便直接掌握情况,实施强有力的指挥。八十师师长、后来曾任昆明军区司令员和中顾委委员的张铚秀回忆说:"我指挥的部队在狄港、繁昌一线,我渡江部队最先就是在狄港渡江的。贺敏学渡江时,就在我们师……与我乘坐汽艇在江面前线指挥,他作战是有经验的,有指挥能力的。"③

经过半个来小时的激战,贺敏学所在的八十师师指和二三五团胜利登岸。国民党南京"总统府"被攻占的消息传来,二十七军全体指战员倍受鼓

① 聂凤智:《战场——将军的摇篮》,解放军出版社 1989 年版,第 150—151 页。
② 李立英访谈,2000 年 10 月于福州。
③ 转引自尹纬斌、左招祥:《贺子珍和她的兄妹》,中国广播电视出版社 1998 年版。

舞,情绪高涨,日夜兼程猛追猛打,在十来天里一口气打到浙东,长途直驱数百公里。

5月上旬,二十七军奉命参加上海战役。5月12日,上海战役打响。二十七军开始外围作战,沿沪杭铁路挺进,攻占泗泾镇后以此为中心集结部队,待命进攻市区。5月22日,二十七军由泗泾镇向上海攻击前进,贺敏学亲临前沿阵地指挥。敌守军总司令汤恩伯自夸的"钢铁阵地"差不多一触即溃。至5月25日上午,苏州河以南地区全获解放。敌退守苏州河北,负隅顽抗,主力则向吴淞收缩。

南部市区的战斗本来进展顺利,没料到一条不到30米宽的苏州河却成了横亘在上海解放道路上的一条"天堑",硬是把势如破竹的解放大军给挡住了。守敌沿河据守,凭借高楼大厦和工厂、仓库等建筑物,居高临下,用轻重武器交织成稠密的火力网,封阻住整个河面和南岸的一条马路,河上每座桥堍除了碉堡,还配备坦克、装甲车巡逻掩护。为了把上海这颗"东方明珠"完整地归还人民,上级规定在市区作战不许使用重武器,结果25日向苏州河北岸的进攻,从拂晓一直攻到中午,也没能啃下这块"硬骨头"。攻击部队一批一批地扑上桥头,又一批一批地倒下。二十七军最先突破长江天堑的"渡江第一船"的勇士,也牺牲在四川路桥头。

部队在苏州河沿线各桥进攻受阻的消息传到军指挥所,聂凤智、刘浩天和贺敏学立即分头到前线了解战情。贺敏学到达二三五团的前沿阵地时,部队已暂停攻击,敌人的气焰却更嚣张了,不时射来一排排子弹。部队情绪前所未有地激烈。贺敏学对指战员耐心地做起了工作:我们一炮打过苏州河,何其痛快,可大家想过没有,除了消灭敌人,还会夺去河对岸那密密匝匝的房屋里多少市民的生命,毁坏多少财产!人民的利益高于一切,我们为解放上海而流血牺牲,难道不正是为了救民于水火、让人民群众的生命财产今后有保障?!二三五团的指战员们沉默了,理智重新占了上风,丛生的激烈情绪也在沉默和思索中随风化解。

这个仗该怎样打,在军党委召开的紧急会议上,贺敏学提出新思路:改变现在的进攻战术手段,不作正面强攻,而以一部兵力向苏州河北面正面佯攻,大部主力在天黑后,从侧面涉水过河,沿苏州河北岸从西向东攻击,抄敌人后路,各个包围,各个击破。另一方面,加紧与上海地下党组织取得联系,发动政治攻势,分化瓦解敌人,争取他们放下武器,战场起义。这个战斗新思路让参加会议的前线指挥员豁然开朗、茅塞顿开。

5月25日迟暮时分,在解放军强大的军事和政治攻势下,经上海地下党组织联系,北岸守敌五十一军军长、被已经逃跑的汤恩伯委以"淞沪警备副司令"之职的刘昌义,来到二十七军指挥所谈判。贺敏学陪同聂凤智,在没有硝烟的战场上对刘昌义晓以大义,争取了他阵前起义,投向人民。

5月26日晨,刘昌义率部撤防,二十七军跨过苏州河接防。为方便指挥战斗和临机处理包括接受敌人投降在内的事件,聂凤智和贺敏学冒夜冒雨率军指挥所迁到市区。没有适当地点设置指挥所,就临时在威海卫路的沿街马路上扯起几块雨布,在湿漉漉的地上架起一张行军床,安好电话机,作战地图也只好摊在马路上,一张一张地拼接起来。经过大伙七手八脚一番倒腾,一个指挥千军万马的简易军指挥所就这样在上海的繁华马路上布置停当。贺敏学和军部几位领导在这个看上去像售货小摊的处所,有条不紊地指挥作战和处理接受敌人投降等事宜。

刘昌义率所辖部队起义后,二十七军又通过统战关系,说服想继续顽抗的杨树浦水电厂守敌8000多人缴械投降。上海市宣告全部解放。

根据陈毅的指示,贺敏学和二十七军首长们及时就部队进入上海市区后的行动再次拟订了具体细微的规定,确保一举一动不给上海人民造成任何不便。

二十七军对入城纪律的模范执行,给上海人民留下了美好印象。20世纪50年代末的电影《战上海》,其中浓缩着二十七军指战员的形象,自然也有贺敏学的影子。

十五、投身防空事业,为大上海"看天"

新中国成立后,贺敏学先后担任过山东军区参谋长、苏南军区副司令员等职。1950年底,原本准备入朝作战的贺敏学,被华东军区司令员兼上海市长陈毅留了下来,担任华东军区防空司令部(简称华东防司)司令员兼政委,负责"看天",抢夺制空权!

华东防司成立前,已有上海防空司令部(简称上海防司)。后来根据分工,华东防司驻南京,主要负责上海之外的整个华东地区的防空。解放伊始,敌机对华东沿海频繁空袭,但华东地区的防空力量相当薄弱,在苏联空军来华援助前,不要说高射炮,就连高射机枪都缺少,而且这些较为先进的武器主要还得布防在上海周围。防空是个新课题,也是大难题,履新之初的贺敏学做了许多积极有效的摸索,对防空部队和武器作了较为合理的布防,主要担任上海、南京、杭州、福州、厦门等城市的防空任务。华东的防空力量虽陆续有所加强,但因条件所限,仍不能有力地防御敌空袭。

1951 年 2 月,华东防司在贺敏学率领下,奉令由南京迁驻上海,与上海防司合并为华东军区防空司令部兼上海防空司令部(仍简称华东防司),由贺敏学任司令员,郭化若兼任政治委员。4 月 18 日,根据中央人民政府人民革命军事委员会(简称军委)电令,郭化若兼司令员和政治委员,贺敏学改任第一副司令员 ①。郭化若一身数职,主要职务为华东军区公安部队(由原淞沪警备部队改编)司令员,因此华东防司实际上仍由贺敏学主持工作。

6 月 23 日,华东军区司令部发布命令,由华东防司于 6 月 28 日组织全华东地区的防空部队举行一次实兵演习,以贺敏学为演习司令员。军委、总参、华东军区对这次实兵演习非常重视。6 月 26 日,华东军区发给郭化若、贺敏学等并告华东军区空军司令员聂凤智、政委王集成等的电示称:"聂荣臻代总长 6 月 23 日来电,上海防空演习,军委已着周士第同志前往协助,驻上海之友方空军,此间已通知总顾问转告该师参加演习。"演习因天气影响,改为 29 日下午进行。为了保证演习的顺利实施,防止意外情况出现,以贺敏学为司令员的演习指挥班子制定了各部队的安全措施,如规定了演习时间内的禁航区,在禁航时间内除参加演习的飞行部队外,军航、民航一律不得飞入;区分了参加演习的驱逐机部队、担任战斗值班和作战的部队;规定了参加演习的驱逐机在拦截"敌机"时,枪炮弹不准上膛,只可用照相枪进行射击;规定了高射炮部队进入演习前要进行严格检查,枪炮弹一律装入弹药箱内,对空射击时可进行哑射;等等。亲临现场观看演习全过程的军委防空军司令员周士第,讲评时肯定了一年多来华东防司的工作有很大的成绩。这次实兵演习,既让贺敏学的指挥水平上了一个层次,也使华东防司机关和部队得到一次学习的机会,对华东防空部队的工作起了促进作用。

---

① 1952 年 2 月,郭化若免兼职后,华东防司兼上海防司由成钧任司令员、政委。同年 7 月成钧调任军委防空副司令员后,陈华堂任司令员,龙潜任政治委员。

1952 年初,"三反""五反"① 运动席卷全国,机关和部队主要以开展"三反"为主。贺敏学协助华东防司新任司令员兼政委成钧一方面抓防空作战,一方面抓部队的"三反"运动。有人向军委、总政揭发检举华东防司副司令员王智涛贪污了巨额黄金,提出要对他进行彻查严办。总部机关要求华东防司对王智涛执行逮捕,押送北京。因为这是高度机密,华东防司只有几位主要领导知情。贺敏学对王智涛较为了解,深信他不是那种人,在没有确凿证据之前,不能光凭一纸检举信就逮捕党的高级干部。在风口浪尖上,贺敏学仗义执言,坚持要有事实有证据,对干部的政治生命必须谨慎处理。成钧赞同贺敏学的看法,遂向军委防空军司令员周士第、总政治部主任罗荣桓等领导反映情况。上面的批示尚未下达,公安部已派人带着手铐来华东防司抓人。贺敏学坚决不同意执行逮捕,提出可以协助公安部,由华东防司派专人送王智涛到北京审查。来人说:万一他跑了怎么办?贺敏学拍着胸脯说:出了事我负责!后来经过严密调查,澄清了这一纯属子虚乌有的事。王智涛从北京回来后,紧握住贺敏学的手不放,热泪盈眶地说:老贺啊,要不是你顶住,我就给铐上了,我一辈子都忘不了你啊!

贺敏学的严格、认真和严于律己、爱护同志,给华东防空部队广大指战员留下了深刻的印象。

1952 年 8 月,上级通知:贺敏学转业地方,任华东军政委员会建筑工程部(简称华东建工部)副部长。

十六、转业地方,开拓上海建筑业

贺敏学转业到地方,首先参加开创上海的建筑业,这是一项既光荣又艰巨、复杂的任务。怎样根据中央和华东局的决策,结合上海的现实状况建设新上海? 就在贺敏学和华东建工部部长李人俊深思熟虑、构画蓝图之际,传来令人振奋的消息:为了适应即将到来的全国大规模的经济建设需要,中央决定从全国范围抽调解放军 8 个正规师转业为建筑工程部队。"东方明珠"上海的兴衰,无疑将成为新中国经济建设的晴雨表。因此,华东 3 个师的建

---

① "三反"指反贪污、反浪费、反官僚主义。"五反"指反对行贿、反对偷税漏税、反对盗骗国家财产、反对偷工减料、反对盗窃国家经济情报。

筑工程部队,有 2 个师(建筑第五、第六师)开进上海,受华东建工部领导,承担上海的基本建设任务。

根据华东局决定,为了便于开展工作,这两个师的建筑工程部队成立联合司令部,贺敏学兼任司令员,李人俊兼任政委。他们肩负的任务是:指挥这支新组建的不带枪的建工部队,在没有硝烟的战场上,打一场让上海市民们看得见摸得着的漂亮仗。

2 个师开进上海,在江湾跑马厅安营扎寨,正式挂牌成立联合司令部后,贺敏学亲自主持制订了一套部队转学建筑技术的整体计划。他让部队边学边干,在驻地建造一所学校。于是,放下枪炮后投身建筑事业的指战员们,首先承担的工程是建设上海历史上第一所建筑工程学校(取名建工部上海机械技工学校)。他们以建设这所学校作实验,积累经验,如砌墙,砌了推倒,再砌,再推,直到最满意为止。贺敏学这个远见之举,既使部队指战员们得到实地锻炼,又为以后继续培养建筑技工提供了必要的场所。

工作展开后,贺敏学经常走街串巷,实地踏勘战争废墟和年久失修的民房特别是让广大市民苦不堪言的石库门房子,随后很快向华东军政委员会并向中央汇报了改造棚户区、承建工人住宅的意见和方案。得到批准后,经集思广益,决定分两步实施对棚户区的改造:第一步先在沪北曹阳区,规划中国第一个工人新村,并藉此拉出一批有经验的工程兵;第二步在市区铺开 60 万平方米的新工房建设。曹阳工人新村工程按期竣工,新式的里弄房子、煤气、坐便式水冲厕所,这些在当时少见的硬件设施,构成了其气派。安排进新村的第一批住户是当时上海市评出的 1002 户劳动模范家庭。中国工人阶级破天荒住进了为自己建造的新村,谱写了上海城市建设新的一页。

在工作中,贺敏学细心实践、积极向专家技术人员请教,慢慢熟悉了建筑工程的一些"套套",形成了一定的分析和应用能力,成天挂在他嘴边的已不是军事术语,而是混凝土、浇灌、密度等新名词。

1953 年初,华东建筑工程部改为华东建筑工程局(简称华东建工局),贺敏学担任局长。他注重技术人才的培养和使用。当时全国只有寥寥几个一级建筑工程师,而华东建工局就有 3 位(吴世鹤、夏行时、钱康衡)。在贺敏学的领导下,他们都能在各自岗位上施展才华。吴世鹤担任技术处处长后,贺敏学放手让他在华东师范大学宿舍工程中推行平行流水作业法,提前一个半月完成了施工任务。

1953 年下半年，贺敏学指挥部队分别在市区多处住宅基地铺开 60 万平方米的新工房建设。随着甘泉、控江、日晖、宜川等住宅小区迅速崛起，又解决了 2.5 万户工人住房问题。一时间，上海大面积建筑工人新村、中国工人享有主人翁地位等消息，成为国内外报刊电台报道中国经济复苏的热门话题。

1953 年底，中央决定在上海举办一次以苏联经济和文化建设成就为主题的大型展览，并建造一幢与之相适应的展览馆。这是当时上海最大的工程。贺敏学亲自兼任工程建设委员会主任。施工期间，经历了连续 2 个月的雨季、8—9 级左右的台风，以及几十年难遇的潮汛和零下 10℃ 的严寒。但在贺敏学的领导下，中苏两国建筑工程师及工人们克服重重困难，坚守岗位。在这中间，不时会碰到一些卡壳的技术问题。汇报到贺敏学那里后，他采取群众路线，召开诸葛亮会议研究对策。当工程进行到吊装大厦屋顶镏金塔时，没有大吊车，45 米高空无路可攀。该如何施工呢？方案一个个报上来后，又一个个被否定了。面对这一棘手难题，贺敏学发动广大施工员开动脑筋，最终拍板决定采纳老师傅们提出的"杠杆起吊原理"方案，即用卷扬机起吊安装。

在镏金塔吊装施工的关键日子里，贺敏学三天三夜不离现场，困了就伏在桌上小憩片刻。在他的带动下，全体施工人员本着革命加拼命的精神，历时 10 个月的风雨，终于在 1954 年底安全、高效地拿下了这个被苏联专家称为奇迹的工程。新落成的展览馆被命名为"中苏友好大厦"，当年就荣膺国家优质工程奖。这幢占地 2.5 万平方米、建筑面积 5.4 万平方米的宫殿式建筑，以其完美的构思、独特的造型、复杂的工艺而誉满全国。

在贺敏学指挥建造中苏友好大厦时，苏联为援助中国基本建设派出大批专家来华，其中一部分人来到上海。当时国内高级旅馆甚少，上海的国际饭店和沧州饭店虽有名气，但前者外墙裂缝，后者房间小设施差，都必须修缮或改造。任务下达给华东建工局后，贺敏学亲自落实队伍，抓好质量和进度，为苏联专家迅速提供了理想的生活居住环境①。

1954 年 6 月，贺敏学赴北京参加中央建筑工程部（简称中央建工部或建工部）召开的全国建筑工程局长会议。毛泽东通过女儿娇娇（李敏）联系到贺敏学，请他来中南海丰泽园做客，还嘱咐卫士长李银桥派司机去接。这是

---

① 金学坤、沐松宝、马新功、李干城等人访谈，2003 年 4—6 月于西安、福州。

贺敏学和毛泽东自中央苏区分别、相隔 20 余年后的第一次会面。作为战友和亲属，他们的交谈亲切而坦率。毛泽东关切地询问贺敏学这些年都做什么工作，家属情况怎么样？贺敏学一一作了回答。他首先向毛泽东谈了中央苏区分别后的个人经历，在部队中担任的职务和所参加的重大战役。毛泽东仔细地倾听着，很少打断他的话。除了工作，毛泽东和贺敏学谈得更多的是家事，是有关贺子珍和孩子们的事。后来，贺敏学告诉妻子李立英，毛泽东曾称赞他有三个第一：武装暴动第一，上井冈山第一，渡长江第一。自 1926 年投身革命以来，贺敏学亲历了一系列影响中国革命历史进程的重大事件，毛泽东对他的称赞，自是一份殊荣，也是一种勉励。

1954 年 9 月 1 日，华东建工局改隶中央建工部领导，定名中央人民政府建筑工程部华东工程管理总局，仍以贺敏学为局长，主持担负上海地区重点工业项目工程建设任务及支援国家重点工程建设。

中共中央发出限期 3 年完成长春第一汽车制造厂（即长春一汽）的建厂任务后，中央建工部负责全面承担工程施工。贺敏学顾全大局，部里要人给人，要物给物，全力配合部里拿下这个大型重点工程。就连吴世鹤这样被他视为宝贝的专家，他也同意调到长春一汽担任总工程师，并把手下的建筑五师全建制地调往东北。

为了开创上海建筑大业，贺敏学呕心沥血，建树出众。从 1952 年至 1955 年初，上海城市面貌发生了巨大变化，一支支强大的施工队伍崭露头角，一座座工人新村如雨后春笋在各区闪亮登场，龙华、虹桥、江湾三个机场改建投入使用，上钢一厂建设投产，闵行三大工厂兴建，工业区逐渐形成……几十年过去了，上海老一代市民一直在怀念他们的"贺司令""贺部长"，上海工人更没有忘记解放以后开创上海建筑事业的"贺元老"。1988 年 4 月，上海建筑界还特派代表专程到福建，向病中的贺敏学表达了上海建筑工人的思念和问候。上海《建工报》称贺敏学是"开创上海建筑业的元老"[1]。

十七、汗水挥洒大西北，为国家"一五"计划添新功

新中国发展国民经济的第一个五年计划（1953—1957 年）出台后，苏联

---

[1] 杨炜、戚光：《开创上海建筑业的元老——贺敏学》，《建工报》1988 年 4 月 5 日。

政府根据《中苏友好同盟互助条约》,确定帮助中国新建和改建一批工业项目,时称"156项工程",其中安排在陕西省的有24项。陕西一时成为国家重点建设的战略后方基地。为了适应这一形势,中央决定组建一支强大的工程建设队伍支援陕西,周恩来特别指示要有一个过得硬的领导班子。当时,在建工部直属的几大建工局中,华东的力量最强,因此中央决定,将华东建工局大部分施工力量迁陕,与西北建工局合组成立建工部西安工程管理局,并由贺敏学赴西安负责组建工作。

贺敏学接令后,即于1954年9月带领一批处长和技术人员亲赴西安做前期调研。在西北建工局局长杨林陪同下,贺敏学一行席不暇暖,风尘仆仆地开展摸底调查,了解情况。回上海后,贺敏学主持召开全局动员大会,动情地说:国家需要我们,这是我们的光荣,支援大西北建设,是义不容辞的任务。这是干革命,不是临时的过家家,要有长期在西安工作甚至在当地安家的准备,不要哭鼻子闹回家。好儿女志在四方,希望我们在西安见。我是决定了,把老婆孩子也一块儿带上。

领导带头,大家自是踊跃报名,场面十分热烈。11月,第一批人员就先行上路了。贺敏学暂留上海压阵,调遣后续人马。在他的催促和组织下,2万多名职工加上家属子女陆续出发,悉由专列运送。1955年1月5日,贺敏学率领以局机关干部为主的队伍坐上了奔赴西安的专列。本可以坐飞机的贺敏学,却时刻都愿和普通干部打成一片,和大家一道乘坐火车。这支来自华东的建筑大军,受到了陕西和西安各界的隆重欢迎。贺敏学先任西安工程管理局第一副局长,后任局长。

华东来的数万名干部职工,技术力量强,施工水平高,到西安后先在韩森寨扎营,承担6个军工项目的任务。根据中央指示,共有4个师3万多人的建筑部队先后来到西安。除黄欣率领的从上海迁来的建六师,还有西北建三师(师长张占荣,政委吴松),由广东茂名调来的建四师(师长张孟云),由武汉调来的建七师(师长杜廉,政委冷裕光)。10月,中央建工部又把天津市的第六建筑公司调来,在次年2月把第二机械工业部西安办事处从南京、武汉新招的4000多名工人,也拨归西安工程管理局麾下。为了加强这支建筑大军的建设,组织上还把一批文化素质较高、年龄较轻的地委书记、副专员、县委书记从华东等地调来,充实到西安工程管理局当处长。有的副专员、县委书记,到管理局后还只是机关处室的副处长,足见当时管理局的规格之高。

包括家属在内上十万人的建设大军云集西安,一时找不到栖身之处,只能住宿在临时搭建的工棚里,有的部队索性在古城墙箭楼上、古城门洞里暂住,任风吹雨淋,毫无怨言。盖房子的人无房住,这倒也罢了,可当时他们面对的还是缺水少电、电话不灵、马路不平的三无之地。贺敏学在上海住的是拱圆式三层小洋房,到西安后,他和大伙儿同甘共苦,住在西七路 68 号干打垒的简易平房里。

该如何领导这支刚组建的新型部队,把它锻造为一支有力的产业大军?作为实际主持工作的局领导,贺敏学肩负重任。在作动员后,他开始主持编制机关处室设置方案和组建施工队伍。部队调来的 4 个师原建制未变,师长摇身变为经理,团长为工程处主任,师、团政委分别为两级书记。局下面设公司,每个公司下设 8 个工区。随即,他迅速组织各公司按国家"一五"计划大纲,投入 24 项重点工程包括附属工程共 130 多个项目的施工。随着他的令旗指向,各公司分别在相关地方建了基地。一支 10 万人的"杂牌"大军,在短时间内就组建完毕,投入战斗。

1955 年 3 月,西安工程管理局因其主管施工范围延伸到西北诸省区,奉令更名为建筑工程部西北工程管理总局(简称西管总局),仍驻西安,贺敏学继续担任局长。4 月 1 日,依据国务院、国防部令,中国人民解放军建筑工程第三师、四师、六师、七师集体转业改组为企业组织,撤销部队番号[①]。在此之前,贺敏学已根据上级的安排,分步骤地主持完成对这支大军的改造:起初仍按部队陆军供给标准进行补给供应,而后逐步脱下军装,第一步上交枪支,第二步摘下帽徽胸章,第三步转业,完全归属地方。由于讲究方法,措施到位,没有引起大的波动。

1955 年秋,建工部派遣苏联建筑工程专家多洛普切夫常驻西管总局,另一位苏联专家普契柯夫斯基常驻总局西北二公司。驻局的苏联专家,成为贺敏学和广大干部就近请教的良师益友。仿照苏联的做法,总局的工程指挥系统,采用无线电调度指挥,总局下设总调度室,大的工地都装上电话。贺敏学亲自担任总调度长,每天通过调度电话检查工程的进度。每周至少召开一次调度会(即电话会议),每旬开生产汇报会,督促下面按调度命令完成日

---

① 参见陕西省建筑工程总公司修志办编:《陕西省建筑工程总公司志(1950—1990)》,1995 年。

进度。

贺敏学把西管总局承建的重点工程视为"国家命根子工程"。在他的督促下,各施工单位的师团级经理们,接到任务如同接到作战命令,亲自蹲在工地上抓日进度,抓工程质量。尽管如此,他们每到总局开会,仍不免提心吊胆,生怕遇到延误工期的情况出现,被苏联专家批评,面子上不好看,更怕"老头子"贺敏学发脾气,来个"当场撤换前线指挥官"。贺敏学对任务抓得严,哪个公司哪个单位先提前完成任务报喜,他立刻致信勉励。

西管总局的主要施工地西安、咸阳,由于城市开发较早,历代建都,形成墓葬普遍,密度大,又因随着岁月流逝,大孔性土丘地质发生变化,形成"墓叠墓"的地下立体墓群。这就使施工中碰到的难题层出不穷,不仅处理土方量大,而且如何处理地下古墓群成了最大的技术难题。1955年随着西安、咸阳地区基本建设大规模展开,贺敏学组织西管总局和西北工业建筑设计院等单位的专家,成立工作组对墓葬问题进行调查研究。这次行动,促进了有关设计与施工单位对解决墓葬问题开展探索,在探测与处理方法上都有了相当改进。贺敏学和工作组在总结各单位施工经验的基础上,遍访当地群众,翻阅从西安图书馆借来的大批有关地质学、土壤学书籍,启发思路。他们还请来了各个公司的总工程师、技术人员、老工人反复座谈论证。在集中群众智慧的基础上,工作组提出了墓葬的探查、处理和有关的施工方法,编写出独特的具有学术价值、行之有效的《西安大孔土地区建筑基地墓葬探测与地基处理意见》。苏联专家多洛普切夫称赞说:"贺局长走群众路线,搞出来的土洋结合的施工方案过得硬。"他还翘起大拇指表示:"贺局长有办法,能打仗,又能搞建筑,我看可以到莫斯科当工程管理局局长,可以做第二个巴特曼洛夫(注:苏联小说《远离莫斯科的地方》中苏联西伯利亚石油管理局局长)。"另一位苏联专家普契柯夫斯基也很服气:"在中国人手里没有完不成的事。"

20世纪50年代中期,国家首次实行干部定级。上级给贺敏学定的是行政七级(正部长级)。贺敏学却自降一级要了个八级(副部长级),说自己这里很多同志的级别偏低,自己调低一级,可以调高好几个一般干部,这样更有利于调动干部的积极性。

1958年4月,中共中央和国务院发布《关于工业企业下放的几项决定》,决定将中央直属的建筑企业下放,以发挥地方的积极性。此前,贺敏学领导的西管总局麾下 10 万建筑大军,业已提前完成中央交办的建筑工程任务。根据中央建工部部长刘秀峰的提议,国务院同意将西管总局各工程公司基本"各归原防",作为建筑种子,播散全国各地,帮助并带动各地的基本建设大业。中央建工部委托贺敏学代表部里处理西管总局撤销有关事宜。

贺敏学积极支持中央决定。当初组建西管总局具体负责的是他,如今解散撤销也是他来主持。听到这支强有力的建筑大军要解散,全国各地纷纷来要人要物,起初定下的"各归原防"已经不可能了。贺敏学站在国家利益上,作出决定:西管总局属下的西北一公司调广东茂名支援重点建设,西北三公司分成两部分分别调往浙江省和福建省,西北六公司调回华北,西北二、四、五公司和所属建筑安装企业下放陕西省,另将一部分雄厚力量调到部里。

十八、南下福建,心血浇铸福建城建和工业发展的里程碑

在西管总局撤销后,中央原定贺敏学就任建工部第一副部长。他来北京还没正式上任,中共中央组织部领导找到了他,以征询意见的口气问道:你的工作能否变动一下? 边说边递过一封信,原来是福建省委第一书记、省长叶飞写的,信中请求中央调贺敏学到福建省担任副省长,主管全省基本建设。贺敏学明白了,今天中组部领导是出面做自己的工作来的。中组部领导还说:毛主席的《论十大关系》明确提出要大力发展沿海工业经济,现在福建准备大搞工业,你懂军事,会打仗,又有建设经验,到福建前线大有用武之地,当然,我们尊重你的意见。贺敏学笑道:我好似一个要出嫁的姑娘,叶家要娶我,你在中间做媒。你是中组部的领导,他是新四军的老上级,我还有什么好说的。

贺敏学随即到福建,担任福建省人民委员会(简称省人委)副省长。这时,由西管总局分配到福建的近万名建筑队伍,在原西管总局副局长黄欣带领下,已分乘多辆专列赴闽,组成福建省建筑工程第一公司。贺敏学到任后,叶飞向他表达了建设福建、尽快结束福建工业落后状况的决心。1958 年 10 月初,中共福建省委在龙岩召开工作会议。为了让贺敏学了解情况,叶飞亲自带他提前几天从省城福州出发,一路考察省情。这次沿线考察和在龙岩讨

论工业问题的省委工作会议，使贺敏学对福建的省情有了初步的认识。随后，贺敏学广泛听取意见，通过开调查会、找干部谈话、查阅档案资料等方法，掌握到了更为详细的资料和数据，并开始精心设想、勾画建设福建的宏伟蓝图。

当时刚上马的三明工业基地任务艰巨，基建任务繁重。11月，贺敏学亲率一支短小精悍的工作班子赶赴三明，着手组织施工前期工作。贺敏学一下车，便深入工地看望奋战在第一线的建筑工人。尽管他对三明条件的艰苦做了大胆的想象，现实仍出乎意料。他鼓励大家做光荣的开拓者，在三明建起福建的乌拉尔（指苏联在"二战"时期及战后建设的工业基地），结束福建手无寸铁的历史，在福建工业发展史上建造一座光辉的里程碑。

已经年过半百的贺敏学，白天下现场，晚上开会研究，连续工作40多天，为三明这个新兴工业城市，也为福建省新的工业基地铸造雏形。一天在工地上突遭雨淋，加上连续作战，疲惫至极，以致第二天出席汇报会精神不振，眼睛似睁非睁，不时用手托头。秘书孙海林见状，感到奇怪：以前贺老开会上班，都是精精神神的，从不打瞌睡，今天怎么了？他忙给他递上热毛巾，走近一看，却发现他的脸烧得红红的。与会人员纷纷劝贺副省长休息，他仍坚持听完汇报并对问题作出决定后才躺到床上，其时高烧已达39.6度。

创业之初的三明卫生条件差，疾病蔓延快，并且已出现脑膜炎疫情，而工地上仅有一所30张病床的小医院，完全不能适应需要。贺敏学经过连续打针吃药，3天后高烧虽然退了，体质却很虚弱，不时咳嗽。他却不当一回事，又拖着虚弱的身体，投身紧张的工作，不是叫人来汇报，就是往第一线工地跑。

贺敏学的老战友、福建省委书记处书记伍洪祥受命兼三明公社党委第一书记，主管三明工业基地工作，与贺敏学又开始了并肩战斗。回忆这段往事，伍洪祥说："三明工业基地建设，贺老是有功的，没有他率的建筑队伍不行。可以说，他的到来，解了叶飞和省委的燃眉之急。"

三明工业基地建设中，钢铁厂等厂矿企业要早日上马，必须解决水的问题。水厂是最先投建的项目之一。承建水厂的省建一公司也是贺敏学手下的部队，干部和工人苦干加巧干，18天就建成了水厂厂房。1959年元旦深夜，三明水厂开始向三明钢铁厂供水。1月2日24时，三明钢铁厂一号转炉炼出了红彤彤的第一炉钢水,结束了福建不产寸钢的历史。

贺敏学对南平、厦门地区工业和基建工作所作的调查报告,为省委、省人委决策提供了科学参考。对省会福州的建设,贺敏学尽心竭力。针对福州市政的落后情况,他几经斟酌,酝酿蓝图,决定再搞几个像样的建筑:在东街口建邮电大楼,拓宽五一路,兴建华侨大厦等高层建筑。但有人明确反对,说这些工程劳民伤财、不适合福建前线的情况。贺敏学据理而争,力排众议,并主动做不同意见者的工作。他表示:搞基本建设,眼光要长远一些,不能老是近视眼,要看到今后 30 年的发展前景,要为后人造福。西安的人行道、非机动车道,比我们现在的公路都要宽,我们再把路弄得小家子气,会被人家笑话的!至于搞高层建筑,既能节约宝贵的土地,又可适应时代的要求,何乐不为?由于贺敏学的极力主张,并得到叶飞等省委主要领导的支持,这些工程终于得以上马。福州邮电大楼很快落成,名噪八闽,建工部和邮电部都称赞不已。它不仅是福州也是福建当时最高的建筑,还是最漂亮的新建筑。

为了使福建的工业有可喜的变化和发展,贺敏学付出了很多心血,如宋任穷后来评价的那样,"创造性地工作,成绩显著,有口皆碑"[1]。

十九、"文化大革命"中的一杆旗

"文化大革命"伊始,造反派抄了中共福建省委第一书记叶飞的家,还把叶飞夫妇强行拉上卡车,戴着高帽,在福州城里游街示众。造反派找到贺敏学,要他揭发叶飞的"罪行",遭到断然拒绝。叶飞被批斗后,孩子们四处躲藏,有的住到贺家,贺敏学、李立英夫妇给了他们父母一般的关怀。

福建省委、省人委一批领导人先后被抓后,贺敏学到省委值班的次数增多了。他不怕红卫兵取闹,经常直接面见红卫兵,疏导他们的过激行为。

随着风头益紧,好心人劝贺敏学躲一躲,他却说:我没做过亏心事,半夜敲门心不惊,何况要相信群众,他们是会讲道理的。贺家附近有个线面厂,工人们与贺敏学的关系很好,值此非常时期,大家自发保护贺家的安全。有一

---

[1] 参见宋任穷为尹纬斌、左招祥著《贺子珍和她的兄妹》一书所作序言,中国广播电视出版社 1998 年版。

次造反派到北后街 4 号贺家门口喧闹,线面厂工人闻讯,纷纷赶来劝阻,硬是把红卫兵给赶走了。

1967 年 2 月初的一个深夜,一辆华沙牌小汽车和一辆军用大卡车在贺家门前停下,跳下几名持枪的解放军战士和一群戴着红袖章的造反派,强行搜家。在此之前,叶飞放在贺家的两只装有机要文件和工作笔记的箱子,已被贺敏学夫妇秘密转移出去,家里还有两件"宝贝"也事先作了妥善处理。一件是毛泽东写给贺子珍和贺敏学夫妇的几封亲笔信,用一个大信封装着。对毛泽东的信,他们作为珍宝收藏,在抄家前,李立英便用破布包了几层,把信藏在贺敏学的一件大衣的夹层里。另一件"宝贝",是毛泽东送给贺敏学的燕窝,两小袋,约有半斤重,是 1962 年由李敏带交的。贺敏学收到后,一直舍不得吃,许多老同志的家被抄后,他预感总有一天事情要落到自己头上,担心燕窝被抄走,便把它交给老部下、原二十七军八十一师政委、时任福州军区空军政委的罗维道。

搜家之后,贺敏学被强行带到市郊五凤山。这里原是省委的招待处,现在成了所谓"走资派""黑线人物"的集中地。叶飞被打成"福建省头号走资派",贺敏学也就顺理成章地戴上了"叶飞的黑干将""黑参谋长""三反分子"等帽子,造反派每次把叶飞弄到外面去批斗,都少不了拉他去陪斗。

造反派安排贺敏学陪斗,原本是希望他看到叶飞的"洋相"后,思想和态度能有所转变。没想到他竟是铁骨铮铮,根本没有任何"倒戈"的迹象,只好把他另行关押。两天后,叶飞神秘地在福州"蒸发"了。后来才知,是周恩来指示福州军区副司令员皮定均,把叶飞安全送到了北京保护。叶飞离开福建后,特别牵挂贺敏学的安危,他对周恩来的联络员孙继泰说:他们把贺老也关起来了,挂牌子特别重。

贺敏学被关了 2 个多月还没出来,妻子李立英担心他身体受不了,又担心关长了在群众间影响太坏,弄不好要涉及毛泽东、贺子珍等,便想了个法子,拿着毛泽东写给贺子珍和他们夫妻的一封信,直接找到军队要人。对方一看这封信,大吃一惊,细读之下深感毛、贺关系非同一般,"唉呀"一声后,道:老首长有这层关系,为什么不早讲呢?李立英见对方以老首长称贺敏学,知道此信起到了效果,却不便多言,只说:老首长有老首长的脾气嘛!在此前后,贺敏学在上海工作的女儿小平写信给周恩来,托可靠的人转交了父亲受批斗的材料。贺敏学外甥女李敏也去找了父亲毛泽东,毛泽东这次没有出面保,但一句"你舅舅是个好同志",说明他对贺敏学的认识是一贯的。

事情报告到省革命委员会主任那里。他权衡再三,决定在"五一"节前放贺敏学回家。贺敏学却不肯出狱,说:你们把我抓进来,我是既来之则安之,你们要给我说清楚,为什么抓我,为什么放我?说清楚了我才走。他如此使出犟劲和脾气,可把省革委会主任逼到进退两难之境。恰在这时,江西有位老革命来福州,点名要见贺敏学,革委会派车去接贺敏学,安排两人会见。可贺敏学会见完毕,又要回牢房。司机说你不要回去了,回家吧,一溜烟把车先开走了。岂料,贺敏学一点也不含糊,走路回去,自投牢房。

这可真成了烫手的山芋!省革委会主任好不尴尬。一位头脑灵活之人想了个法子:就说中央某部长来福州了,提出要见老首长,正在贺家呢,让他们在贺家见面,然后把皮球踢给李立英。省革委会主任照此而行。他们把贺敏学骗上车,又悄悄把他在牢房看的书和一些生活用品装上。贺敏学的车离开牢狱,这一次牢狱的大门也就对他真的关闭了。

83 天的囚禁生活,使贺敏学黑瘦了一大圈,又新添了疾病。出狱后,官帽自然是没了。在贺敏学遭牢狱之灾时,造反派对贺家大作调查,包括对贺敏学在上海、江西等地的亲属,统统派人去搞了外调,收集材料,并对贺家亲属大加迫害……

贺敏学出狱后,根据省革委会主任的安排,有关方面通知他去学习班学习,然后再行分配工作。贺敏学却说:我不去学习班,他认为我能工作的话,就直接让我工作,当个仓库管理员也行!"上面"无计可施,想逼着他带全家离开福州,迁往建瓯。谁知,贺敏学还是不吃这一套,毫不含糊地顶住了:等把我的问题讲清楚后再说,我到底是不是三反分子,请作个明确结论。有关方面又生一计,以部队要住房为由,令贺敏学全家搬出现住房。通知一下来,某军队干部就蛮横地闯进贺家,到各个房间察看了一遍,俨然已是个户主模样。贺敏学既不理睬也不阻拦,径自坐在桌前和孩子们玩扑克牌。来人阴阳怪气地问他何时搬房,他头也不抬,淡淡地说:我就不搬,看你们怎么办!来人甚觉没趣,只好灰溜溜地走了。事情不了了之。

九一三事件后,贺敏学更迫切地想恢复工作,特地给周恩来写了一封信,说:"我自参加党以来,无论在任何情况下,自认为党就是我的家,革命就是我的归宿处,没党就没有我的一切,没有革命工作,我的生活就失去了意义。"① 在周恩来的过问下，福建方面才答应给贺敏学安排工作，但坚持先得参加学习班。贺敏学仍然拒绝去。后经李立英和一批战友做工作，得知学习班这关过了方能工作，他从大局出发，才参加了第二批学习班。但因为得罪了当权人物，学习班结束后好一段时间，他仍处于赋闲状态。

贺敏学在十年浩劫中，"大义凛然，与林彪、'四人帮'的倒行逆施进行了坚决斗争，表现了一个老共产党员坚持真理、宁折不弯的崇高品格"②。

二十、老骥伏枥，烈士高风

1975年1月中旬，贺敏学赴北京参加四届全国人大一次会议。回福州后，新任福建省委第一书记廖志高前来看望他，请他主持省建委的恢复工作，并挂帅再当建委主任。年逾七旬的贺敏学欣然同意，很快就在家里召开了成立建委新班子的会议，尔后再赴北京参加全国建委系统会议。1975年5月，贺敏学正式受命任省建委（当时叫省基本建设局）主任。当时把持工交口和建委领导权的是"四人帮"的爪牙，此人系省革委会副主任、中央候补委员，擅长煽风点火，上窜下跳，而不谙经济管理业务，工交口在他的把持下大闹派性，工作难以开展。贺敏学虽不时受到这伙人的无理指责，但他抱着不怕第二次被打倒的决心，在艰难中开展工作。

1976年10月"四人帮"被粉碎，"文化大革命"终于结束了。1977年12月底，73岁的贺敏学当选为福建省四届政协副主席，翌年2月又被选为五届全国人大代表。他在北京、福建两地奔波，还要具体负责建委一大摊工作，但他豪情依旧、廉颇不老。

1979年5月，政协第五届全国委员会召开第二次会议，贺敏学被增选为五届全国政协常委。会前，中共中央秘书长胡耀邦曾问有关部门，现在参加过井冈山斗争的老同志还有哪些人。有关部门一个一个报上名来，当讲到福建有贺敏学时，胡耀邦说：像贺老这样的人，全国没有几个了，起码得增补他为全国政协常委。在中央领导的关心下，贺敏学的妹妹贺子珍也被增补为全

① 参见贺汪洋：《给爸爸送行的话——悼念父亲贺敏学》，《福建日报》1988年5月19日。
② 参见宋任穷为尹纬斌、左招祥著《贺子珍和她的兄妹》一书所作序言，中国广播电视出版社1998年版。

国政协委员,得以第一次来到北京,瞻仰毛泽东遗容并献上花篮。

1979年12月,贺敏学当选为中共福建省纪律检查委员会第四书记。紧接着在当月召开的福建省五届人大二次会议上又当选为省人大常委会副主任。对拨乱反正之际的纪检工作,他倾注了巨大心血。曾任福建省纪检委常务书记的张传栋说:"贺老当纪委第四书记,谁不服呀,他本身就是一身正气、两袖清风的楷模。他有很高的威信,往台上一站、下面一跑,讲话顶用。他虽然不具体管事,但经常和另两位书记刘老(刘永生)、贾老(贾久民)到纪检委坐坐,听取我们的工作汇报,叮嘱我们要做好纪检工作。贺老曾对我说,正人先正己,廉洁奉公,要不人家怎么服你纪检工作。既要敢于同各种违法乱纪的腐败现象作斗争,镇妖除魔,又要善于保护受打击诬陷的好同志,要做到明镜高悬,明辨是非,才能做好纪检工作。"①

群众路线和廉洁奉公,是贺敏学一生对自己的要求。他退出领导岗位后,有一年春节,老岳母暗自记了一下家中来客人数,不觉大吃一惊:初一那天,竟有123位客人来家拜访,而且多数是一般干部以至普通工人!贺敏学的家里客人多,但不管是领导干部,还是普通百姓,都是空手登门。这是贺敏学定下的规矩。

二十一、有"家"可归——中央盖棺论定的"无产阶级革命家"

1983年,政协第六届全国委员会第一次会议举行,贺敏学继续当选为全国政协常委。年近八旬的他不顾年迈体弱,坚持工作,参政议政。

1985年,贺敏学在一次体检中发现得了癌症。他豁达地对家人说:我希望趁着脑子还不糊涂,为国家和福建的经济腾飞多出些力,再做点事;希望你们不要阻拦我,否则让我躺在床上不动,即使多活几年我也不干。

1987年,全国政协在北京召开六届五次会议。贺敏学抱病与会,回到福州后再次病倒。翌年3月6日,政协第六届全国委员会常务委员会召开第十七次会议,贺敏学因病重未能出席,会前专门交待家人替他请了假。在这次会议上,他作为特别邀请人士,继续被推举为七届全国政协委员。接到通

---

① 张传栋访谈,2003年2月28日于福州。

知后,他气喘吁吁地说:谢谢组织和大家的信任,但我已不能工作了,还是把名额让给别人吧。

1988年4月26日,在亲人们的守护中,贺敏学在福州鼓山疗养院安详地闭上了眼睛,终年84岁。当中共福建省委把贺敏学的悼词电传给中共中央组织部时,中共中央组织部根据中央领导人的指示,特地在其中加了"无产阶级革命家"的称谓,并追授正部级待遇。

5月8日上午,中共福建省委、福建省人民政府为贺敏学举行隆重的追悼会。追悼会现场,礼堂前厅的正面屏风上,书写着"无产阶级革命家贺敏学同志永垂不朽"的横幅。两边墙上悬挂着众多挽联。其中,全国人大常委会副委员长叶飞署名的挽联最是引人注目,其云:"上井冈赴疆场初显英雄本色;逢浩劫处逆境更见烈士高风。"党和国家领导人李先念、万里、邓颖超、胡耀邦、薄一波、宋任穷、彭冲、叶飞、费孝通、孙起孟、方毅、谷牧、康克清、钱昌照、周培源、赵朴初、卢嘉锡等送来了花圈和挽联;王首道、江华、张劲夫、陈丕显、庄希泉、杨成武等退下来的领导同志,以及中央、国务院部门及部队的负责人和生前友好也送了花圈。街坊邻居和群众自发送来的花圈更是不计其数。

在追悼会上,福建省委统战部原副部长、省文史馆馆长、著名剧作家陈虹语声哽咽地说道:贺老啊,你现在有"家"可归了!此语一出,立即引发一阵感慨,许多人热泪盈眶。虽然贺敏学在生前受过许多委屈,屡遭坎坷磨难,并受到一些不公正的对待,但在为无产阶级革命事业不倦奋斗60多年后,盖棺论定,党中央对他作出了客观而公正的评价。纵观新中国成立以来,以副部级职务而享"无产阶级革命家"尊名者,大概绝无仅有。贺敏学以生前功绩、品行赢得了身后名。

贺敏学生前七次负伤,其中腰部有一颗子弹一直没有取出。他逝世后,李立英向福建省委提出:贺老遗体火化后,要将镶在他身上的那颗子弹留给孩子们保存。省委对此很重视,特别要求火化后仔细寻找。但未能找着,估计是贺敏学遗体火化时一同熔化掉了。

贺敏学的遗物清理很简单,真是个无产者。除了两套卡叽布外套及内衣裤外,存款不足千元。他生前的工资节余大多给了父老乡亲。尽管他在家乡已没有一个直系亲人,但对那些有困难来找他的老乡,他都慷慨解囊,鼎力相助,每次除解决来回路费外,还给予几十元至几百元不等的资助。

贺敏学逝世后,时任中顾委副主任宋任穷情动于怀地提笔撰文,评点这位老战友的革命生涯:"敏学同志自井冈山参加革命以来的革命生涯中,60 多年如一日,为党的事业奋斗了一生,始终怀着对共产主义的坚定信心,始终保持着共产党员的优良品德,不愧为一位久经考验的无产阶级革命家,我党的好党员、好干部。"[1]

---

① 宋任穷:《悼念贺敏学同志》,《福建党史月刊》1989 年第 11 期。

李任予

　　李任予，男，1903年11月出生于广东省新丰县，是中国工农红军早期领导人之一。1925年投笔从戎，并加入中国共产党。1927年参加了南昌起义和广州起义。1928年任中共福建临时省委特派员，在闽西地区组织领导农民武装斗争，是闽西革命根据地主要创建者和领导者之一。先后任中共上杭县委书记，中共闽西临时特委军事书记，红四军第四纵队党代表，红四军第二纵队党代表、纵委书记兼政治部主任，红四军政治部主任。他是古田会议主要组织者之一，红四军前委委员、红四军主要领导人之一。后任红二十一军政治委员、军委书记、代理军长，闽西革命军事委员会主席，新红十二军政治部主任。1931 年，受中共中央派遣，以中央特派员的身份化名李德山、李之道、黎亚克，到北方开展革命斗争，恢复整顿北平党组织，建立红军，创建北方苏区。先后任中共北平市委组织部长、代理书记，中共保属特委书记，组织领导了全国闻名的"二师学潮"，发动了震惊华北的"高蠡暴动"。1932 年 9 月 30 日，因叛徒出卖被捕。在狱中受尽酷刑，坚贞不屈。同年 11 月 27 日在河北保定城外小西门刑场被国民党反动派杀害，年仅 29 岁。

一、投身大革命洪流

1903 年 11 月 4 日（农历九月十六），李任予出生在广东省新丰县丰城车田围村（现名城东村）一个贫苦农民家庭。他的祖籍在福建省上杭县稔田镇丰朗村，祖上李福庆是李火德（火德公）十一世孙，公元 1538 年迁入长宁遥田（今新丰县遥田镇）。李福庆后裔李文佐之孙李茂于公元 1778 年由遥田迁居新丰县城南车田村绿竹围开基。李任予是李福庆十七世裔孙，乳名亚桥，辈名济道，参加革命后，曾用名李力一、李德山、黎亚克、李之道。兄妹五人，他排行老大[①]。

到李任予祖父李奕瑶时，李家还算富庶，后家道中落，到父亲李世彰（又名李名伍）时家境已贫寒。李任予父亲以教书、行医为业，兼种几亩薄田，每年的收入仅能勉强维持七口之家的生活。母亲潘氏是个贤良、俭朴、正直、勤劳的女性。在母亲影响下，李任予从小养成爱劳动的习惯，做一些挑水做饭、喂猪放牛、栽种收割等力所能及的家务和农活。他幼年随父在村私塾里读《人之初》《启蒙》《增广贤文》和《三字经》等一类书籍，在父亲严格管教下开始接受启蒙教育。母亲由于终年操劳积劳成疾，虽经精心调治最终因医治无效撒手人寰。母亲过早地离开人世，年幼的李任予失去母爱，心灵受到极大创伤。遭此变故，作为长子，他只好放弃学业回家承担一些家务劳动。生活的艰辛促使他萌发了对贫富不均现状的愤慨！不久，父亲继配廖氏。因家庭经济窘困，经常饥寒交迫，加上弟妹年幼，继母廖氏把主要精力都放在照顾年

---

① 广东省新丰县李氏福庆公族谱编辑委员会编：《李氏福庆公族谱》（第 1 册第 1 卷），2007 年，第 198 页。

幼的弟弟妹妹身上,对李任予关爱很少。由于艰难困苦,不得不由外公廖敬渊将他接到新丰县诸家镇塘陂岭(今新丰县梅坑镇大岭村)寄养。李任予在这种艰辛的环境中度过了童年,从小就饱尝生活的艰辛和穷人的疾苦,磨砺出他坚强的意志和吃苦耐劳的品格。

1913年,李任予已经10岁。其舅父潘庚平(新丰县梅坑大岭人,清末秀才)认为他聪慧敏锐是个读书的料,长大定会有出息,便把他带到自己开设的私塾读书。李任予聪明伶俐,自幼养成爱问好学的习惯,求知欲很强,发奋读书,各科成绩都名列前茅。为了增长知识,课余时间他还如饥似渴地阅读中国古典名著,如《三国演义》《西游记》《水浒传》等。

1917年俄国爆发十月革命,建立世界上第一个无产阶级专政的社会主义国家,开创了人类历史的新纪元,唤起了全世界被压迫民族的觉醒。1919年5月4日,北京爆发震惊中外的五四爱国运动,揭开了中国现代史上伟大的一页。地处粤北山区的新丰,虽没有北京那样激动人心盛大的游行示威,也没有慷慨激昂的演讲,但五四运动所激起的革命浪潮势不可挡地冲击着这个古老而封闭的山城。在反帝反封建的爱国运动影响下,各种新思想、新文化,唤起了人们特别是青年一代知识分子的觉醒。这时的李任予和大多数穷苦青年知识分子一样,由于政治上找不到出路,经济上没有地位,对于国家衰弱、政府腐败和帝国主义列强的入侵,一方面感到无比忧愤,一方面又为报国无门而深感苦闷。五四运动以后,李任予被新兴进步的社会潮流所鼓舞,长久以来压抑在胸中的爱国激情从此振奋起来。

为了提高自我,更好地吸收接纳新思想,寻求救国报国之路,1923年,李任予离开家乡前往广东韶州(今韶关市),在其舅父潘庚平好友潘允和(当时在韶州开药店)的帮助下,到韶州府神道学校就读。

韶关地处粤北山区,中华民国成立前称韶州府。神道学校原址在韶州府东河坝,清代末由基督教会主办,民国初改为开明中学(现址在韶关浈江区东河村)。

在五四爱国运动影响下,神道学校的青年学生精神面貌为之一新。他们不再埋头死读书了,而是经常聚集在一起传阅进步书刊,探讨时局和关注各种新思想,研讨世界大事和国家大事。李任予倾向进步向往光明。他参加了该校进步组织,经常组织同学们讨论反帝反封建等社会问题。为更好地领会宣传新思想,李任予利用课余时间如饥似渴地阅读当时的进步组织在韶州发行的《新青年》《新潮》《列宁学说》《马克思主义》等进步书刊。他从中汲取新的政治主张和思想,寻求救国拯民之道,从而大大地丰富了自己的知识,开阔了眼界。

李任予通过阅读进步书刊,耳目为之一新。五四运动吹响了反帝反封建的斗争号角,唤醒了中国的青年一代,也促使李任予明确了人生的价值和意义。他还与一班志同道合的同学交流传递各种消息,议论政局时弊,探讨救国大计。他们互相激励,立志将来干一番事业,为国家民族的独立解放和繁荣富强努力奋斗。李任予同这些具有革命意识的同学建立了密切的联系,并很快成为该校进步活动的骨干。

1924年,神道学校学生发起反对学校当局压制进步活动的学潮斗争。李任予因积极参加学潮,被校方开除。他是个有抱负的热血青年,并未因校方开除而消沉,反而更加坚定了救国救民的决心。

1925年春,潘庚平通过亲朋好友的介绍,再次资助保送李任予到广州,进入广东甲种工业专科学校就读。

这时,中国共产党和国民党实现合作,在中国已经掀起大革命的洪流。1925年5月14日,上海日本纱厂工人为抗议日本资本家无理开除工人举行罢工。5月15日,日本资本家开枪打死工人代表顾正红,并打伤工人10多人。这一暴行激起了上海工人、学生和广大民众的愤怒。5月30日,上海各校学生2000多人到租界散发传单发表演说,声援工人罢工并要求收回租界,被租界巡捕抓去多人,引起学生和市民更大的激愤。近万名群众聚集在巡捕房门口要求释放被捕学生。但是,帝国主义的捕头竟命令巡捕用机枪向群众射击,当场打死学生、工人等13人,伤者不计其数,制造了震惊全国的五卅惨案。

五卅惨案发生的当天深夜,中共中央召开紧急会议,决定将斗争迅速扩大到各阶层人士中去,号召各阶层人士行动起来,开展罢工罢课罢市的斗争,组织广泛的反帝爱国统一战线,反对帝国主义的暴行。中共广东区委迅速贯彻党中央的指示精神,决定发动民众开展示威大游行,并筹划在省港两地举行大罢工以声援上海工人。6月19日,在中共两广区委书记陈延年和苏兆征、邓中夏等领导下,广州数十万工农兵群众为声援上海人民的"五卅"反帝斗争,发起了著名的省港大罢工,香港海员、电车和印刷工人首先行动。6月23日,罢工工人和广州工农商学兵各界群众5万多人涌到东较场集会,通过对"沪案"（即五卅惨案）的要求条件 16 项,提出收回海关主权,收回租界,取消一切强加于中国的不平等条约,反对外国人在中国设立工厂,铲除汉奸等多项要求。下午 1 时 30 分,反对帝国主义的示威游行开始。5 万多人的游行队伍按照工、农、学、商、军的顺序排列,组成示威游行队伍,沿着广州的大街浩浩荡荡、有秩序地前行。游行队伍沿途散发各种传单,高呼"打倒帝国主义""废除一切不平等条约""援助上海五卅惨案"等口号。下午 2 时 40 分,当游行队伍途经沙基西桥之际,在沙面租界的英国军警突然开枪射击,白鹅潭及沙基口之英、法、葡等国的军舰亦同时开火,打死 52 人,重伤 170 多人,轻伤无数。这就是沙基惨案。

面对帝国主义制造的骇人听闻的沙基惨案,耳闻目睹帝国主义列强对游行队伍的镇压以及封建军阀的黑暗统治、人民生活痛苦不堪,李任予产生了强烈的反帝反封建的爱国主义思想。工人们反帝反封建的英勇壮举,激发起他放弃学业、加入工人运动的念头。

1925 年 8 月,为了救国救民,李任予告别读书生涯,投笔从戎,进入广州市工会工作,领导工人开展罢工斗争。不久,担任北海中队长,缉获走私物品,把罚收的钱,捐赠给学校[①]。他还积极参与发动广西北海的革命群众运动,与黄敬云一起在北海指导开展"援助省港罢工周活动",募捐款项支援省港大罢工,同时还将作恶多端的英帝国主义分子驱逐出境[②]。

李任予在工人运动的暴风雨中经受锻炼迅速成长。在苏兆征、邓中夏、李森等工人运动领袖的影响下,他开始懂得马列主义的道理,领会到中国共产党的性质和任务,以及怎样才能成为一名真正的共产主义战士。为此,他积极地参加革命实践,更加勇敢地投身于工运工作。他立下决心,要为中国新民主主义革命和人类最美好的共产主义事业奋斗终生。

在苏兆征、邓中夏、李森等培养教育下,1925 年 10 月,李任予光荣地加入中国共产党,成为一名坚强的共产主义战士。

同李任予一起加入中国共产党的还有罗登贤、邓发、陈郁、李源、黄苏、何来等一大批优秀分子,他们在同帝国主义者和国内反动势力进行的斗争中发挥了骨干作用。

---

① 《李寿祺报告》(1957 年 10 月 24 日),原件存广东省新丰县档案馆。

② 吴礼俊:《滨城革命风暴》(1925—1949 北海党史概况),《北海文史》(第四辑),北海市政协文史资料委员会,1987 年,第 1 页。

1926 年,国民革命军开始北伐进军。李任予在国民革命军第四军第十师蒋光鼐教导团任政治指导员,协助蒋光鼐训练军队[①]。

1927 年 4 月 12 日,蒋介石在帝国主义的支持下,在上海发动反革命政变,大举逮捕和屠杀共产党人和革命群众。4 月 15 日,广东的国民党反动派按照蒋介石指令,发动"四一五"反革命"清党"大搜捕、大屠杀,解除省港罢工委员会工人纠察队的武装,封闭工会和农会等革命组织,逮捕共产党员和革命群众 2000 多人,秘密杀害了一大批工农运动领袖和骨干,白色恐怖笼罩着曾经是大革命策源地的广州。一时间,广州弥漫着血雨腥风。为保存革命力量,李任予在党组织的安排下,离开广州到北江(今韶关市)及西江等地从事革命活动。

7 月 15 日,汪精卫在武汉背叛革命,汪、蒋合流,宣告国共合作全面破裂,大革命失败。危急关头,为反击国民党反动派的疯狂镇压和屠杀,刚组成的中共中央政治局临时常委会决定利用共产党掌握和影响下的北伐军部队在南昌举行起义。1927 年 8 月 1 日,在以周恩来为书记的中共前敌委员会领导下,贺龙、叶挺、朱德、刘伯承等率部发动南昌起义,打响了武装反抗国民党反动派的第一枪,标志着中国共产党独立领导革命战争和创建革命军队的开始。

时任国民革命军第二十四师第七十团指导员的李任予参加了著名的南昌起义。起义军在南下途中,李任予与队伍失散,他与起义军总政治部宣传处处长朱其华相遇,在一起的还有吴明、秦光等 7 人,他们共同行动避开敌人的追击,后一起逃离险境[②]。

南昌起义后的第六天,中共中央于 1927 年 8 月 7 日在湖北汉口召开紧急会议(即八七会议)。会议总结大革命失败的教训,讨论党的工作任务,确立了实行土地革命和武装起义的方针。会议通过了《中国共产党中央执行委员会告全体党员书》等文件,要求坚决纠正党过去的错误,号召广大党员和革命群众继续战斗。会议着重批评大革命后期以陈独秀为首的中央所犯的右倾机会主义错误。选出以瞿秋白为首的新的中共中央临时政治局,毛泽东、周恩来、张太雷等被选为临时政治局候补委员。

[①] 《中国人民解放军总政治部秘书处秘群字 6211 号复函》(1956 年 10 月),原件存广东省新丰县档案馆。

[②] 肖燕燕:《南昌起义人物研究》,江西人民出版社 2009 年版,第 147 页。

8月20日，中共广东省委书记张太雷在香港召开省委会议传达八七会议精神。根据中央的指示，中共广东省委作出在全省举行武装暴动的决定，发出《关于暴动后各县市工作大纲（决议案）》，并决定成立广州、西江和北江暴动委员会，以配合南昌起义南下入粤部队一举夺取广州政权。

11月，中共广东省委根据中央的指示，成立指挥起义的革命军事委员会，决定在广州发动起义。

12月，李任予由江西赣州绕道返回广东。途中遭遇检查，他化装脱险。来到广州后，全身心投入起义的准备工作中[①]。

12月11日，张太雷和叶挺、恽代英、叶剑英、杨殷、周文雍、聂荣臻、陈郁等人领导国民革命军第四军教导团、警卫团和广州工人赤卫队在广州举行武装起义。

广州起义打响后，李任予勇敢地参加了起义军的战斗，同国民党反动武装进行殊死搏斗[②]。

广州起义取得初步胜利后，建立了广州苏维埃政府。广州起义的发动和工农民主政府的成立，吓坏了帝国主义和国民党反动派。12月12日，国民党反动派在帝国主义的支持下，调集大批军力向起义军进行疯狂反扑。

起义军顽强抵抗。但由于敌我力量过于悬殊，形势十分不利，起义随即失败。为保存革命力量，起义军余部约1000人撤离广州，后在广东花县编为工农革命军第四军，转入海陆丰地区，加入了东江地区的革命斗争。少数起义者到达香港，后到广西参加了左右江起义。还有少数人员撤到粤北韶关地区，加入朱德、陈毅率领的南昌起义保留下来的部队，后来上了井冈山。根据党组织的安排，李任予前往闽西工作。几经周折，1928年春，李任予找到了中共福建临时省委。

二、转战闽西创建革命根据地

闽西即福建省西部地区，与粤东、赣南交界。这里山高林密，沟壑纵横，交通阻隔，为千百年来中原庶士南迁之"客家祖地"，也是军事要地。闽西地

---

① 《李寿祺报告》（1957年10月24日），原件存广东省新丰县档案馆。
② 《李寿祺报告》（1957年10月24日），原件存广东省新丰县档案馆。

理位置重要,具有可进可退可守的战略意义,同时它距福州等中心城市较远,是反动统治比较薄弱的地方。这些都为开展游击战争,实行工农武装割据,创建革命根据地提供了极为有利的客观条件。

李任予来到福建后,参与中共福建临时省委的领导工作,在闽西地区领导农民武装斗争。当时中共福建临时省委根据八七会议精神,制定了领导工农武装暴动,实行土地革命,夺取政权的总任务。1928年初春,闽西农民运动逐渐由小规模的武装冲突发展为一触即发的武装暴动。从3月初开始,龙岩、永定、平和、上杭等县农民在党的领导下,与军阀豪绅展开激烈斗争,先后举行农民武装暴动,从而把农民运动推进到创建苏维埃区域的阶段。

3月4日,龙岩县白土后田农民在党的领导下率先发起暴动,打响了闽西工农武装起义第一枪,成为"福建总暴动的信号",引发了平和、上杭、永定等地的一系列农民暴动。

3月8日,中共平和临时县委组织了800余人的农民武装攻占县城。中共福建临时省委接到平和临时县委举行暴动和要求派得力同志来指导帮助的报告后,非常重视,立即决定派具有政治水平、武装斗争经验和军事才能的李任予、刘端生二人为特派员,到闽西指导农民武装暴动,"将省委的指示精神直接转给平和党部,并设法建立起平和与省委的交通(线)"①。

李任予、刘端生接到中共福建临时省委的指示,立即从厦门启程奔赴闽西平和。到达平和时,由于暴动队伍已撤出县城,适值国民党军张贞部围攻长乐乡,他们无法与平和党组织接头,只好返回临时省委。3月20日,临时省委又派李任予、刘端生二人前往平和。他们再次绕道永定前往平和,终于找到平和党组织和农民暴动队伍,从此建立起临时省委与平和县委完善的交通(线)②。

1928年6月至7月,中共六大在莫斯科举行,提出新的路线和工作方针。同年11月,中共福建临时省委候补书记罗明到上杭传达中共六大精神。中共上杭县委在庐丰召开扩大会议,罗明传达了六大精神后接着指出:"要加紧争取广大群众,积极准备第二次更大的武装斗争,要扩大和深入宣传土地革

---

① 《中共福建临时省委给中央的报告》(1928年3月),中共龙岩地委党史资料征集领导小组、龙岩地区行政公署文物管理委员会编:《闽西革命文史资料》(第1辑)。
② 《中共福建临时省委给中央的报告》(1928年3月),中共龙岩地委党史资料征集领导小组、龙岩地区行政公署文物管理委员会编:《闽西革命文史资料》(第1辑)。

命,加强党在群众中的领导力量。"同时指出:"闽西党组织目前的任务是恢复和扩大各区乡党的组织,建立党的基础,加紧训练,提高党员的政治觉悟和工作能力,建立党与群众的密切联系。"并提出了发展新党员的具体要求。以及发动群众加入农会,自制武器作好武装暴动的准备。各级党组织要物色可靠分子,打入民团中去做分化瓦解敌军的工作。

这次会议对中共上杭县委领导机构进行了改组,增选委员 7 人,其中常委 3 人,候补委员 2 人。李力一(李任予)任上杭县委书记[①]。

李任予祖上为客家人,上杭是客家祖居之地,中共福建临时省委派李任予到上杭任县委书记,有利于开展武装斗争,发展党组织。

李任予任中共上杭县委书记后,依照中共六大精神和罗明的指示,带领县委致力于争取农村广大群众,积蓄和发展革命力量。重点是恢复和扩大各区乡党的组织,建立党的基础;积极准备第二次更大的武装斗争。1929 年 4月,上杭共产党员由 200 余人发展到 300 多人,建立区委 4 个、支部 30 余个。10 月以后,党组织迅速发展,有党员 3049 人[②]。

1929 年 3 月,毛泽东、朱德、陈毅率领红四军首次入闽,首战长岭寨告捷,并进占汀州城,大大振奋了士气,鼓舞了闽西和福建全省人民参加革命斗争的热情。福建及闽西各级党组织及时把握了这一有利的革命形势,发动群众起来斗争,积极配合红四军的行动。中共福建省委(1928 年 8 月成立)从红四军入闽的胜利喜悦中看到了闽西革命形势迅速发展的美好前景。为配合红四军入闽,3 月 28 日,中共福建省委制订了《关于闽西斗争工作大纲草案》,指出:红四军入闽加上国民党军阀混战的有利形势,必然使国民党在闽西的统治受到严重削弱,闽西工农革命运动将重新兴起高潮;认为"毫无疑义的在闽西有造成割据的可能",并提出闽西的工作应以上杭、长汀、龙岩、永定四县为中心的闽西苏维埃运动,造成割据局面,实行土地革命。为此决定恢复中共闽西临时特委(原中共闽西临时特委于 1928 年 11 月 30 日在永定

---

① 中共龙岩地区组织部、中共龙岩地委党史资料征集研究委员会、龙岩地区档案馆:《中国共产党福建省龙岩地区组织史资料》(1926 年夏—1987 年 12 月),福建人民出版社 1990年版,第 22 页。

② 中共龙岩地区组织部、中共龙岩地委党史资料征集研究委员会、龙岩地区档案馆:《中国共产党福建省龙岩地区组织史资料》(1926 年夏—1987 年 12 月),福建人民出版社 1990年版,第 22 页。

文馆遭国民党驻军和地方民团破坏而解体）。李任予随即受指派到上杭城水南，召开（龙）岩、永（定）、（上）杭、（长）汀、武（平）五县代表会议，建立了中共闽西临时特委：

书　　记　邓子恢

军事书记　李力一（李任予）

常　　委　邓子恢、李力一（李任予）、李立民

军事委员　张鼎丞（省委委员，党团代表）

卢其中（永定红军团长）

傅柏翠（上杭红军领导者）

张赤男（张希尧，汀州县委）①

为了响应红四军入闽，恢复后的中共闽西临时特委确定了一个在永定、龙岩、上杭三县骚扰国民党军的计划，要求这三个县委发动群众，在各地散发宣言、标语，破坏国民党军交通，宣传红军胜利消息，以此威慑反动统治当局；同时，各县游击队分别向上杭、永定县城进袭，并在原来暴动区域再次举行暴动，造成四面骚动局面，迫使国民党军疲于应付，帮助红四军摆脱其围追。

李任予任闽西临时特委军事书记后，领导闽西地方武装贯彻中共福建省委《工作大纲》，发动群众开展武装斗争，积极配合了红四军行动，并为红四军再次入闽奠定了良好的基础。

1929 年 5 月初，蒋桂战争基本结束，国民党江西省主席朱培德即以 3 个旅兵力分由赣州、泰和、临川向于都、兴国、宁都、瑞金推进，企图围歼红四军于赣南地区。此时，粤桂军阀燃起战火，接邻粤东地区的闽西各大小军阀先后投入了这场混战。盘踞在龙岩的地方军阀陈国辉，追随闽南的国民党军新编第一师张贞部加入了讨桂阵营，于 5 月中旬出兵潮汕地区参加军阀混战，造成闽西腹地空虚的局面。

5 月中旬，毛泽东、朱德在赣南宁都附近，接到中共闽西临时特委书记邓

---

① 中共龙岩地区组织部、中共龙岩地委党史资料征集研究委员会、龙岩地区档案馆：《中国共产党福建省龙岩地区组织史资料》（1926 年夏—1987 年 12 月），福建人民出版社 1990 年版，第 22 页。

子恢建议红四军再来闽西的书面报告后,基于赣南国民党军集中,闽西空虚的情况,决定避开赣军进攻锋芒,率领红四军再次入闽,开辟闽西新的割据区域。5月19日,红四军从瑞金出发,经长汀古城、四都挺进到濯田乡。这时,国民党军发觉红军动向,赣军李文彬旅紧追不舍,闽军卢新铭团在汀江东岸设防拦截,企图迫使红军背水而战,围而歼之。

5月20日上午,红四军进抵汀江渡口的水口,在当地群众的援助下,汇集9条大船,全部渡过汀江,甩开了国民党军,向龙岩方向疾进。随后,全军抵达连城庙前。22日凌晨,经芷园加快步伐向古田进发。

5月23日、6月3日和6月19日,红四军三次攻打闽西政治经济文化的中心——龙岩城。中共闽西临时特委军事书记李任予领导闽西地方武装配合红四军作战,先后打败盘踞龙岩、永定、白砂等地的国民党军队,解放龙岩、永定县城,打击了反动统治力量,土地革命的浪潮席卷龙岩、永定、上杭、长汀、连城五县,开创了闽西革命斗争的新局面。

6月10日至18日,毛泽东、朱德率红四军在连城新泉休整,在“望云草屋”召开红四军前委扩大会议,决定帮助闽西建立正规红军,成立地方苏维埃政权,使整个闽西形成工农武装割据局面。会后,红四军军长朱德到连城新泉传达红四军前委的决定,在闽西红五十九团及地方农民暴动武装的基础上成立红四军第四纵队,任命中共闽西临时特委军事书记李任予为第四纵队党代表,傅柏翠为第四纵队纵队长。

6月16日,蒋介石发出“会剿”命令,指令赣军金汉鼎师集中于瑞金、汀州,闽军张贞师集中于连城、龙岩,粤军蒋光鼐师集中于上杭、永定,对闽西红色区域及红军实行三省“会剿”。

6月19日,李任予率领红四军第四纵队配合红四军主力第三次攻占龙岩县城后,第四纵队进驻龙岩,在翁家花园进行编训,使该纵队真正初具规模,总人数达800余人,枪400多支。

6月下旬,红四军第四纵队在龙岩集中整训20余天后,参加了红四军“七月分兵”行动,与其他纵队分别开赴闽西各县,在原来未开展工作或工作基础较薄弱的广大地区深入发动群众,巩固和发展赤色割据。“七月分兵”进一步横扫了闽西境内的零星反动武装,促使各县红色区域迅速连成一片。

以闽西地方武装改编的红四军第四纵队,后来转战闽粤赣边,纵横几百里,接受了战斗的考验,成为闽西红军主力的中坚。

　　7月，李任予调任红四军第二纵队党代表、纵委书记兼政治部主任①，后转任红四军政治部主任。毛泽东、朱德、陈毅率红四军第二次入闽后，在中共闽西临时特委有力配合下，在闽西一带发动群众，开展游击战争，打土豪、除匪霸、分田地、建立红色政权，迅速创建了闽西革命根据地。李任予作为中共闽西临时特委军事书记及红四军下属纵队的领导人，在其中发挥了重要作用，作出了杰出贡献。

　　这时，为了配合红四军出击闽中的战略，全面实现红四军前委在闽西六县的游击计划，广泛宣传党和红军的政策，扩大政治影响，李任予在闽西创办了铅印军报《浪花》。7月27日出版的《浪花》创刊号，设有"发刊词""特讯""短评"等栏目。发刊词阐明该报的宗旨是"唤起被压迫阶级和弱者，去踏死那些为非作歹的败类——国民党反动派"，"效力于它的主人——被压迫阶级"。同时创刊号用漫画的形式惟妙惟肖地表现了国民党军惊恐万状的情形，热情地宣传红四军入闽攻克汀州，直取龙岩、永定、上杭，歼灭军阀郭凤鸣、陈国辉的战绩，以及闽西各地举行工农暴动，组织工会、农会、赤卫队、暴动队，创建和发展闽西革命根据地的大好形势，号召贫苦工农积极行动起来打土豪、分田地，推翻封建剥削制度。创刊号还刊载了龙岩县革命委员会制定的条例和分田标准等土地革命的有关政策。红四军《浪花》报，成为中国工农红军创办最早的铅印的军报，在党的新闻报刊史上具有划时代的意义。现今古田会议纪念馆收藏陈列的《浪花》（创刊号），系1994年发现于福建省漳平县双洋镇观音亭土墙的内墙上。这张用闽西特有的玉扣纸印刷的《浪花》报，经受了战火的洗礼和岁月的沧桑，已经斑驳不堪，与土墙牢牢粘在一起，无法分开，只好把报纸和土墙一起切割下来，运回纪念馆永久保存。经福建省文物专家鉴定，这张独一无二的红军珍贵文献为国家二级文物②。

　　1929年8月7日，中共福建省委给永定县委并转闽西特委（1929年7月成立）、红四军前委的来信指出："目前连城漳平宁洋一带的反动势力都很薄弱，我们应向这方面发展"。"一则可以拱卫闽西现有的斗争区域，二则可以

　　① 中共福建省龙岩市委党史研究室：《闽西人民革命斗争史》，中央文献出版社2001年版，143页。

　　② 中央文献研究室《党的文献》《文献与研究》编辑部编：《史林智慧琐谈》（续一），中央文献出版社2008年版；傅柒生、李贞刚：《红色记忆——中央苏区报刊图史》，解放军出版社2011年版，第104—106页。

扩大我们的力量向闽南闽西北进展"。福建省委的意见和此时红四军前委会议的决定是基本一致的。福建省委在信中还特别提到:"李力一(李任予)同志暂时在红军中工作,如果红军离时,他一定要留在闽西做党的工作,因为他会说本地话,而且是一个得力的干部"①。

8月初,根据红四军前委命令,红四军第二纵队与第三纵队按时赶到白砂集中,由红四军军长、代理前委书记朱德率领向宁洋县城挺进,开始了出击闽中的军事行动,李任予随前委、军部行动。

8月4日,朱德率领红四军第二、第三纵队,一举歼灭宁洋守敌,解放宁洋县城。8月7日,红四军第二、第三纵队沿双洋河南进,直赴漳平县城,在新桥击败敌陈祖康部及地方民团。8月8日,攻占漳平县城。进城以后,红军广泛开展了宣传工作和组织工作。

8月15日,红四军第二纵队与第三纵队从漳平出发,经溪南、象湖、杨美,向大田、德化边界进发,出击闽中地区。8月下旬,由永春回师,重返漳平。8月25日到达漳平溪南时将一直跟踪的敌张汝劻旅一个团消灭,击毙团副一名,缴枪数百支。8月29日,朱德率部猛攻漳平县城。激战一日,张汝劻旅残部退至永福,红军再次攻占漳平。接着乘胜追击,又在永福歼国民党军一部。红军进占永福,直逼龙岩。这时,永福一带农民在红四军节节胜利的鼓舞下,揭竿而起,举行暴动。红四军派出干部指导永福群众开展革命斗争,在短短的几天内,永福、龙车一带就建立了四个乡苏维埃政府,开展了土地革命。

红四军在溪南、漳平、永福等地的胜利,把国民党军三省"会剿"的包围圈打开了一个大缺口,侵占龙岩的杨逢年旅吓得连夜弃城逃回闽南老巢。9月6日,朱德率红四军第二、第三纵队重占龙岩,胜利返回闽西。国民党军队三省"会剿"宣告失败。

击退国民党军队三省"会剿"以后,闽西红色根据地日益巩固。但是,具有重要战略地位的上杭城仍被土著军阀卢新铭部盘踞。上杭城,位于汀江中游西岸,城墙坚固,三面环水,易守难攻,当时有"铁上杭"之称。驻扎有2000多兵力,号称福建省防军第二混成旅,据险在此固守。

---

① 《中共福建省委给永定县委并转闽西特委、四军前委的信》(1929年8月7日),中共龙岩地委党史资料征集领导小组、龙岩地区行政公署文物管理委员会编:《闽西革命文献资料》第二辑,1982年,第169页。

为了巩固和发展闽西苏区,消灭驻上杭城的军阀卢新铭部,9月中旬,根据中共闽西特委和上杭县委的要求和建议,红四军前委决定集中兵力攻下上杭城,拔除敌人占据的这一重要据点,彻底消灭地方反动势力。随后,红四军第一、第四纵队奉命赶到上杭白砂集结。

9月18日,红四军四个纵队,秘密到达上杭城郊。朱德主持召开支队以上干部会议,制定了攻城战术。然后主力部队选定第二天夜间,由地方同志作向导,从水西渡择水浅处涉水过江,第一纵队进攻西门,用迫击炮猛轰,将守军主力引向西门,第二、第三纵队主攻北门;第四纵队一部配合赤卫队攻取东门,另一部和赤卫队佯攻南门。朱德一面和各纵队、支队干部研究战斗方案,一面派人进城摸情况,联络地下情报站,命令部队做云梯,搭舟桥,做好一切战斗准备。

9月19日,红四军和上杭地方武装共1万余人,云集上杭城东北地区。20日,在朱德军长亲自指挥下,红四军一举攻克"铁上杭",俘国民党军千余人,缴枪千余支。打破了汀江天险的神话,赶走了闽西"最后一个土皇帝"卢新铭[1]。

三、参与红四军领导工作

在红四军第三次攻打龙岩城之前,红四军前委在小池召开前委扩大会议,决定于近期内召开红四军党的第七次代表大会。随后,陈毅在白砂会上被大家一致推荐担任红四军代理前委书记,负责红四军党的七大的准备工作。为使陈毅能集中精力筹备好红四军党的七大,陈毅的政治部主任一职改由时为红四军前委委员的李任予担任[2]。

红四军三克龙岩城后,暂时有了一个比较安定的环境。红四军前委决定抓紧这个有利时机召开红四军党的第七次代表大会,以解决红四军党内由来已久的争论问题。1929年6月22日,中国共产党红军第四军第七次代表大会在龙岩公民小学的红四军政治部驻地(今龙岩一中内)召开,到会的有红四军前委委员、各纵队司令员、党代表和士兵共40多人。毛泽东在会前建

---

① 中共福建省龙岩市委党史研究室:《闽西人民革命斗争史》,中央文献出版社2001年版,第154页。

② 傅柒生:《军魂——古田会议纪实》,解放军文艺出版社2004年版,第182页。

议,通过采取总结过去斗争经验的办法,达到统一认识、解决红军建设中主要问题的目的。这一建议没有被采纳。红四军七大由陈毅主持。这次大会认为,毛泽东是前委书记,对红四军党内既往的争论应多负些责任,因此给予党内"严重警告"处分。大会改选了红四军党的前敌委员会即前委,原由中央指定的前委书记毛泽东居然落选,陈毅被选为前委书记。大会结束后,毛泽东离开红四军的主要领导岗位,到中共闽西特委所在地上杭县的蛟洋协助指导地方工作。

7月29日,红四军前委在连城新泉得到敌情报告。朱德、陈毅赶至上杭蛟洋,会同在那里参加中共闽西第一次代表大会的毛泽东、邓子恢、张鼎丞、谭震林、傅柏翠等人,由前委书记陈毅主持召开了前委紧急会议,认为应积极应对国民党反动派三省"会剿"的到来;如三省敌军会合进攻闽西,红军可取道闽北入赣东赣南发动沿途的群众,或入闽省腹地到福州延平之间活动,或分兵两路,一路经闽北,一路经闽西。根据形势的发展,会议最后决定红四军兵分两路出击,一路留在闽西,缩小目标,一路离开闽西分散敌人的力量,以打破敌人三省"会剿"。会上还确定陈毅到上海参加中共中央召开的军事会议,汇报红四军工作,前委书记由朱德代理。此前在红四军党的七大结束时,红四军前委已经将大会决议及其他有关文件上报中共中央。中央收到红四军七大文件后,立即觉察到红四军领导层分歧的严重性。8月13日,中共中央政治局召开会议,专门讨论红四军问题,决定由周恩来代表中央起草一封给红四军前委的指示信(即八月来信)。8月20日,指示信写成并发出。信中对红四军党内争论的几个主要的原则问题提出明确意见,明显地赞同毛泽东的观点。8月下旬,陈毅到达上海向党中央汇报工作。8月29日,党中央政治局召开会议,听取陈毅关于红四军全面情况的详细汇报,并决定组成李立三、周恩来、陈毅三人委员会,由周恩来召集,负责起草对红四军工作的指示文件。

红军攻下上杭城后,中共闽西特委和上杭县委领导机关迁入上杭城工作。9月下旬,李任予参加了朱德在上杭城太忠庙主持召开的中国共产党红军第四军第八次代表大会(即红四军党的八大)。红四军召开党的八大时,前委负责人只剩下朱德一人主持会议,忙得不亦乐乎。加上当时频繁的军事行动和出击闽中某些战斗的失利,红四军的领导力量特别是政治工作大大削弱,部队中各种非无产阶级思想又有新的发展。因此,在红四军党的八大上出现了非常混乱的情况。开会讨论问题,无休止地争论。为了一个红军法规中党代表的权力问题,讨论了两天都没有统一认识,只好决定请示中央。就这样,这次会议在无组织状态下开了3天,结果选出来的红四军第八届前委,又同第七届前委一样。毛泽东只被选为前委委员,未能当选前委书记。

同时,红四军又分兵向汀江以西短距离出击。上杭的湖洋、中都等地农民在红四军支持下,举旗暴动,打土豪,建立农会、赤卫队等组织。至此,上杭除峰市(现为永定县辖)外,全境解放,杭川(历史地名)大地连结成了一片红色区域。

为加强上杭县党的领导,10月,红四军政治部主任李任予兼任中共上杭县委书记[①]。

10月2日,中共上杭县委在城关天主堂召开上杭县第一次工农兵代表大会,成立上杭县苏维埃政府。为了粉碎国民党军的经济封锁,发展生产,11月,上杭县才溪乡创办了闽西第一个消费合作社"才溪消费合作社"。随后,茶地、中洋、上早康、下早康、通贤都办起了乡一级的消费合作社,白砂、稔田、茶地、太拔、旧县建立了区一级的消费合作社。上杭才溪乡后来同江西兴国长冈乡一样,创造了中央苏区第一等的工作,获得了"中央苏区模范乡"和"福建省第一模范区"的荣誉。

10月11日(农历九月九)重阳节,毛泽东从永定合溪来到上杭城,住在"临江楼"。此时,毛泽东已经离开红四军的领导岗位,他深入上杭、永定的农村,一面养病,一面作社会调查。

由于得到红四军的帮助,在很短的时间内,闽西红色区域扩大到武平东部一带。至此,红四军经首战长岭寨,三打龙岩城,攻占"铁上杭",先后消灭了统治闽西的土著军阀郭凤鸣、陈国辉、卢新铭和地主豪绅武装,进一步巩固和扩大闽西红色区域,使闽西成为当时全国最大的红色根据地之一。

9月28日,中共中央发出给红四军前委的指示信(即九月来信)。这封指示信是陈毅按照中央政治局会议精神和周恩来、李立三的多次谈话要点代中央起草并经周恩来审定的。九月来信肯定了毛泽东"工农武装割据"的思想,确认中国革命是先有农村红军,后有城市政权;强调红军的基本任务是实

---

① 中共上杭县委组织部、中共上杭县委党史工作委员会、上杭县档案馆:《中国共产党福建省上杭县组织史资料》(1926年12月—1987年12月),厦门大学出版社1989年版。

行土地革命，开展游击战争；明确规定红军由前委指挥，并将党代表改为政治委员，其职责是监督军队行政事务、巩固政治领导、部署命令等；要求红四军官兵维护朱德、毛泽东领导，明确指出毛泽东仍为前委书记。

根据时局的变化，中共中央九月来信指出："在军阀战争开始爆发之际，红军应以全部力量到韩江上游闽、粤游击，以发动群众斗争。至两广军阀混战爆发，东江空虚时，红军可进至梅县、丰顺、五华、兴宁一带游击，发动广大群众斗争，并帮助东江各赤色区域的扩大，……"随后，中共中央给福建省委来信，指示"红军全部即到东江游击，向潮梅发展"。中共福建省委接到中央的这一指示后，于10月6日立即向红四军前委和闽西特委致信，转达中央的意见，同时还派遣福建省委常委、组织部长谢汉秋携带中央和省委的指示信，从厦门赶赴上杭传达指示："朱毛红军"（红四军）立即开到东江去，帮助东江广大群众的斗争。10月15日，红四军第一、第二、第三纵队6000多人，依照红四军前委的命令，分三路陆续向闽粤边境进发，开赴东江一带作战。经过半个月的作战，最后减员1000余人，返回闽西。

10月27日，朱德、陈毅率领回撤闽西的红四军，到达丰顺边界。当天下午，陈毅来到红四军政治部驻地与李任予谈话。刚进屋，陈毅看到桌子上放着一叠布告，布告旁边正好有张毛边纸，砚台上还留着墨，顿时来了诗兴，挥毫泼墨，写下两句诗：且遣李郎招旧部，重阳决策下福州。

写罢，陈毅把笔架在砚台上，对着墨迹作自我欣赏状，并问李任予："怎么样？"

"好诗，好诗。"李任予称赞说。但他觉得两句似不成诗，便笑着对陈毅说："再写两句嘛，为什么不凑成一首七绝呢？"

"要凑成七绝诗嘛，就最好请你去凑啰！重要的问题是需要你把这项工作做好。"陈毅一边说，一边在布告上一拍，转身就走了。

李任予心领神会，脸上露出一丝微笑。可在场的政治部其他人却是丈二金刚摸不着头脑。政治部宣传科长吴仁声试探着问："李主任，我们搞不懂刚才陈毅同志在布告上那一拍是什么意思？"

"噢，就是他留下的第一句诗，'且遣李郎招旧部'。"李任予解释说："我们眼前面对的是国民党蒋光鼐部。大革命时期国共合作，我曾和他在一起共过事，他的部下有很多都是我当年的部属。你们知道我现在叫李力一，而在大革命时期，我的名字叫李任予，这些布告上的李任予，就是我当年与蒋光鼐共事时的名字,陈毅同志是想用我的名字去影响蒋部,把他们拉过来,这就是'且遣李郎招旧部'的实质含义。"

吴仁声等人恍然大悟:陈毅棋高一筹啊! ①

11月2日,李任予与朱德、陈毅一起率领红四军撤离梅县,经江西的寻乌至武平到上杭、长汀。11月18日,陈毅在上杭官庄向红四军前委传达了中央九月来信和周恩来的口头指示:把毛泽东请回红四军前委主持工作。到达长汀后,回到红四军的毛泽东被安排与朱德一起住在辛耕别墅,红四军前委机关、军部也都设在这里,军政治部则设在县学宫。

毛泽东历来重视深入基层走访调查,以此获得第一手的信息资料。毛泽东重回红四军主持工作后,李任予积极协助他开展社会调查和群众工作。1929年11月的一天上午,毛泽东独自一人步行来到县学宫的红四军政治部驻地,走到大门口就大声问:"李主任在家吗?"

值班的政治部宣传科吴仁声等两位同志正在院子里摆棋对弈,听到喊声,立即放下手中的棋子站起来,跑到大门口。但他们都不认识眼前的人是毛泽东,只是礼貌地回答说:"李主任出去办事了。同志,你进来坐一会儿,喝点开水,他可能就快回来了。""不坐了,回头再找他。"毛泽东点了点头,转身到别的地方去了。

过了不久,李任予回到政治部,一进门就用手指着吴仁声,笑着说:"仁声同志哟,你真是有眼不识泰山。"

吴仁声糊涂了,问是怎么回事。李任予说:"刚才来找我的是毛委员。我回来的时候在路上遇到他,他跟我说,你们不认识他,还背了两句古诗:'儿童相见不相识,笑问客从何处来?'你说你们是不是有眼不识泰山?"

吴仁声是1929年中秋节以后即红四军打下上杭城后才入伍的,那时毛泽东还在苏家坡等地指导闽西特委工作,互相没有见过面。如今"相见不相识",吴仁声为刚才没有称呼毛委员而自责。

李任予安慰说:"也难怪你们,刚入伍嘛。明天要开群众大会,毛委员要来讲话。会场就在我们前面的空地上,搭个台子,你们去布置一下。"

吴仁声欣然领命,连蹦带跳地找人一起去布置会场了。

第二天上午8时许,毛泽东独自一个人又来到红四军政治部。李任予提

---

① 傅柒生:《军魂——古田会议纪实》,解放军文艺出版社2004年版,第285页。

醒说:"毛委员,你这样一个人独来独往不安全,还是派一个警卫员吧。"

"不,我这样不会出乱子的。有人跟着,反倒觉得不方便,不自在。"毛泽东婉言谢绝了李任予的好意。

这一回见到毛泽东,吴仁声热情地称呼"毛委员"。毛泽东幽默地说:"小同志,以后你就不会'笑问客从何处来'了吧?"

李任予陪同毛泽东一起走上政治部前面刚搭起来的简易台子,参加群众大会。台前站满了红四军宣传人员动员前来的老百姓。李任予先作开场白,并把毛泽东向大家作了介绍。毛泽东接着开始发表演讲说:"你们长汀是个好地方,可你们的日子并不见得过得多好嘛,为什么?因为有人在你们头上压迫剥削。郭凤鸣、卢新铭凭什么来压迫剥削你们呢?很简单,因为他们有枪杆子,有反动政权。如果我们有了武装,又有了政权,我们人多势大,反过来镇压他们,他们就不敢作鬼作怪,作威作福了。你们说是吗?你们看现在,郭凤鸣被我们杀了,卢新铭被我们赶跑了,但还会有郭凤鸣第二,卢新铭第二,第三,第四,所以,革命不能单靠我们红军,要靠乡亲们自己团结起来,组织武装,建立政权,打土豪,分田地,跟反动派斗到底!"长汀是客家人聚集的地方,毛泽东的湖南口音很重,来听演说的群众听不太明白。好在李任予是广东客家人,操一口标准的客家话,长汀的客家话与广东客家话相近。于是,李任予临时当起了毛泽东的翻译,用客家话把毛泽东的话复述一遍,群众听了很亲切,在亲切的气氛中得到了革命的启蒙①。

自 1929 年 10 月中旬至 11 月下旬,闽西革命根据地尽管遭到敌人不断进攻,但由于毛泽东和闽西特委的正确领导,根据地在对敌斗争中进一步巩固和发展。到 11 月底,闽西红色区域建立了 4 个县 50 多个区 400 多个乡苏维埃政权,约 80 万贫苦农民分到了土地。工农武装也得到迅速发展,从 3 月间的 800 多支枪发展到 5000 多支枪,赤卫队员扩编到 6000 余人。党和各种群团组织也不断发展,拥有工会会员近万人,全体农民加入农会,党员计7800 余人。红色区域扩大到龙岩、永定、上杭、长汀、武平、连城等 6 个县,纵横 300 多公里②。闽西革命根据地的发展和巩固,为红四军党的九大在闽西境内顺利召开提供了可靠的保证。

---

① 傅柒生:《军魂——古田会议纪实》,解放军文艺出版社 2004 年版,第 298—299 页。
② 中共福建省龙岩市委党史研究室:《闽西人民革命斗争史》,中央文献出版社 2001版,第 161 页。

　　毛泽东回到红四军领导岗位是从苏家坡经蛟洋回长汀的。毛泽东抵达长汀时，李任予去迎接他，同时还请他给红四军官兵讲课，发表演说，鼓励广大官兵要积极上进。毛泽东回到长汀后主持召开了红四军前委扩大会议，讨论和研究如何贯彻中央九月来信的精神，决定对红四军部队进行政治军事整训和召开红四军党的第九次代表大会。

　　作为红四军政治部主任，李任予在这个重要历史时刻，为部队整训和红四军党的第九次代表大会的筹备做了大量细致的工作。

　　12月3日，毛泽东、朱德、陈毅、李任予率领红四军第一、第二、第三纵队从长汀开赴连城新泉与第四纵队会合，开展了著名的"新泉整训"。新泉整训包括政治整训和军事整训。朱德负责军事整训，毛泽东和陈毅负责政治整训。毛泽东、朱德、陈毅、李任予一起居住在望云草室。望云草室原是清代咸丰年间的书院，为一厅四室的砖木结构小平房。

　　新泉整训期间，李任予协助毛泽东、陈毅主持政治整训工作。为了了解部队的真实情况，他与毛泽东、陈毅冒着严寒深入红军各连队召开座谈会，与到会同志展开讨论。大家无拘无束地畅所欲言。

　　政治整训的目的主要是让指战员明确红军的性质和任务，自觉克服非无产阶级思想，纠正军阀作风。在部队指战员中先后召开了各种类型的座谈会，调查部队和党内存在的各种问题，和大家共同研究这些问题产生的根源和解决的办法。李任予还协助毛泽东起草了红四军党的九大决议草案。今天，在望云草室的厅堂旧址的石灰墙壁上还保留着"军事政治训练"，"加强少先队"等红军标语。当年毛泽东、朱德、陈毅、李任予卧室内各种物件仍按原样陈列，保存完好，它是当年红军新泉整训的历史见证。

　　12月17日，李任予随同毛泽东、朱德、陈毅率红四军从新泉进驻上杭古田，一方面继续进行军事政治训练，另一方面继续为召开红四军第九次党代表大会作思想和组织上的准备。李任予与毛泽东、陈毅一起居住在红四军前委机关及政治部驻地——古田镇的八甲村松荫堂。

　　12月18日，李任予协助毛泽东在司令部驻地主持召开红四军纵队、支队、部分大队的党代表和支队以上书记、组织委员和宣传委员联席会议。毛泽东在会上作报告。他首先说明会议的意义，是为了彻底肃清存在于红四军党内的各种不正确倾向，使红军建设成为一支真正的人民军队。这次联席会议共开了十多天，各个专题小组讨论的情况都有文字记录，这就为古田会议决议起草工作提供了丰富的材料。

经过十多天的整训,红四军广大官兵的军事素质和政治思想水平得到很大提高。大家初步认识到非无产阶级思想对红四军的危害,认识到纠正红四军党内非无产阶级思想对于人民军队建设乃至中国革命的重要性,从而使全军官兵的思想达到初步统一。因此,新泉整训具有重要的历史地位,它为古田会议的成功召开铺平了道路,做好了思想和组织上的准备工作。

在充分调查研究的基础上,毛泽东根据中央九月来信精神,结合红军创建两年多来的实践经验,为即将召开的红四军党的九大起草了决议案。

1929 年 12 月 28 日至 29 日,毛泽东在上杭县古田曙光小学(原为廖氏宗祠)主持召开中国共产党红军第四军第九次代表大会(即以古田会议著称的红四军党的九大)。李任予作为 120 名代表之一参加了这次大会。

为了集中精力开好会议,毛泽东、朱德、陈毅和李任予等红四军的主要领导人专门在会场设了临时的办公室,连中午也不回距会场仅一公里远的住地——八甲松荫堂和中兴堂,而是留在会场找代表谈话了解情况,共同批阅修改会议文件。

12 月 28 日大会开幕。在毛泽东、朱德发表讲话后,红四军政治部主任李任予致词。他指出:"各位代表同志们,今天的九次代表大会的召开是有它特别重要的双重意义的,我想除开有大会主席及毛书记和朱军长的明言外,我们还应着重强调每个共产党员和共青团员对革命道德的服从,加强党团员的思想意识的锻炼是最重要的,所以特别要求大会能号召全军的党员团员应以身作则地成为模范。"① 李任予的致词,对当时红军的建设,红军中党的建设,红军中青年团的建设,都具有积极意义。

会上,选举产生了红四军新的前敌委员会委员(前委)。前委委员由毛泽东、朱德、陈毅、李任予、黄益善、罗荣桓、林彪、伍中豪、谭震林、宋裕和、田柱祥 11 人组成,毛泽东为前委书记;杨岳彬、熊寿祺、李长寿 3 人为前委候补委员。前委秘书长为黄益善,秘书冯文彬。前委之下不设红四军军委。

红四军党的九大,由于中共中央(主要是周恩来)的正确领导和红四军前委(主要是毛泽东)在会前做了充分的调查研究和准备工作,各方面条件成熟,所以,只开了两天就圆满地结束了。大会通过的由毛泽东起草的决议

---

① 傅棨生:《军魂——古田会议纪实》,解放军文艺出版社 2004 年版,第 344 页。

案即著名的古田会议决议,明确规定了红军的性质、宗旨和任务,确立了党对红军的领导原则、制度和方法,强调加强党的思想建设的重要性,成为中国共产党和红军建设的纲领性文献。

李任予作为红四军政治部主任,对红四军党的九大的筹备召开和大会决议案的通过,都发挥了重要作用。

古田会议期间,蒋介石着手策划了闽粤赣三省国民党军队"会剿"闽西革命根据地的计划。

1930年1月3日,为打破国民党军第二次三省"会剿",实现争取江西的计划,毛泽东、朱德、李任予率领红四军从上杭古田出发,经连城、清流、归化、宁化县境,而后转战于赣西南,胜利打破了国民党军第二次三省"会剿",进一步沟通和密切了闽西与赣西南革命根据地的联系。

2月6日至9日,李任予在江西吉安县陂头参加了毛泽东等领导下召开的红四军前委和红五军、红六军军委及赣西、赣南特委联席会议(即"二七会议")。会议听取了毛泽东关于政治形势和今后任务的详细报告,确定党和红军的当前任务是深入土地革命、建立革命政权和发展工农武装。会议根据形势发展的需要,决定成立既领导赣西南、闽西、东江革命根据地党组织、苏维埃政府和地方红军,又指挥主力红军第四、第五、第六军的"前委",前委委员由红四、五、六军和赣西南、闽西、东江革命根据地的主要党政军领导人组成,毛泽东为前委书记。新成立的前委,成为当时闽粤赣边各革命根据地的党政军最高领导机关。以毛泽东为书记的前委领导机关,不但加强了闽粤赣边区党和红军的斗争联系及统一领导,而且为以后闽粤赣边大范围农村革命根据地的形成提供了组织上的保证。

2月7日,红四军重新成立中共红四军军委,朱德、潘心源、林彪、李任予、熊寿祺、罗荣桓(后增加)为常务委员,军部党团书记朱德,政治部党团书记李任予。

二七会议后,红四军和红六军一部协同作战,于2月24日、26日在吉安县水南、施家边全歼国民党军独立第十五旅唐云山部近3000人,极大地震动了闽粤赣三省国民党军。随后,红四、五、六军又进行了以歼灭敌人有生力量和贯通闽粤赣边各革命根据地为目的的大规模的分兵游击活动。

3月下旬,红四军所属各纵队和红六军第二纵队等部队,遵照前委《通告》确定的分兵计划及其方针策略,根据前委的具体分兵游击部署,先后实行战略展开,在赣南和粤东北地区各县开展大规模的分兵游击活动。3月19日,红四军第三纵队从赣州城郊出发,向于都开拔,首先以于都县为中心,举行为时1个月的分兵游击,建立了于都县各级红色政权,并打通了于都、安远两县红色区域的联系。4月1日,红四军第一、二、四纵队越过梅岭,打败粤敌毛维寿所部吴文献的2个营,俘敌数百,并乘胜攻占南雄县城。4月中旬,红四军由南雄县境内回师赣南,4月11日凌晨,毛泽东、朱德、李任予率红四军一举攻克信丰县城,消灭在城内负隅顽抗的信丰、安远和南雄等地的地方民团1700余人,活捉了国民党信丰县长吴兆丰,击毙信丰靖卫团团总王覃勋和第一支队长王文起,缴枪500余支。4月11日,中共信丰县委在大王庙召开群众大会,庆祝攻克信丰城。毛泽东、朱德、李任予出席大会。毛泽东在会上通俗讲解了共产党十大政纲,号召信丰人民组织起来,建立工农武装和苏维埃政权,打土豪分田地,支援革命战争。红四军在信丰县分兵期间,帮助建立了信丰县革命委员会。同时,前委决定将信丰、南雄、大余、南康等县的红军游击队整编为红军第二十六纵队。随后,红四军第一、二、四纵队分兵游击于安远、会昌等县,并攻占了会昌县城,还帮助建立了以盘古山矿工为主体的红军第二十二纵队。4月下旬,毛泽东等率领红四军第一纵队从会昌县筠门岭进入寻乌县境内,先是消灭澄江的地主武装,接着于5月2日进占寻乌县城。在会昌筠门岭,红四军政治部主任李任予签署发布了《宣传员工作纲要》,作为红四军政治部贯彻《古田会议决议》的重要实施意见,强调红军每到一地都要重视社会调查,有的放矢地开展宣传鼓动工作。6月5日,红四军政治部制定并发布了《红四军各级政治大纲》,明确规定了全军各级政治工作纲领,政治工作的基本原则,对红军军事系统与政治系统的关系也作了规定。

1930年5月,爆发了空前规模的国民党蒋介石、阎锡山、冯玉祥等新军阀的中原大战。战火起于中原,南方各省的国民党各派军阀纷纷调兵进入中原地区互相厮杀。福建的地方军阀张贞、卢兴邦、刘和鼎之间竞相火并,争权夺利。整个时局更加有利于红军和农村革命根据地的发展。

6月,乘蒋、阎、冯中原大战之机,毛泽东和朱德依照前委所发《通告》中关于3个月分兵最后会师闽西的计划,率领红四军从寻乌等地出发,沿赣粤边境北进闽西武平县境内,接连攻克武所、东留、下坝、中赤、岩前和武平县城。6月4日,红四军政治部发布《告武平劳苦群众书》,提出红四军在武平要做好分田废债、取消苛捐杂税、消灭反动势力、组织赤卫队、巩固红色政权等项重要工作。完成在武平的分兵任务之后,红四军即由武平东进上杭,于6月7日在官庄、回龙突破国民党军周志群旅的汀江防线,并打败该旅,一鼓作气攻占汀江之滨的上杭县城。随后,红四军从上杭转兵北进长汀县境内,于6月中旬进驻汀州。至此,红四军全部和红六军一部,胜利会师于汀州,完满结束了在闽粤赣边区3个月的大规模分兵游击活动。

四、留守闽西,扩大和巩固闽西苏区

1930年6月12日至22日,李任予参加了毛泽东、朱德在长汀县南阳龙田书院(今属上杭县)主持召开的红四军前委和闽西特委联席会议(即"南阳会议")。会议总结闽西土地革命的成功经验,提出了"抽多补少""抽肥补瘦"的分田办法,并通过了《富农问题》和《流氓问题》两个决议案。6月19日,"南阳会议"移至汀州,在长汀县城继续召开(即"汀州会议")。中央代表涂振农在汀州会议上传达了党中央《新的革命高潮与一省或几省的首先胜利》的决议。会议决定将红四军、红三军、红十二军第二及第三纵队合编为中国工农红军第一路军(后改称第一军团),朱德任军团长,毛泽东任军团政治委员。

6月23日,红四军第四纵队与红十二军第一纵队在龙岩县城合编成立中国工农红军第二十一军,李任予任政治委员、军委书记,胡少海任军长。李任予同时还兼任中国工农红军军官学校第一分校(闽西红军学校)校务委员、校政治部主任[①]。

当年春夏,经过古田会议精神的学习与贯彻,粤赣闽边各革命根据地的地方工农武装普遍进行整编和扩充,相继建立了政治、军事素质都比较好的军一级地方部队。其中赣西南革命根据地先后建立了红六军、红二十军、红二十二军;闽西革命根据地先后建立了红十二军、红二十军、红二十一军;东江革命根据地建立了红十一军。

6月25日,毛泽东、朱德按党中央关于《中国革命军事委员会为进攻南昌会师武汉通电》命令,率红一军团在福建汀州(长汀)南寨广场誓师向江西南

---

① 苏士甲:《闪亮的红星:中国工农红军院校及其办校人》,新华出版社2007年版。

昌开进。李任予领导的红二十一军奉命留在闽西,担负扩大和巩固闽西革命根据地的任务。

从 1929 年 7 月到 1930 年 6 月,李任予担任红四军政治部主任。这十一个月是李任予革命生涯中十分重要的阶段。其间,他得到毛泽东、朱德等领导人的信任,作为红四军第四号人物进入红四军的领导核心层,既使自己经受了锻炼,也发挥了重要作用。

7 月 8 日至 21 日,中共闽西第二次代表大会在龙岩县城召开。大会受李立三"左"倾冒险主义影响,提出闽西党的政治路线是"集中一切革命力量,扩大斗争到广东去,首先夺取闽粤桂三省政权,争取全国革命胜利"。会议期间改选了闽西特委,选出新的特委委员 23 人,郭滴人任特委书记。

中共闽西二大以后,李立三"左"倾冒险主义的理论与策略在闽西苏区开始全面执行。中共福建省军委书记王海平等人拟定了红军再次出击广东的军事计划。

7 月上旬,李任予与军长胡少海率领红二十一军进行剿匪军事行动,一个月内消灭了龙岩、万安、白砂、十八乡、漳平、永福等地的国民党部队、地方民团和武装土匪,进一步发展了闽西革命根据地。在攻打驻永福的民团詹方珍部的战斗中,军长胡少海不幸中弹牺牲。红二十一军军长由李任予兼任,继续率领红二十一军转向连城县姑田、梅村一带游击,并在姑田帮助建立了上堡、中堡、下堡革命委员会。而闽西地方红军第二十军成立后,则分散到龙岩(一纵队)、上杭(二纵队)、永定(三纵队)、连城(四纵队)、长汀(五纵队)等县游击,巩固红色区域。但是不久以后,为了执行东江发展的路线,红二十一军不得不改变原计划,于 8 月 5 日回师龙岩集结待命。

8 月 5 日,遵照中共闽西二大确定的军事行动计划,红二十一军所部 3000 余人全部集结龙岩城,奉命准备出击东江,计划由大埔向潮汕、广州推进。

8 月 9 日清晨,红二十一军全体将士集中于龙岩中山公园举行进攻东江的誓师大会,军政治委员兼军委书记李任予、参谋长邓毅刚和中共闽西特委书记郭滴人相继发表演说,进行战斗动员。晨 7 时,全军出发,开始了闽西红军第二次出击东江的行动。于 8 月中旬进入大埔、梅县、丰顺等县境内对敌作战。

8 月 10 日,中共闽西特委机关报《红旗日报》对红二十一军出击东江进行了这样的报道:

中国红军第二十一军自成立后，战斗日见雄厚，前月全部开往连城、古田、梅村附近一带游击，并帮助该处工农斗争，现该处工农斗争，已渐趋蓬勃，而各股散匪，也次第相告肃清。因根据总的政治路线，夺取广东革命先胜利，遂于5日全部回岩，加以整理训练。现训练已毕，昨9日早5时半全军3千余人，集中龙岩公园，听候训话，约6时许由政治委员李任予，参谋长邓毅刚训话，后有郭滴人演说，武装战士个个静听，杀敌精神更从诸革命战士面间显露，革命空气，顿时充满全岩。时约7点，始从公园出发，精神之振作，步伐之整齐，足使敌人胆破心穿，远观之，蜿蜒似长蛇，此去东江工农力量之配合，广东政权，必不难一鼓而取得也。又当该军出发时，有龙岩工友数百余人欢送云！

红二十一军出击东江，中共闽西特委根据党中央精神，在部署实施这一进攻任务的时候，也是部分做了保留的，特委采取了一些必要的措施，以保证苏区后方及出击部队的安全。一是并没有把当时闽西两个军的红军兵力全部投入出击东江，只调了红二十一军出击，而把红二十军留置于闽西各县，消灭反动团匪巩固苏区。二是在红二十一军出发前一天，派蓝为仁先期携信函前往东江特委联络。闽西特委在信中说明，闽西红军过去曾经几次向东江进攻，但由于未能深入腹地与东江革命力量会合而半途退回。"现在中国红军二十一军全部由龙岩出发向东江发展，配合东江各种革命势力，夺取广东政权，夺取全国革命胜利。"为了配合这一行动，希望东江特委与闽西加强联络，通报东江的政治形势与交通路线，给红二十一军入粤作战以各种帮助[1]。

红二十一军开始出击阶段很顺利。阮山（原红九军三团团长）率领先头部队自永定湖雷首先出动，参谋长邓毅刚率后续部队跟进。8月12日抵达苦竹，13日击败忠坑民团后，直入广东境内。8月15日，先头部队向大埔县的石云、百候进攻，经过3小时激战击败守军警卫队，占领了石云、百候。8月16日，部队从大埔边境继续南下，直趋韩江下游的重镇高陂、留隍，从留隍可远眺仅七八十公里远的汕头市。

8月19日晨，邓毅刚率后续部队从象湖出击，进攻平和县城，守军与民团闻讯，弃城逃窜。上午8时红军顺利进入平和县城。稍事休整后，即于中午

① 《中共闽西特委通讯第十二号》（1930年8月7日）。

12 时出城向东江推进。

中共东江特委由于事先得悉了中共闽西特委关于红二十一军准备再次出击东江的计划,因此,积极采取措施,配合红二十一军的行动,于 8 月 14 日发动了丰顺县嶂背等地 1000 多名农民的武装暴动,打败守军警卫队,占领了田圩。接着又调动地方红军第五十二团等部队攻打寨下、南溪并占领南溪,击破南溪各乡地主武装的防守,打退从梅县前往增援的三个连国民党军,迫使梅县守军张大旅退守兴宁。国民党平远县长罗俊超率领民团仓惶退往闽赣边界,加筑炮楼数十座固守待援[①]。

红二十一军继续向潮汕推进时,所面对的国民党军不再是弱旅,而是具有很强战斗力的部队。当时,在潮汕一带驻有粤军香翰屏的 1 个师 2 个旅,还有较强的豪绅地主武装,在闽南地区驻有国民党中央军新编第一师(后改为国民党陆军第四十九师)张贞部。

初战节节胜利,似乎对战局很有利,然而,实现全国总暴动和夺取闽粤桂政权的实际条件毕竟尚未成熟。这时,两广国民党军阀战争已和缓下来,香翰屏师已移至东江。因此,当红二十一军占领高陂山,准备向高陂发动进攻的时候,汕头守军立刻调动揭阳和潮阳所属部队,加上香翰屏师主力一部,迅速增援高陂。国民党军大军云集,红二十一军在高陂一战受挫,欲渡韩江又未成,部队于是从高陂后撤,向闽西转移,准备在平和、南靖地区打开局面。

8 月 25 日和 9 月 2 日,红二十一军又连续两次向平和进攻,并经平和县大小芦溪向靠近南靖边境的东槐进击,以威胁漳州。张贞立刻调杨逢年旅堵截。红二十一军在兵力和武器装备均处于绝对劣势的情况下,兵力遭受很大的损失;而后被迫回平和县境内时在大芦溪与张贞部发生遭遇战,由于腹背受敌夹击再次受挫。

闽西红军再次出击东江失利后,士气大大低落,许多指战员反对继续执行向东江发展的计划。在此情况下,红二十一军只得于 9 月 10 日前后全部撤回闽西苏区。

9 月中旬,中央巡视员到达闽西。在中央巡视员的指导下,刚成立不久的闽西总行委与红二十一军军委举行联席会议,讨论闽西红军两次出击东江失

---

① 《闽西红军六千进攻广东东江》(1930 年 8 月 27 日),中共闽西特委机关报《红旗日报》第 13 号。

败的原因与目前行动问题。

闽西总行委是9月上旬新成立的一个领导机关,它是根据中共中央7月18日召开的全国组织工作会议精神,为保证李立三"左"倾冒险方针的执行,将党与团等组织暂时统一起来而成立,并且直接归属中共中央南方局领导。8月5日,中共福建省委召开二届四次全会讨论党团合并成立行动委员会时,省委书记罗明和团省委书记王德等提出反对意见,认为这不利于团的工作,并且也不同意把闽西苏区划归南方局领导。但是鉴于中央已作出决定,会议仍不得不确定党团省委合并,组织成立福建省总行动委员会(省总行委),并指示各地分别成立总行动委员会(各地总行委)。

闽西总行委与红二十一军联席会议对今后工作作出两项决议。第一,坚决执行中央关于集中一切力量进攻东江的指示:"无论如何解决,不能动摇或变更这一路线。而且应该切实的纠正过去的一切错误,加紧这一工作的布置。"但是,鉴于当时部队屡遭失败,士气低沉,给养服装相当困难的情况,在策略上作些调整,第一步先攻上杭,"打几个胜仗以提高勇气,充实力量,并解决一切困难问题"。第二步再进攻漳州以扩大影响,震动潮汕。这样就更有把握地进攻东江。为保证这一计划的成功,应将闽西全部武装编入红二十一军,充实红军力量。第二,为了加强军事组织领导,统一指挥作战,决定组织革命军事委员会,由李任予(红二十一军政治委员兼军委书记)、伍中豪(原红十二军军长、拟调任红二十一军军长)、古大存(东江红十一军军长)、张鼎丞(闽西苏维埃政府主席)、郭滴人(闽西特委书记)、卢肇西(红二十一军一纵队司令员)、邓子恢(红军学校一分校政治委员)、阮啸仙(红军学校分校校务委员会主任)、王占春(漳州游击队队长)、张家记(党中央军事部南方办事处代表)等11人为委员。会议指定李任予为革命军事委员会主席。成立军事委员会目的是统一闽西南和东江的红军作战指挥。

会后,李任予写了《红二十一军军委书记李任予给中央军部南方办事处、广东总行委的报告——进攻东江经过及最近内部情况》,委派军政治部主任陈正前往中央军部南方办事处、广东总行委汇报。

会议结束后,疲惫不堪的红二十一军奉命攻打强敌据守的上杭县城。虽然靠强攻硬打勉强攻进了上杭城,但遭到团匪钟绍葵部的伏击,伤亡惨重,被迫从九州方向退往连城。为了摆脱困境,红二十一军在连城的乡村进行筹款和整顿,以解决部队给养和恢复战斗力。

10月,为加强对地方党组织的领导,在红二十一军出击东江时,军政治委员李任予兼任中共上杭县委书记①。

这是李任予第三次成为中共上杭县委书记。

10月1日,中共中央派赴闽西苏区的施简抵达龙岩。随后于10月7日在龙岩主持召开闽西总行委、红二十一军军委和闽西红军学校校委联席会议。会上,施简传达了中央的指示。鉴于闽西苏区面临的严重局面,以及根据地广大干部群众对"左"倾错误的抵制和不满,联席会议决定暂时停止执行南方局关于马上再次进攻东江的指示,转向闽南发展,夺取漳州,然后再寻机出击东江。

为了集中武装力量,提高战斗力,联席会议作出两项决定。(一)以红二十军5个纵队为基础,与红二十一军合编为红十二军(称新红十二军),下辖3个团,共3000余人。左权任军长(在未到职之前由贺沈洋代理),施简任政委,李任予任政治部主任。闽西红军学校200多名学生提前毕业,充实新红十二军。(二)联席会议根据7月全国组织工作会议关于在红色区域成立工农革命委员会的指示,成立闽西工农革命委员会,施简为主席。

这次联席会议虽然改变了闽西的斗争策略,但是,由于当时关于纠正李立三"左"倾错误的决定尚未传达到闽西,因此仍然不得不执行中央和南方局关于闽西红军向东江进攻的指令,认为"打漳州总是入东江,策略上的改变非路线上的取消"。

10月20日,左权奉派到达龙岩,就任新红十二军军长。11月初,新红十二军成立并经过两星期的整训之后,又被调去攻打平和,准备迂回出击东江。虽然在大芦溪打败了闽南军阀张贞的1个营,俘敌百余人,但张贞随即调来援兵,广东军阀香翰屏师也增兵大埔。新红十二军乃改向永定龙潭、苦竹进攻,但均遭失利。这样,闽西红军三次迂回出击东江之战,均以失利而告终。

12月下旬,李任予离开闽西,被党中央派往上海、南京从事城市地下革命斗争。

李任予是闽西革命根据地的主要创建者和领导者之一。他从1928年被

---

① 中共龙岩地区组织部、中共龙岩地委党史资料征集研究委员会、龙岩地区档案馆:《中国共产党福建省龙岩地区组织史资料》(1926年夏—1987年12月),福建人民出版社1990年版,第61页。

党派遣到闽西领导开展农民武装斗争开始,在闽西工作、战斗了三年。这三年时间,正是闽西革命根据地从创建到发展壮大和红四军壮大发展的重要时期,李任予作为中共闽西临时特委领导人之一和红四军领导人之一,为闽西革命根据地的形成,作出了重大的贡献。

如今,闽西革命历史博物馆、古田会议纪念馆、连城县新泉革命纪念馆等都记载了李任予开展革命斗争的历史和光辉的业绩。在闽西中央苏区这片红色的热土上,留下了李任予战斗的足迹。

五、在南京、上海开展革命工作

1931 年 9 月 18 日,日本侵略者在中国东北挑起了九一八事变。蒋介石国民党政府采取不抵抗政策,仅一个月的时间,东北三省大好河山和三千万同胞便沦落日本铁蹄奴役之下,华北亦危在旦夕。蒋介石的卖国投降政策和日本军国主义对东北的野蛮侵占,激起全国人民的极大愤慨。在中国共产党领导下,一场以反蒋抗日为中心的爱国运动在全国各地广泛展开。此时正在上海、南京一带从事地下革命工作的李任予,目睹祖国山河破碎、人民受辱的惨状,心急如焚。他一面积极宣传反蒋抗日,一面准备到抗日前线参加抗日斗争。

南京是国民党中央委员会和国民党中央政府所在地。在国民党反动统治的中心地域领导开展革命斗争,对于打击国民党反动势力,配合中国共产党领导的革命斗争有着十分重要的意义。

九一八事变前,1931 年上半年,李任予受中央的委派活动于南京、上海城乡,发展党的组织,建立工会农会等进步群众团体,秘密领导工人农民学生开展反对国民党反动统治的斗争。其间,李任予在上海与武汉军校出身的女共产党员陈竹君(福建人)结婚。会见过昔日好友——国民党第十九路军总指挥蒋光鼐,并结识了国民党高级将领冯玉祥和蔡廷锴。

九一八事变后,民族矛盾激化,国民党内部抗日反蒋情绪增长。李任予抓住这一有利时机,深入活动于国民党中上阶层,广交朋友,共商反蒋抗日救国之策。冯玉祥主动提议李任予组建工农群众武装,并联系其好友、国民党十九路军军长蔡廷锴相助。于是李任予拿着冯玉祥的亲笔信找到当时在南京沪宁路布防的蔡廷锴。蔡廷锴欣然应允提供一切便利,并当即预支 1000 块大洋给李任予,作为组建抗日反蒋武装的经费。

从此以后,李任予与蔡廷锴紧密联系,互通情报,在南京、上海一带秘密筹划发展武装力量,为开展大规模的武装斗争进行了准备。

六、为恢复整顿北平党组织而战斗

1931 年,由于国民党反动当局强化了白色恐怖,加之王明"左"倾教条主义错误在北方的推行,以及一些意志薄弱者的动摇或叛变,使中共河北省委、北平党组织及党的外围组织连续遭到严重的摧残和破坏,党的力量遭到严重损失。据截至当年 9 月的统计,北平市仅有共产党员 76 人。在中共河北省委、北平党团组织遭到严重破坏的情况下,当年 11 月中共中央派李任予到北平参加恢复整顿党组织的工作。

李任予以中央特派员身份,化名李德山与妻子陈竹君一起来到北平,首先参加重建中共北平市委。李任予任市委组织部长,陈竹君任市委秘书长兼妇女部长①。中共北平市委隶属中共河北省委。当时的中共河北省委代行原中共中央北方局的职权。

李任予上任后,即和市委其他委员一道投入恢复整顿党组织的工作,并领导北平各界反蒋抗日斗争。他深入到北京大学、清华大学等校了解情况,整顿发展党的组织,建立各种抗日团体,组织领导各种抗日救亡活动。

他还与其他委员根据广大人民群众抗日爱国的要求,经过缜密部署,于12 月初与共青团北平市委共同发动了一场声势浩大的群众性反蒋抗日运动,并组织了由北京大学、清华大学、燕京大学及迁入北平的东北大学等院校几千名爱国学生组成的南下请愿团和示威团,准备冲破国民党当局的禁令,乘火车南下参加由南京学生发起的"送蒋北上抗日"运动。为加强对这一运动的领导,中共北平市委专门建立了指挥组织,并作了具体分工,李任予负责组织南下请愿团的工作。12 月 4 日,北京大学、清华大学、燕京大学及东北大学等院校几千名爱国学生到达前门火车站后,受到反动当局的阻挠。李任予率领部分学生请求国民党北平市党部允许乘车南下,结果又被拒绝接见。于是,李任予指挥请愿学生高呼口号,冲击国民党北平市党部,砸毁了市党部的

---

① 顾卓新:《关于李德山一些情况的回忆》(1992 年 5 月 9 日),存中共保定市委党史研究室。

牌子。由于当局拒不准备火车发车,学生们便不顾严寒进行卧轨斗争。

12月的北平,寒风呼啸滴水成冰。为了民族的存亡,学生们顽强地坚持卧轨斗争,使北平与外地的铁路交通断绝。学生的爱国行动得到北平各阶层和广大爱国群众的同情和支持,各界舆论一致谴责国民党当局的做法。许多市民和商会为学生送来饼干开水,瑞蚨祥等商号送来成捆的毛毯供卧轨学生御寒。在学生的顽强斗争和社会舆论强大的压力之下,国民党北平当局深感被动,为摆脱窘境答应了学生请愿团南下的要求。卧轨斗争取得胜利,12月7日请愿团几千名学生顺利登车南下。

新中国成立后,根据同名小说改编的电影《青春之歌》就是以此为历史背景,真实地展现了从九一八事变到一二九运动这一历史时期,以北平大学生为中心的一批爱国进步青年在中国共产党领导下,为反抗日本帝国主义的侵略、反对国民党蒋介石的不抵抗政策、拯救危难中的祖国而进行顽强的不屈不挠的斗争。电影中北平大学生们走向街头举行大游行、请愿、示威等活动的场景,真实生动地再现了青年一代爱国知识分子走向抗日革命的必由之路。

12月下旬,李任予在积极组织反蒋抗日斗争的同时,还经常深入到北京大学、清华大学、辅仁大学等院校,了解情况,发展党的组织,并对青年学生和工人进行革命理想教育,勉励学生党员好好学习,多学一些革命理论,下工夫进行钻研。在他的帮助下,许多同志进步很快,成为革命斗争骨干。他还和大学生党员一起研究探讨马列主义。他最早介绍入党的学生党员陶瀛孙说:"因为我们刚接触马列主义,觉得很新鲜,所以常常提出一些问题同亚克(李任予)争论。亚克(李任予)笑着说:'你们真够调皮!看来跟大学生打交道不容易,我还得多学点马列主义。'"李任予还给学校支部的党员布置任务,在工人中发展党员。

1932年春,北平西郊建立了公共汽车场。黄包车夫们一看,议论纷纷,说:不行!他们建公共汽车场,我们就得失业,不能让他建。陶瀛孙等学生党员和区委书记刘瑞森酝酿,准备组织工人砸掉汽车。这时,李任予知道后,很快找他们谈话,进行了耐心教育。李任予说:"有了汽车,是社会的进步,黄包车夫的敌人不是汽车而是资本家。我们要努力提高工人阶级的觉悟,使他们认识到,工人之所以贫困是由于资本家的残酷剥削和压榨,而不是公共汽车。"接着同他们一起研究了斗争方法。学生党员们很佩服李任予的才能,夸他有较高的领导水平①。

李任予在北平市委期间，由于工作积极热情，待人诚恳，对敌斗争勇敢坚定，深受党内外同志的爱戴，虽然当时年纪不大，但同志们都亲切地称呼他为"老李"。

李任予任中共北平市委组织部长后，重点抓党的组织工作，逐步恢复了被破坏的区党委和一些基层党支部。到1931年底，党的基层组织发展到六七十个支部，党员300多人，其中大部分是学生。

1932年1月，日本帝国主义在不断从东北向关内派兵挑衅的同时，在上海制造了震惊全国的一二八事变。国民党驻上海守军十九路军3万多将士奋起抵抗，给日本侵略军以重挫。日军进驻吴淞、闸北一带后，侵华的步骤加快。北平、上海都受到日军的威胁。这时，中国共产党内王明"左"倾教条主义进一步发展，要求全党贯彻执行"革命在一省与数省首先胜利"的错误路线。北方党组织中一些有实际工作经验的重要干部对王明错误路线给予批评和抵制，反遭执行王明路线的中央领导人的排斥。他们指责北方党组织犯了"机会主义路线错误"，搞"北方特殊论"，从而又诬蔑北方党组织存在"北方落后论"的思想，强行要中共河北省委推行"用一切力量来准备三个斗争的支流——'工人暴动，农民暴动，军事叛乱'合成的一个巨流"战略。根据北方各地的实际情况，经派人去上海请示周恩来等中央领导同志，中共河北省委开始调整各级党团组织的领导干部，有计划、有重点地开展武装暴动工作。

1932年4月，中共北平市委书记顾卓新调上海工作，行前将市委工作交给李任予负责。

七、领导保定二师学潮

1932年5月，中共河北省委为贯彻中共临时中央②《关于争取革命在一省与数省首先胜利的决议》，决定在国民党统治区开展工农和士兵革命运动，以

---

① 《访陶瀛孙同志》(1987年3月4日)；唐明照：《关于李之道情况的回忆》(1992年10月17日)；刘瑞森：《给中共保定市委党史办的信》(1986年2月27日)，均存中共保定市委党史研究室。

② 在白色恐怖时期，无法召开党代会时，以非常方式产生的中共临时中央。

配合红军夺取反"围剿"的胜利。在这种形势下,中共河北省委将李任予调往保定任中共保属特委书记,领导保定地区革命武装斗争和学生运动,并改组中共保属特委。

保定是一座历史文化古城,有着2300多年的悠久历史。是北平通往华北的重要城镇,东有碧水白洋淀,西临巍巍太行山。保定与京、津呈三足鼎立、构成相互对应之势,是自古以来军事、政治要地,历代兵家必争之地,素有"北控三关,南达九省""北平南大门"之称。

九一八事变和上海一二八事变发生后,保定人民在共产党领导下,反蒋抗日斗争风起云涌。国民党当局为维护自身统治,在保定城乡实行白色恐怖,残酷镇压保定人民的革命斗争。

早在1927年大革命失败前后,中国共产党在保定地区就建立了秘密组织。如容城建有特别党支部,完县建有县委,易县建有冯家庄党支部,定县建有特支……保定建有特支、县委机构,辖蠡县、博野、徐水、安新、满城等5个特别党支部。以保定为中心,以容城、完县、易县、蠡县、博野、高阳、徐水、安新、满城等县城为重点,辐射2万多平方公里近2000个村庄,遍布着共产党的党团组织和党团积极分子。革命的烈火越烧越旺。无论是先成立又撤销、撤销又成立的中共中央北方局,还是反反复复调整的中共顺直省委,都对保定地区党的工作始终没有放松。中共河北省委组建后,进一步加强了对保定地区党的最高机构中共保属特委的领导。从1927年开始,上级党组织曾先后派郝清玉、徐云圃、张兆丰、薄一波、贾振峰、王义顺、韩永禄、李培准、张明远、湘农、李任予(黎亚克)等前来领导和开展保定地区党的工作。保定城内以省立第二师范学校(简称保定二师或二师)、河北大学、清苑师范、景仁中学、同仁中学、二师附小、保定铁路为主,建有党团支部。从城市到农村,至1932年初,中共党员发展到近600人,共青团员3000多人。在中共河北省委和中共保属特委的领导下,保定城乡建有大大小小规模不等的工人党支部、农民党支部、学生党支部。博蠡建立党支部10个,高阳建立党支部6个,两县共发展党员近260人。一些进步团体也相继产生,成立了农民赤色工会14个,农民自卫军、反帝大同盟、社联、左联、工济会等20多个进步团体。保定二师因校长张陈卿思想反动,禁止学生阅读进步书刊,甚至限制学生的自由,不准学生参与抗日救亡的游行集会。在学校党组织领导下,举行全校大罢课,驱逐了反动校长张陈卿,由此引发了以保定二师等学校为主的学潮运动。

原中共保属特委书记贾振峰接到李任予来保定的通知后，找到保定六中党支部书记齐庆祥，让他到车站去接新任的特委书记李任予。齐庆祥问道："这个李任予长什么模样，有什么特征？"贾振峰笑笑说：我也没见过，据说是高高的个子，长方脸，白白的，二十七八岁，很儒雅，像个书生。齐庆祥点点头说，那把接头暗号告诉我。贾振峰把省委通知的联络暗号和李任予乘座的车厢位置告知了齐庆祥，并嘱咐他因形势吃紧，一定要小心。

齐庆祥按照贾庆峰交待的联络暗号、车厢位置、人物打扮长相，找到了李任予。这位新来的特委书记，化名李之道，身穿一件灰大褂，清瘦的脸上两颗炯炯有神的眼睛，操着南方口音，思维敏捷，像个勤勉的书生，给人以精明强干、老练成熟的感觉。

齐庆祥从车站直接把李任予领到二师与贾振峰见面。寒暄过后，李任予迫不及待地向贾振峰等人了解市内学生运动和各县乡村农民运动的情况。贾振峰将保定的革命斗争形势，简明扼要地向李任予作了汇报。李任予听了汇报后，心里又高兴又沉重：高兴的是保定有这么好的群众基础，尤其是二师的学运情况，非常令人振奋；沉重的是他感到二师有一种"山雨欲来风满楼"的味道，爱国学生同国民党当局的一场暴风雨般的斗争不可避免。

李任予到保定时，正值保定反动当局大力破坏二师的爱国学生抗日救亡运动。

保定二师始建于清光绪三十年（1904年），由著名教育家严修（1860—1929）创办，校名为保定初级师范学堂。1909年暑假后改名为直隶第二初级师范学堂。1912年中华民国临时政府成立后，更名为直隶第二师范学校。1928年6月26日因直隶省改称河北省，学校改名为河北省立第二师范学校。

保定二师是一所具有光荣革命传统的学校。早在1923年，二师的师生中就有了共产党员和社会主义青年团员。后来党团组织逐渐发展壮大，成为河北省中部地区的革命策源地。二师学生中的党、团组织成为领导保定地区革命运动的核心。

1931年6月初，保定二师驱逐反动校长张陈卿的学潮取得胜利，教育厅派张腾霄（又名张云鹤）进入二师。张腾霄思想比较开明，对二师学生的革命活动持同情和维护的态度。学生们秘密外出，他不限制不干涉，为学生的革命活动提供了宽松便利的优越条件。对国民党当局密谋破坏革命活动的情报,只要他事先得知,都能及时转告学生骨干以早作预防。每当外出活动的学生遭到军政当局逮捕时,他都积极出面保护。学生们通过各种关系物色到的进步教师,他也愿意帮助聘入二师任教。

张腾霄对二师进步师生革命活动的同情和支持,为进步教员在学生中广泛传播革命思想提供了有利条件,二师学生的思想非常活跃。学校建立了一些公开的学术会社,如:文学研究会、社会科学研究会、音乐研究会、美术研究会、武术社、书报贩卖部(售卖各种进步书籍和报纸刊物)。另外还开设有业余的日文学习班、世界语学习班(张腾霄校长亲自讲授世界语)。为了团结、教育、发动年龄小的同学们投入抗日活动,在校内建立了40余人的童子军,设大队、中队、小队。童子军的学生身穿黄绿色童子军服,佩带白蓝色领巾,手持童子棍进行操练。通过这些组织,把大部分学生团结在党的周围。这样,在二师300余名学生中,党、团员及各进步组织的成员约占学生总数的80%,进步力量得到空前发展。由于二师五年级九班学生贾振峰时任中共保属特委书记,他多以二师为基地组织开展各项活动,使二师成为保定革命活动的中心,被誉为北方的"小苏区"。

九一八事变后,二师的学生不断走上街头,书写抗日标语,散发抗日传单,组织抗日讲演。反动当局多次想拘捕学生,阻止抗日活动都未能得逞。1932年5月,便以"二师为共匪盘踞地"为由撤换了校长,开除了进步学生,并宣布提前两个月放假,驱逐学生离校回家,妄图以此摧垮共产党组织,扑灭抗日烽火。

李任予任中共保属特委书记后,为了贯彻落实中央北方工作会议决定,决心大干一场。他认为南方大干了几年,建立了广大苏区,照红了半壁江山,北方也不能落后。他说:"小打小闹动摇不了反动统治,必须搞震动大的斗争,搞大的暴动,以摧毁反动统治,扩大党的影响"。面对反动当局镇压学生革命斗争的现实,李任予分析了二师矛盾的激化情况和党团基础,针对反动当局破坏二师学潮斗争的情况,决定开展一场争取抗日救国自由,反对国民党反动统治的护校斗争。

为了以二师为基地,充分发挥学生党员的作用,燃起学校革命斗争的烈火,李任予吸收二师学生党员骨干曹金月任特委委员、组织部长,杨鹤声任特委委员、宣传部长,贾良图任特委委员、秘书长。组建了新一届中共保属特委。

　　新一届中共保属特委成立后，李任予主持召开特委会议，就通知二师学生返校、校内和校外的秘密联系方式和护校斗争的口号，以及组织二师学潮后援会等各方面的工作进行了研究和部署。一场轰轰烈烈的二师护校学潮斗争由此在保定展开。护校斗争开始后，保属特委委员曹金月、杨鹤声、贾良图在二师校内负责组织领导，保属特委书记李任予在校外指挥。为配合二师斗争，李任予组建了中共保定中心支部，在保属特委的具体领导下与二师校内取得联系，组织人力物力支援，并动员组织各校爱国学生成立二师学潮后援会，广泛宣传学潮真相，争取社会各界群众的支援等。中共保定中心支部实际上成了保属特委的办事机构。

　　为便于领导二师的学生运动，李任予将保属特委机关设在离二师不远的法院街小高坡上的一个小院内。他以"律师"职业为掩护，开始了在保定的战斗生涯。在当时只能以杂合面维持生计的艰苦条件下，他彻夜不眠地领导二师学潮斗争。在二师校内，学生坚守阵地，严阵以待。在二师校外，学潮后援会的学生在保定城乡散发传单，广泛宣传，为二师捐款捐物，并组织宣传代表团分赴北平、天津、上海等各大城市、大专学校请求声援。保定各校学生得到充分发动。二师护校斗争实际上成了全市青年学生参加的一次反蒋抗日救国的大规模的革命斗争。

　　1932 年 6 月 20 日，保定反动当局奉国民党河北省政府的命令，调集大批军警对二师护校学生实行武装包围，断粮、断电、断柴，断绝与外界的接触，企图以武力威迫学生离校。二师护校委员会在中共保属特委领导下，带领全体护校同学坚持斗争，不妥协、不低头，同武装的敌人对峙了半个多月。

　　7 月初，鉴于国民党反动派武装包围二师的严峻情况，李任予和赵天绪到北平向中共河北省委汇报二师学潮斗争情况。临行时，李任予指示齐庆祥等在校外指挥斗争的负责人说："你们要注意一个问题，看敌人是否要对二师实行残酷镇压。要看北平和青岛大学（此时两地学生也正在闹学潮）的变化。如果北平、青岛大学被镇压了，我们要赶紧拉出来，尽量避免牺牲。"并对二师下一步斗争进行了安排。由于当时北平各校已放暑假，李任予的北平之行没有能够将学生充分发动起来。李任予的指示也因封锁严密未能及时传到二师校内。

　　就在李任予离开保定的第二天，7 月 6 日晨，反动当局命令驻保定部队十四旅旅长陈冠群对手无寸铁的二师护校学生实行军事镇压，制造了震惊华北的七六惨案。

惨案发生后，李任予一方面组织校外党团组织和进步学生揭露反动当局的暴行，安抚受难战友的家属，另一方面向中共河北省委汇报惨案情况。中共河北省委为弘扬保定二师学生抗日爱国的革命斗争精神，于7月8日发出《为保定惨案告民众书》，强烈谴责国民党反动当局残暴屠杀爱国学生的罪行，号召全省人民进一步组织起来，掀起反蒋抗日斗争更大高潮。中央苏区《红色中华报》对这一事件也及时作了报道并给予评价。《民国日报》《华北日报》《导报》《大公报》《益世报》等全国各大报纸也多次作了报道。保定二师学潮斗争所产生的政治影响，在北方乃至全国引起了巨大反响，扩大了共产党的政治影响，为保定抗日救亡运动的发展起到了重要推动作用。

七六惨案发生后，整个保定笼罩在白色恐怖之中。为了更加隐蔽地进行对敌斗争，李任予与在清华大学一起工作过的女学生（共产党员）陶瀛孙组成假家庭，以掩护特委机关的工作。

原来7月下旬，陶瀛孙在清华大学校外办民校，因宣传抗日、暴露身份被特务盯上。李任予了解到这种情况，征得中共北平市委同意，便找到陶瀛孙，动员她到保属特委工作。李任予对陶瀛孙说："你在这里工作已暴露，再继续下去恐怕不安全，保定需要你，这是组织的决定。"陶瀛孙表示服从。李任予把陶瀛孙带到在北平的家中，与妻子陈竹君（省委妇委书记）一起接待了她。李任予给陶瀛孙交待了工作任务，讲了怎样进行秘密工作。还介绍了保定二师学生英勇斗争和壮烈牺牲的情景，鼓励她要勇敢顽强，为党工作。

李任予带陶瀛孙来到保定，两人假扮夫妻，就住在中共保属特委机关。据陶瀛孙回忆："到保定后，住在高坡上边（法院街）一个小院内，这个小院共住着五个人：黎亚克（李任予）、我（陶瀛孙）、一个姓张的妇女、还有婆媳俩（据考证是韩永禄的母亲和妻子）。亚克（李任予）对我介绍说：那个媳妇的丈夫是共产党员，为革命牺牲了，暂时住在这里，我们好照顾。这五个人一块起火吃饭。当时生活很苦，只能买杂合面吃。由姓张的那位妇女和婆媳俩操持家务。从外表面上看就像一个大家庭。"

李任予为了保证机关的安全，不准陶瀛孙上街，让她做起草信件、翻译密码、刻印文件等秘书工作。有时还用木板刻印的旧书翻印书信，然后再装订好，这样不易暴露。陶瀛孙说："黎亚克（李任予）讲话很风趣。一次他见我印文件弄了满身油墨，便笑着说：'小陶，你这身衣裳很有价值，将来要把它送到博物馆去。'"①

二师学潮斗争的失败,使李任予一度陷入极度的痛苦之中。面对国民党反动派的血腥屠杀,应该怎样领导人民群众进行斗争,他不由地追忆起在南方领导的斗争历程,从南昌起义、广州起义到闽西领导农民武装斗争,从工农武装割据到闽西革命根据地的建立……往事的回忆使他深深感觉到枪杆子的重要性。他忍住悲痛与同志们认真总结二师学潮斗争失败的教训,一是对国民党当局会采取血腥镇压的行动估计不足,没有及时做好学生的撤离工作。假如能让曹金月、贾良图、杨鹤声他们和更多的党员、团员、进步学生,采取巧妙的方式,先撤离学校,等敌人撤退后,再组织爱国学生进行反蒋抗日爱国活动,也不会发生七六流血惨案。二是必须尽快武装自己的队伍。对国民党反动政府和反动军队,不能抱有任何幻想,今后的战斗,没有工农群众的参与,没有枪杆子是不行的。只有建立起我们的武装,有了军队,才能和敌人打仗。

李任予痛定思痛,决心化悲痛为力量,振奋精神,重整旗鼓,运筹新的斗争。紧接着,他召开了中共保属特委扩大会议,各县党团组织的负责人列席会议,着重就如何开展游击战争、发动武装暴动等问题进行了讨论和研究。这时,根据中共河北省委的指示,重新改组了中共保属特委、共青团保属特委领导班子:"中共保属特委书记李任予,委员李永茂(李树文)、赵典模(鲁夫)、姚春荣(姚关志),团保属特委书记马永岭,委员杨文明、范承浚。"随后,安排组织营救被捕的保定二师学生,发展壮大革命力量,准备东山再起。

八、领导高蠡暴动,建立红军游击队

李任予在保定干的第二件大事就是领导发动了震惊华北的高蠡(高阳、蠡县)暴动。名著《红旗谱》就是以此真实历史事件为背景而创作的,它真实再现了当时暴动的情景。

1932 年 7 月下旬,即保定二师惨案半月后,李任予和赵天绪(保属特委秘书长)来到北平西河沿饭店,参加了中共河北省委为贯彻中央北方各省代表联席会议精神召开的省委全会和县委联席会议。会议由中央巡视员晓山

---

① 《访陶瀛孙同志》(1987 年 3 月 4 日),存中共保定市委党史研究室。

主持。会上,晓山极力推行临时中央"左"倾路线,严厉批评"北方落后论",强调有利的革命形势和新的革命斗争高潮已经到来。会议在晓山的坚持下,促使中共河北省委通过了《河北省委接受北方各省委代表联席会议决议》。会上把认为"创造苏区和红军的客观条件还不成熟"的观点斥之为"北方落后"的机会主义,取消主义,进一步提出"在河北发动游击战争,创建新的苏维埃红军,已经是摆在议事日程中的中心任务",决定用最大力量在京东、保属,直中、直南等地组织全省暴动,扩大罢工运动,组织同盟罢工,组织兵变,发动游击战争,建立红军,创建北方苏区。这些决定,燃起了刚刚经历了挫折,急切渴望胜利的李任予和赵典模心中的革命烈火。在讨论中,省委领导把眼光转到来自闽赣粤苏区富有工农武装斗争经验的昔日红军领导人李任予身上,建议李任予率先在保定发动武装暴动,创建北方苏区。李任予因保定二师惨案本来就怒火满腔,如今省委领导的期盼和临时中央的指示精神,使他立即与国民党反动派大干一场的想法更加坚定,于是一场大规模的组织高蠡农民武装暴动的计划和盘托出。省委领导听了李任予的打算非常高兴,充分肯定了他的想法。会间,中共河北省委与李任予一起研究了在保定地区组织发动游击战争的问题。随后,中共河北省委机关报《北方红旗》发表了《为创建一个北方苏维埃而奋斗》的重要文章,表明了河北省委发动暴动的决心。

省委会议结束后,李任予返回保定,立即召集党、团特委成员传达临时中央和省委会议精神。根据保属各县情况,决定在高阳、蠡县一带发动农民暴动;派中共保属特委成员习从真去定县任县委书记,组织定县一带开展秋收斗争,以牵制敌人,配合高蠡暴动。

李任予自接到省委提出的"发动高蠡农民武装斗争"的任务后,心情一直处于兴奋状态,食不安,寝不宁。时而思考如何组织、领导暴动,确保胜利万无一失;时而想象暴动的壮观场面,憧憬胜利后的未来。他思来想去,决定亲自到高阳、蠡县走一趟,把情况掌握得更具体,以便因地制宜,适当制定行动计划,避免失误。

李任予和省委秘书徐云圃于8月8日来到保定东南区,对蠡县、高阳农村进行巡视,深入考察社会生活,了解乡土民情。灾难深重受尽压榨的农民们发出的"红军再不来,共产党再不带领农民暴动,我们就要饿死了"的呼声,激起了李任予的使命感。李任予在调查了解的基础上,为使暴动计划更加周详,在高阳县南玉田村主持召开高阳、蠡县两个县委的联席会议,对在高蠡一带地区开展游击战争的准备工作进行了具体部署:一是加紧扩大宣传工作,分粮济贫,抢割地、富的庄稼;反盐店,反硝磺局,反对一切苛捐杂税;号召群众自动武装起来,提出反对日本帝国主义、打倒国民党、拥护苏联拥护红军等口号,并写成传单印发给群众。二是武装准备,要求五天之内每个同志和群众准备一件武器。有钱的买枪,没钱的准备梭镖大刀。各区挑选一部分忠实可靠的同志,集中一部分武装,秘密收缴反动武装的武器。七天之内,把所有的群众按支队、大队、中队、小队建制组织起来,各村成立专门破坏敌人交通和负责暴动通信联络的工作组。三是立即领导群众开展分粮斗争、反盐店斗争和秋收斗争。此外,李任予就党团组织和群众团体的设立、发展及工作任务提出了要求:立即将党团组织按年龄(23 岁以上为党员)分设,党组织帮助建立团的支部和各级指导机关,党员编入支部,按时过组织生活和缴纳党费,健全党的各级领导机关,选拔贫雇农中忠实可靠的积极分子参加领导机关工作;加强宣传教育工作,开展批评与自我批评;大力发展党团员,壮大党团队伍,注意公开与秘密工作的联系,保持一部分秘密干部;群团组织要大发展,已建立的穷人会一律改组为农民斗争委员会,各村党支部要努力工作,8 月底前建立起农民委员会、少年先锋队和童子军。

李任予在高蠡地区巡视布置工作历时 11 天,8 月 18 日返回保定。8 月 20 日,李任予在保定主持召开了中共保属特委全委会,就巡视高蠡情况和布置暴动事宜进行通报。会议一致认为,"在高蠡东北区与高阳县东南区的地方暴动条件已经成熟,现在应组织并领导群众暴动,夺取政权"。会议决定将暴动农民武装编为红军,定名为河北红军游击队,李任予任军政治委员,红军设 1 个师 3 个团,初步议定了师、团领导人员。8 月 21 日,李任予奋笔疾书,以中共保属特委的名义向河北省委作了《保属特委为布置蠡县、高阳游击战争致省委的报告》。这份报告着重就武装暴动的准备工作和部队编制事宜作了比较详细的叙述,并提请省委审查后尽快作出批示,以便实施武装暴动计划。

中共河北省委收到报告后,立即召开省委紧急会议。省委书记孟永祥、省委军委书记湘农、组织部长赵声等 20 多人出席会议。会议未作认真研究,通过了李任予以保属特委名义给省委写的报告并作出决定,派军委书记湘农到保属特委,代表省委负责指导一切工作。

8月23日，到达保定的湘农主持召开了保属特委党团联席会议，团省委代表白坚出席会议，蠡县、高阳、定县等县委书记列席会议。会议就高蠡暴动问题进行了讨论。会后，李任予代表保属特委将会议情况和保属特委关于布置高蠡游击战争的行动计划报告省委。行动计划的主要内容为："一、成立以特委书记黎亚克（李任予）等7人组成的保属革命委员会，作为开展游击战争的总指挥机关，并通过了政纲和布告。二、高蠡地区发动农民武装起来，组织游击队，定名'河北红军游击队'，番号二十七军第一师，下设3个大队（团），每个大队下设3个中队，每个中队下设3个小队，每小队10人。大队设政治委员1人，中队设指导员1人，基层组织设党支部。并决定将高阳县东南区编为一大队，蠡县东区编为二大队，蠡县西区编为三大队。三、以蠡县东、西区和高阳县东南区作为根据地。武装斗争发动起来后，在上述地区即刻建立苏维埃政府，进行土地改革和肃反工作，组织赤卫队、少先队、童子军等群众团体。如果游击队受敌人大'围剿'，万不能立足于原定区域时，便沿平汉之路西退完县一带靠山之地。四、后勤工作，成立运输大队，其任务是向暴动地区输送外地支援人员、武器及物资。"河北省委根据北方会议精神批准了保属特委关于布置高蠡游击战争的行动计划。

高蠡游击战争行动计划获省委批准后，保属特委书记李任予和团省委特派员白坚负责全面指挥，省委军委书记湘农和保属特委的其他同志于8月25日按照分工奔赴斗争第一线，组织实施暴动。8月26日，李任予派人向湘农通报了敌方的活动和应对意见，要湘农当机立断，迅速行动。湘农等鉴于高蠡暴动的计划这时已经被国民党反动派探知，并在《大公报》上披露，蠡县国民党政府已经派警察到南玉田开始搜捕的情况，决定提前行动，回击国民党反动派布置的进攻。8月27日，轰轰烈烈的高蠡农民暴动首先在蠡县宋家庄发起。随后，蠡县东北区、西区和南阳县东南区的农民纷纷起来响应。1000多农民举起了刀枪，公开向国民党反动统治宣战。

暴动队伍所到之处，张贴保属革命委员会第一号布告，公布红军游击队十大纲领，发动群众，扩大队伍，收缴反动武装的枪支，打土豪、斗地主、分粮仓、砸盐店、废除高利贷和苛捐杂税，深受群众欢迎。8月30日，游击队采取里应外合的战术，缴获了高阳县北辛庄保安团、公安局、区公所等处敌人的长短枪40余支。当晚，湘农在北辛庄召开紧急会议，宣布建立地方苏维埃政府，湘农任主席，宋洛曙任副主席；同时整编了游击队，正式成立河北红军游击队第一支队,下设 3 个大队,共 300 余人,湘农任支队长。

高蠡暴动的枪声震惊了保定反动当局。驻安国县国民党军奉命连夜火速对红军游击队进行"围剿"。8 月 31 日,红军游击队在高阳县西演村获胜班师后召开大队长、政治委员军事会议时,不意被国民党军白凤翔骑兵团包围。红军游击队奋力抵抗,但由于暴动队伍武器不足,加上缺乏必要的战斗经验,而且敌我力量悬殊,当场牺牲 17 人,被捕 19 人,大部分队员突围后在数倍国民党军的追击下被打散。另一支博野暴动农民队伍 40 余人在向主力汇集的途中也遭到保定派出的国民党军"围剿",20 人被捕,其中 19 人被杀,只幸存一个最小的暴动队员刘青山。高蠡暴动至此失败。暴动失败后,国民党反动派下令通缉暴动人员,高蠡一带随即处于更加严重的白色恐怖之中。

高蠡暴动是保定地区高阳、蠡县一带的广大农民在中共河北省委和保定特委直接领导下掀起的一场震撼华北的反对国民党反动统治的大规模的农民武装斗争,是在敌强我弱的形势下创建红军、建立苏维埃政权的一次尝试。这次暴动虽然是因贯彻临时中央"左"倾指导方针仓促发起并很快失败,但在保定及其周围广泛区域震撼了国民党反动派的社会基础,打击了敌人反革命气焰,唤醒了劳苦大众的阶级觉悟,扩大了共产党在人民心目中的影响,播下了革命火种,为冀中平原在抗日战争时期开展武装斗争、建立敌后根据地和人民政权积累了经验,打下了群众基础。

高蠡暴动失败的消息传到保定,李任予痛心不已。他不顾国民党反动派的搜捕、屠杀,强忍悲痛继续指挥战斗。他一面派人秘密到暴动地区,进行烈士安葬和家属的安置;一面组织保定及周围各县党团组织做好暴动失散人员的寻找、安顿工作,并亲自督促检查党的保密工作,以最大限度减少损失,待机再行暴动。

九、被捕入狱,坚贞不屈

1932 年 9 月 30 日下午 1 时许,李任予等二人来到保定基督教青年会馆阅报室转移特委机关油印机、誊写板等物时,因叛徒出卖,被埋伏在阅览室的特务抓捕。

李任予被捕后,国民党反动当局如获至宝,军政宪特都想邀功请赏,最后由保定特种公安局、清苑县政府和驻保陆军十四旅联合给河北省政府、平津卫戍司令部、国民政府军事委员会北平分会发电,请求处理办法。军事委员会北平分会回电责令驻保陆军十四旅军法官曹桢、保定特种公安局局长于锡藩和清苑县县长金良骥组成审判小组,就地严加审讯。[①]受宠若惊的曹桢等3人,遵照旨意亲自出马,昼夜审讯,企图从李任予口中获得保定地区中共党组织、河北省委及北平市委最高领导人的情况。国民党反动派对李任予施以鞭打、火烫、压杠子、灌凉水、手指钉竹签等种种酷刑的摧残和折磨,妄想迫使其屈服。李任予深知国民党反动派的狡诈凶残,自从被捕以后,就作好了用自己生命保护党组织的思想准备。因而,在国民党反动派的监牢和法庭上,不论是严刑拷打还是叛徒出场对质,得到的只有李任予"来保(定)寻找朋友,其他一概不知"的供词。妻子陈竹君到狱中探望,看到李任予浑身伤痕累累,骨瘦如柴,失声痛哭。李任予百般安慰,鼓励她坚持斗争,并对她说:组织上正在设法营救我,万一营救不成,死而无憾。他曾通过陈竹君给河北省委秘密传出一张纸条,上面写道:"我受刑很重,指甲都被拔掉,十指溃烂,但我的口供只有三个字:'不知道'。"表现了一个共产党员坚贞不屈、视死如归的革命意志。

李任予被捕后,中共河北省委为营救他,向多方筹措资金,打通各种关系,但由于"案情重大",种种努力都未能如愿。最后联系冯玉祥、蔡廷锴等有声望的国民党爱国高级将领面见蒋介石力保,蒋介石均以"李之道(李任予)是中共保属特委书记,组织领导高蠡暴动有据"而拒绝。[②]经过一个多月的审讯,当时化名李之道的李任予始终缄口不言。审判小组黔驴技穷,只有以"李之道已抱定为共党牺牲之决心,多次审讯,茹供不吐"为由,向上请示"拟依照《危害民国紧急治罪法》判处死刑",随即得到国民党军事委员会北平分会"准照执行"[③]的批复。

1932年11月27日早晨,国民党军警秘密把李任予从牢房提出,用刑车

① 陆军独立十四旅旅长陈贯群、清苑县县长金良骥、保定特种公安局局长于锡藩:《会呈北平军事委员会河北省政府执行李之道等行情刑文》(1932年11月29日),存中共保定市委党史研究室。

② 《蔡廷锴先生访问记》(1959年6月25日),存中共保定市委党史研究室。

③ 《陆军独立第十四旅司令部、清苑县政府、保定特种公安局判决》(1932年12月),存中共保定市委党史研究室。

押往保定城外小西门刑场。军警害怕李任予沿路进行宣传，便将他放平躺在车上，并叫两名犯人压住他的身子，使他不能说话。刑车驶抵保定城外小西门水闸水窖处，军警把李任予推下车，迅速开枪行刑。李任予面对死亡，昂首挺胸，在"红军万岁""共产党万岁"的高呼声中倒在血泊里。人民的好儿子，中国共产党的坚强战士，红军早期的知名将领李任予为了中国人民的解放事业献出了自己宝贵的生命，牺牲时年仅29岁。

李任予牺牲后，12月1日，天津《益世报》以《保定共党领袖李之道等昨枪决》为题报道了消息。12月18日，中共河北省委致临时中央信中，汇报了李任予英勇就义一事。中共河北省委在党内刊物发表了《悼念亚克同志》的文章；省委书记孟永祥也在北平市委的一次会议上介绍了李任予为党献身的英勇事迹，号召大家学习他的革命精神，踏着烈士的血迹前进。

李任予担任中共保属特委书记，在保定工作战斗仅4个月时间（从来保定任职到英勇就义也仅6个月零1周时间），用年轻的热血和短暂的生命谱写了他革命生涯的壮丽诗篇。他领导了全国闻名的保定二师学潮，策划发动了震惊华北的高蠡暴动。其中高蠡暴动虽然有47名革命志士先后壮烈牺牲，但暴动对反动统治者的猛烈打击和牺牲烈士们的英勇事迹鼓舞激励了河北人民的革命斗志。当时在高蠡地区农民中间，广泛流传着这样一首歌谣："不怕你杀，不怕你砍，大兵走后还共产。"

英雄已逝，英魂长存。抗日战争胜利后，1946年2月，高蠡人民怀着对先烈的崇敬心情，在高阳北辛庄竖立了高蠡暴动烈士纪念碑，碑文刻下了李之道（李任予）和其他烈士们的光辉名字。1957年又在此建造了高蠡暴动殉难烈士纪念塔。1978年后重新修葺，更名为：辛庄烈士陵园、高蠡暴动烈士陵园、高蠡暴动纪念馆。

由于李任予少小离家，参加革命后使用化名多，他的亲属和家乡人长期都不知道他的下落。新中国成立后，1953年3月23日，其父亲李名伍写信给毛泽东主席，查询李任予的下落。中央军委总政治部秘书处于4月24日复信李名伍说："你3月23日给毛主席的信已转我处处理了。关于查询李任予同志下落问题，因时间相隔甚久，部队建制变动很大，短期无法查到，我们拟印发军属寻人名单发至部队,广泛寻找,待查明下落后,当即去函告知。"①

1956 年,李任予弟弟李任辉(安闾)又写信给中国人民解放军总政治部,查询李任予下落。10 月某日,中国人民解放军总政治部信访办公室给李任辉发来总政秘群字第 6211 号复信,其中说:"关于查询你哥哥李任予的下落问题,据纺织工业部蒋光鼐部长回忆:你哥哥在 1924 年国共合作时,曾任广州教导团政治指导员。蒋光鼐部长离开该团时,曾介绍他到广州市公安局工作。以后蒋部长曾在上海见过他。后来他在华北区作地下工作,被当时的反动政府拘捕入狱以后就无消息。因时间相隔甚久,而且没有适当的线索,我们无法查明他的下落。特复。"②

1957 年,新丰县人民委员会民政科部署对本县革命烈士进行调查。新丰县城东乡人民委员会派员找到李任予的同乡、族兄弟李寿祺(曾在民国时期任新丰县政府教育局局长)进行查访。李寿祺于当年 10 月写出回忆,谈到李任予到北平时曾与他通过信,以后无消息。调查后,新丰县人民委员会意见是:李任予应属失踪革命工作人员。

1959 年 6 月 4 日,时任民革中央副主席、全国政协常委的蔡廷锴给保定中共党史部门的杜毅写信:

杜毅先生:6 月 1 日来函收悉,关于李志道烈士生前事绩问题,事隔廿多年我还不十分清楚和了解,事情是这样,李烈士于 1931 年冬带有冯玉祥先生介绍信到南京见我乃是第一次会晤亦非同学。那时因九一八事变日寇军不到一星期占领我东北三省,时间未久李烈士痛恨国亡,对蒋介石反动政府不抵抗主义恨之入骨,我当时仍率领十九路军在沪宁路一带布防,我与李烈士见面和往来甚密,共同密商抗日反蒋救国大计,他说是党员,河北人,愿意回北方策动群众组织抗日反蒋救国团体,请我帮助。我即给其大洋 1000 元,回去以后时常均有情报。1932 年被特务破获机密,被捕宁死不屈。不久,接其妻△氏(忘记姓名)来电,请援救。我与冯玉祥先生向蒋贼交涉,均以共党暴动有据。出尽九牛二虎之力均属无效。我与李烈士经过是如此,但李烈士

---

① 《中央军委总政治部秘书处复信》(1953 年 4 月 24 日),原件存广东省新丰县档案馆。

② 《中国人民解放军总政治部秘书处秘群字第 6211 号复函》(1956 年 10 月),原件存广东省新丰县档案馆。

这种英勇不屈的精神,永远不能磨灭。惟当时与李烈士相处时间不多,没有将其履历搞清楚,深表遗憾,特复。此致敬礼。

蔡廷锴手启 1959 年 6 月 4 日于北京府前石碑胡同三十五号。

继蔡廷锴的信提供重要讯息之后,有关部门继续为搜集了解李任予的相关情况而努力。1984 年中共新丰县委党史办公室成立,以此为新的起点,又进行了长达十多年的追踪调研,曾多次派员到福建、上海、北京、河北、南京、天津等地查找李任予史料。直到 1999 年底,申请追认李任予为革命烈士的各种材料才得以齐备,新丰县人民政府即以《关于要求追认新丰籍红军早期领导人李任予革命烈士称号的请示》向广东省人民政府呈递报告。

2000 年 5 月 12 日,经广东省人民政府批准,李任予被追认为革命烈士。这时距他光荣牺牲,已经过去了 60 多年。

为了纪念云髻山飞出的雄鹰、新丰人民的好儿子,2002 年 4 月,中共新丰县委、新丰县人民政府在新丰县城南门塘文化广场竖立起李任予烈士的铜像,并将该广场命名为"任予广场"。

后 记

　　《中共党史人物传》(以下简称《人物传》)是经中共中央宣传部批准,由中国中共党史人物研究会主持编撰的大型党史丛书。40多年来,在中国中共党史人物研究会第一、第二、第三、第四届理事会的努力下,编撰出版了第1—89卷。《人物传》自出版以来,成为公众学习了解和研究党史人物生平的重要参考,对推动党史研究和宣传教育工作,弘扬共产党人的革命精神、崇高风范和优良作风起到了积极作用。

　　2019年11月11日,中国中共党史人物研究会召开第五次全国会员代表大会,完成换届。张树军同志当选为新一届理事会会长。本书是第五届理事会首次编撰出版的《人物传》系列丛书。本书由以欧阳淞为会长的第四届理事会完成约稿、初审等工作;由以张树军为会长的第五届理事会完成专家评审、组织统改、定稿、出版等工作。本书共收入5位传主,分别是:项南、高文华、章蕴、贺敏学、李任予。其中,《项南》的作者为钟兆云、王盛泽,《高文华》的作者为唐振南,《章蕴》的作者为赵云,《贺敏学》的作者为钟兆云,《李任予》的作者为李美通。

　　在书稿审改过程中,来自中央和国家机关、军队有关部门的专家学者对书稿提出了宝贵的意见和建议。参与书稿审读的专家学者有:肖甡、霍海丹、李正华、李庆刚、王新生、郭召志、徐玉凤。其中霍海丹、徐玉凤还参与了本书的统稿工作。本书经张树军会长、王相坤秘书长审改后完成定稿。

　　本书是2020年度国家社科基金社科学术社团主题学术活动资助项目。

　　对于所有给予本书关注、帮助和支持的单位和同志,在此一并表示衷心的感谢。

　　由于我们水平所限,书中难免存在一些不当和疏漏之处,期待广大读者提出批评意见。

中国中共党史人物研究会

2020年9月

附 录

中国中共党史人物研究会章程

第一章 总则

第一条 本会名称为：中国中共党史人物研究会。

英文译名：Chinese Society on the Research of the Figures in the History of the Chinese Communist Party

第二条 本会是由从事中共党史、军史、革命史研究的单位和个人自愿结成的全国性、学术性、非营利性社会组织。

第三条 本会的宗旨：高举中国特色社会主义伟大旗帜，以毛泽东思想、邓小平理论、"三个代表"重要思想、科学发展观、习近平新时代中国特色社会主义思想为指导，坚持党的基本理论、基本路线、基本方略，发扬理论联系实际的优良学风，通过研究中共党史人物，总结党领导人民进行革命、建设、改革的历史经验，宣传中国共产党人为民族独立和人民解放、国家富强和人民幸福而前赴后继、英勇奋斗的光辉业绩，教育广大党员干部和群众继承和发扬党的优良传统，坚定不移走中国特色社会主义道路，为实现"两个一百年"奋斗目标和中华民族伟大复兴的中国梦作出新的贡献。

本会遵守宪法、法律、法规和国家政策，践行社会主义核心价值观，弘扬爱国主义精神，遵守社会道德风尚，自觉加强诚信自律建设。

第四条 本会坚持中国共产党的全面领导，根据中国共产党章程的规定，设立中国共产党的组织，开展党的活动，为党组织的活动提供必要条件。

第五条 本会接受业务主管单位中共中央党史和文献研究院和社团登记管理机关民政部的业务指导和监督管理。

第六条 本会住所设在：北京市。

第二章 业务范围

第七条 本会的业务范围：

（一）研究五四运动以来各个历史时期中国共产党重要领导人、著名革命先烈，对党的事业和社会发展作出特别突出贡献的专家学者、英雄模范人物，与中共亲密合作的爱国民主人士，参加中国革命、建设、改革事业并作出突出贡献的外国友人的生平和思想，宣传他们的业绩；

（二）依照有关规定，编辑出版中共党史人物的传记等有关图书和音像制品；

（三）组织交流中共党史人物研究成果和中共党史人物传记编写经验，召开学术研讨会议；

（四）开展中共党史人物的宣传教育活动。

业务范围中属于法律法规规章规定须经批准的事项，依法经批准后开展。

第三章　会员

第八条　本会会员分为单位会员和个人会员。

第九条　申请加入本会的会员，必须具备下列条件：

（一）有加入本会的意愿；

（二）承认和拥护本会章程；

（三）有志于从事中共党史人物的研究、宣传教育、传记编写和评论工作；

（四）在党史人物研究领域内具有一定的影响。

第十条　会员入会程序：

（一）提交入会申请书；

（二）经理事会或常务理事会讨论通过；

（三）由理事会或理事会授权的机构发给会员证。

第十一条　会员享有下列权利：

（一）本会的选举权、被选举权和表决权；

（二）参加本会举办的活动；

（三）获得本会服务的优先权；

（四）对本会工作的批评建议权和监督权；

（五）入会自愿，退会自由。

第十二条　会员履行下列义务：

（一）执行本会的决议；

（二）维护本会合法权益；

（三）按规定交纳会费；

（四）向本会反映情况，提供有关资料；

（五）完成本会交办的工作。

第十三条　会员退会应书面通知本会，并交回会员证。

无特殊原因，会员 1 年不缴纳会费或不参加本会活动的，视为自动退会。

第十四条　会员如违反国家法律、党的纪律以及本会章程，经理事会或常务理事会表决通过，予以除名。

第四章　组织机构和负责人产生、罢免

第十五条　本会的最高权力机关是会员代表大会，会员代表大会的职权是：

（一）制定和修改章程；

（二）选举和罢免理事；

（三）审议理事会的工作报告、财务报告；

（四）决定本会的工作方针和任务；

（五）制定和修改会费标准；

（六）决定本会其他重大事项；

（七）决定终止事宜。

第十六条　会员代表大会须有 2/3 以上的代表出席方能召开，其决议须经到会会员代表半数以上表决通过方能生效。

第十七条　会员代表大会每届 5 年。因特殊情况需提前或延期换届的，须由理事会表决通过，报业务主管单位审查并经社团登记管理机关批准。延期换届最长不超过 1 年。

第十八条　理事会是会员代表大会的执行机构，在会员代表大会闭会期间领导本会开展日常工作，对会员代表大会负责。

第十九条　理事会的职权是：

（一）执行会员代表大会的决议；

（二）选举和罢免会长、副会长、秘书长、常务理事；

（三）决定副秘书长、各机构主要负责人的聘任；

（四）筹备召开会员代表大会；

（五）向会员代表大会报告工作和财务报告；

（六）研究制定本会的工作规划和年度工作计划；

（七）决定会员的吸收和除名；

（八）决定办事机构、分支机构、代表机构、实体机构的设立、变更和终止；

（九）领导本会各机构开展工作；

（十）制定内部管理制度；

（十一）决定本会其他重大事项。

第二十条 理事会须有 2/3 以上理事出席方能召开，其决议须经到会理事 2/3 以上表决通过方能生效。

第二十一条 理事会每年至少召开 1 次会议；情况特殊的，也可采用通讯的形式召开。

第二十二条 本会设立常务理事会。常务理事会由理事会选举产生，常务理事人数不超过理事人数的 1/3，在理事会闭会期间行使第十九条的一、三、四、六、七、八、九、十项的职权，对理事会负责。

第二十三条 常务理事会须有 2/3 以上常务理事出席方能召开，其决议须经到会常务理事 2/3 以上表决通过方能生效。

第二十四条 常务理事会至少每半年召开 1 次会议；情况特殊的也可采用通讯形式召开。

第二十五条 本会的会长、副会长、秘书长必须具备下列条件：

（一）坚持党的路线、方针、政策，政治素质好；

（二）在本会业务领域内有较大影响；

（三）最高任职年龄不超过 70 周岁；秘书长为专职；

（四）身体健康，能坚持正常工作；

（五）具有完全民事行为能力；

（六）未受过剥夺政治权利的刑事处罚的。

第二十六条 本会会长、副会长、秘书长如超过最高任职年龄的，须经理事会表决通过，报业务主管单位审查并经社团登记管理机关批准同意后，方可任职。

第二十七条 本会会长、副会长、秘书长每届任期 5 年，连任不得超过两届。因特殊情况需延长任期的，须经会员代表大会 2/3 以上会员代表表决通过,报业务主管单位审查并经社团登记管理机关批准同意后,方可担任。

第二十八条　会长为本会的法定代表人。

因特殊情况,经会长推荐、理事会同意,报业务主管单位审核同意并经登记管理机关批准后,可以由副会长或秘书长担任法定代表人。聘任或向社会公开招聘的秘书长不得任本会法定代表人。

法定代表人代表本会签署有关重要文件。

本会法定代表人不兼任其他社团的法定代表人。

第二十九条　本会会长行使下列职权:

(一)召集、主持理事会和常务理事会;

(二)检查会员代表大会、理事会、常务理事会决议的落实情况;

(三)主持重要学术会议;

(四)向会员代表大会、理事会、常务理事会报告工作。

第三十条　本会秘书长行使下列职权:

(一)主持办事机构的日常工作,组织实施年度工作计划;

(二)协调本会分支机构、代表机构、实体机构的工作;

(三)提名副秘书长以及各办事机构、分支机构、代表机构和实体机构主要负责人,提交理事会或常务理事会决定;

(四)决定办事机构、代表机构、实体机构专职工作人员的聘用;

(五)处理本会其他日常事务。

第五章　资产管理、使用原则

第三十一条　本会经费来源:

(一)会费;

(二)捐赠;

(三)政府资助;

(四)在核准的业务范围内开展活动和服务的收入;

(五)利息;

(六)其他合法收入。

第三十二条　本会按照国家有关规定收取会员会费。

第三十三条　本会经费必须用于本章程规定的业务范围和事业的发展,不得在会员中分配或挪作他用。

第三十四条　本会建立严格的财务管理制度,保证会计资料合法、真实、准确、完整。

第三十五条　本会可以配备具有专业资格的会计人员。会计不得兼任出纳。会计人员必须进行会计核算,实行会计监督。会计人员调动工作或离职时,必须与接管人员办清交接手续。

第三十六条　本会的资产管理必须执行国家规定的财务管理制度,接受会员代表大会和财政部门的监督。资产来源属于国家拨款或者社会捐赠、资助的,必须接受审计机关的监督,并将有关情况以适当方式向社会公布。财务收入情况定期向理事会或常务理事会报告。

第三十七条　本会换届或更换法定代表人之前必须进行财务审计。

第三十八条　本会的资产,任何单位、个人不得侵占、私分和挪用。

第三十九条　本会专职工作人员的工资和保险、福利待遇,参照国家对事业单位的有关规定执行。

第六章　章程的修改程序

第四十条　对本会章程的修改,须经理事会表决通过后报会员代表大会审议。

第四十一条　本会章程在会员代表大会通过后 15 日内,须经业务主管单位审查同意,并报社团登记管理机关核准后生效。

第七章　终止程序及终止后的财产处理

第四十二条　本会由于分立、合并等原因需要注销的,由理事会或常务理事会提出终止动议。

第四十三条　本会终止动议须经会员代表大会表决通过,并报业务主管单位审查同意。

第四十四条　本会终止前,须在业务主管单位及有关机关指导下成立清算组织,清理债权债务,处理善后事宜。清算期间,不开展清算以外的活动。

第四十五条　本会经社团登记管理机关办理注销登记手续后即为终止。

第四十六条　本会终止后的剩余财产,在业务主管单位和社团登记管理机关的监督下,按照国家有关规定,用于发展与本会宗旨相关的事业。

第八章　附则

第四十七条　本章程经 2019 年 11 月 11 日第五届第一次会员代表大会表决通过。

第四十八条　本章程的解释权属于本会理事会。

第四十九条　本章程自社团登记管理机关核准之日起生效。

在中国中共党史人物研究会第五届理事会
第一次会议上的讲话

（2019 年 11 月 11 日）
张树军

各位理事、同志们：

中国中共党史人物研究会第五次会员代表大会，按照原定议程，审议通过了第四届理事会工作报告，修改了研究会章程，选举产生了新一届理事会，圆满完成了各项任务。

首先，请允许我代表第五届理事会，对以欧阳淞同志为会长的上一届研究会的领导，对长期以来关心支持中国中共党史人物研究会发展的领导、专家、学者表示衷心感谢！对全体与会代表给予我们的支持表示衷心感谢。承蒙大家信任，推举我担任党史人物研究会新一届会长。我感到既光荣，又责任重大。我和新一届理事会、常务理事会的全体同志，将认真履行职责，努力工作，继续完成党史人物研究会所承担的各项任务。

中国中共党史人物研究会成立于 1979 年。40 年来，本会致力于中共党史人物的研究宣传和传记写作。在何长工、李力安、孙英、欧阳淞等历任会长的坚强领导下，在邓力群、刘云山、热地、李新、胡华等领导和专家学者的指导、关心和帮助下，中国中共党史人物研究会通过研究中共党史人物，总结中国共产党领导人民进行革命、建设、改革的历史经验，积极宣传中国共产党人在民族独立、人民解放和国家富强、人民幸福的伟大征程中前赴后继、不怕牺牲、英勇奋斗的光辉业绩，推出了《中共党史人物传》等一系列具有很高知名度的研究成果，充分发挥了党史人物研究以史鉴今、资政育人的重要作用。

在欧阳淞会长的领导下，本会第四届理事会坚持以习近平新时代中国特色社会主义思想为指导，紧紧围绕党史人物研究这个主责主业，扎实推进研究、编纂、宣传各项工作，在前几届理事会辛勤工作的基础上，先后推出了《中共党史人物传》（1-89 卷）系列丛书（再版）、《中国人民解放军高级将领传》《中共党史少数民族人物传》等一系列有价值、有影响的研究成果，组织召开了一系列学术研讨会、专题论坛,参与拍摄了《为了可爱的中国》等优秀电视理论文献片。这些扎实的成果为我们今后的工作打下了坚实的基础。

关于本会今后的工作,第四届理事会在工作报告中提出了很好的建议,我们在研究、安排本届党史人物研究会的工作时,要认真地加以考虑和吸收。关于下一阶段党史人物研究会的工作,我谈三点意见,供大家参考。

一、深入学习贯彻习近平新时代中国特色社会主义思想,把政治建设摆在研究会工作首位

中国中共党史人物研究会是全国党史学界的学术性社会团体,它的各项工作也是新时代党的历史和文献工作的重要组成部分。我们必须旗帜鲜明讲政治,自觉把政治建设摆在本会各项工作首位,把讲政治的要求贯穿本会各项工作始终。如何加强本会的政治建设,要重点做好以下四项工作。

一是坚持以习近平新时代中国特色社会主义思想为指导,全面贯彻落实党的十九大和十九届二中、三中、四中全会精神,毫不动摇地坚持党的领导。我们要以高度的使命感和责任感,深入学习贯彻习近平新时代中国特色社会主义思想,学习贯彻党的十九大和十九届二中、三中、四中全会精神,坚持把习近平新时代中国特色社会主义思想作为推进本会各项工作的行动指南,在思想上政治上行动上同以习近平同志为核心的党中央保持高度一致,增强"四个意识",坚定"四个自信",做到"两个维护"。这是我们理事会每一位理事必须严格遵循的政治原则和政治规矩。

二是认真学习贯彻习近平总书记关于党史和文献工作的重要论述精神。曲青山院长在开幕式上的致词中讲到,党的十八大以来,习近平总书记多次就做好党史和文献工作发表重要讲话,作出重要指示批示,深刻阐明了党史和文献工作的重大理论和实践问题。这些讲话、指示、批示,是习近平新时代中国特色社会主义思想的重要组成部分,是做好新时代党史和文献工作的根本指针,也为中国中共党史人物研究会的工作指明了前进方向,提供了基本遵循。我们一定要深入学习领会,认真贯彻落实,这是本会首要的政治任务。

三是在研究、编撰、宣传工作中要坚持党性原则。坚持党性原则,核心就是坚持正确政治方向,站稳政治立场。本会在组织各种活动时要增强政治敏锐性和政治鉴别力,在政治上把好关,始终同党中央保持高度一致。要严格遵守以习近平同志为核心的党中央对党的历史的重大判断和关于重大党史事件、重要党史人物的最新结论和口径,严格按照党的两个历史问题决议精

神和改革开放以来历次党的全国代表大会、中央全会以及重要会议精神开展工作。

四是严格落实意识形态工作责任制。我们要通过高质量的研究成果,坚决驳斥网络、社会上对党的历史、党的基本理论和党的领袖人物的造谣、污蔑、诋毁言论,坚决抵制和反对历史虚无主义。同时按照中央的规定和要求,不断规范本会举办的研讨会、年会、座谈会,压实主体责任,严把活动的入口关、过程关、宣传关。确保研究会的各项活动健康有序地开展。

在这些方面,本会的各位理事要率先垂范。

二、站在新的历史起点上,聚焦主责主业,更好发挥党史人物研究以史鉴今、资政育人的作用

40 年来,中国特色社会主义事业的巨大发展,为更好地发挥党史人物研究的作用提供了广阔舞台。站在新的历史起点上,聚焦主责主业,按照习近平总书记关于党史和文献工作的重要论述精神,把老一辈无产阶级革命家的丰功伟绩和崇高风范总结好、传承好、宣传好,把以党史人物为载体的红色资源利用好、红色传统发扬好、红色基因传承好,充分发挥以史鉴今、资政育人的作用。这是我们义不容辞的责任。

如何根据新时代的要求,不断提高研究水平,努力增强党史人物研究的社会影响力,增强党史人物研究成果的吸引力和感染力,我理解,要重点在以下四个关键问题上下功夫。

一是要突出党史人物研究的时代性,围绕党和国家工作大局,发挥好党史人物研究以史鉴今、资政育人的作用。我们要站在时代高度,坚定正确政治方向,积极面对新的实践和任务,努力开拓研究的视野和领域,在尊重历史事实基础上,紧密结合现实需要和群众需求,研究好、编写好党领导人民用鲜血和泪水、苦难和辉煌创造的历史;坚持以正在做的事情为中心,不断对以党史人物为载体的红色历史、红色文化进行新的审视和提炼,形成新认识、得出新结论,进一步增强党史人物研究的生命力,更好服务现实。具体来讲,下一阶段,我们要围绕全面建成小康社会、建党 100 周年、党的二十大等重大时间节点,认真组织实施一批"高、厚、重、深"的重大项目,精心完成好党中央和中央党史和文献研究院交办的老一辈无产阶级革命家诞辰和党史重大事件纪念活动,担负起党中央赋予我们的政治责任。

二是要突出党史人物研究的科学性,着力提高党史人物研究的学术水

平, 不断提高党的历史和理论研究能力。对于如何做好党的历史和党史人物研究, 习近平总书记指出, 要认真学习马克思主义理论, 坚持用历史的观点、实践的观点和唯物辩证的观点, 正确看待党走过的路。他强调, 对历史人物的评价, 应该放在其所处时代和社会的历史条件下去分析, 不能离开对历史条件、历史过程的全面认识和对历史规律的科学把握, 不能忽略历史必然性和历史偶然性的关系。不能把历史顺境中的成功简单归功于个人, 也不能把历史逆境中的挫折简单归咎于个人。不能用今天的时代条件、发展水平、认识水平去衡量和要求前人, 不能苛求前人干出只有后人才能干出的业绩来。这些重要论述, 对于我们做好党史人物研究工作具有很强的指导意义。

在开展党史人物研究过程中, 我们要善于通过翔实准确的史料支撑和深入细致的研究分析, 不断提高研究成果的学术性、规范性; 要积极吸收借鉴古今中外史学研究的有益经验和方法, 运用现代科学技术, 创新党史人物研究的手段、方法、载体; 要积极谋划未来一个时期党史人物研究的总体布局, 充分利用业务主管单位的优势资源, 积极整合社会力量, 打通历史与现实、理论与实践、国际与国内, 努力做到多学科、多专业集中攻关, 强化精品意识, 坚持守正创新, 力争形成一批具有影响力的理论研究成果。

本会要坚持贯彻"双百方针", 正确处理政治和学术、研究和宣传的关系, 发扬学术民主, 鼓励学术争鸣、学术探索, 推进党史人物资料收集整理, 推动党史人物研究不断深化, 为提高新时代党的历史和理论研究水平作出新的贡献。

三是要突出党史人物研究的创新性, 抓好宣传工作, 讲好中国共产党人的故事。讲好中国故事, 讲好中国共产党的故事, 首先要讲好中国共产党人的故事。讲好共产党人的故事, 关键是回答在我们党近百年的奋斗历程中, 中国共产党人是怎样开辟了中国特色的中国革命道路、中国特色社会主义道路, 是怎样创造了令人瞩目的中国奇迹, 是怎样创造了万世景仰的崇高精神。

为此, 我们要广泛团结和凝聚各方面党史人物研究力量, 积极主动做好研究成果的转化工作, 不断创新宣传手段和工作方法, 抓住纪念重大党史事件和重要党史人物时间节点, 既依托红色遗址遗迹及由此衍生的纪念设施等物质载体, 又善于运用新媒体传播手段, 创作优秀党史读物、影视作品等, 以广大群众易于接受、喜闻乐见的形式讲好党的故事, 讲好红色故事, 让广大干部群众真实了解老一辈共产党人的丰功伟绩和精神世界, 让广大干部群众通过这些"特殊材料制成的人"的真实事迹，感受中国共产党人的立党初心，弘扬中国共产党人的优良传统，传承中国共产党人的红色基因，切实增强党史人物研究的辐射力。

四是要突出党史人物研究的战斗性，落实意识形态工作责任制，旗帜鲜明抵制和反对历史虚无主义。当前社会思想观念日趋活跃，价值取向多元，主流与非主流同时并存，社会思潮纷纭激荡，历史虚无主义和西方价值观在意识形态领域的挑战依然十分严峻。我们要立足党史人物研究的优势，有计划地开展对社会关注度高、复杂敏感的党史人物的研究，一方面，要加大正面宣传力度，以富有说服力、感染力的党史人物研究成果占领思想舆论主阵地，引导广大党员干部和青少年知党情、跟党走、颂党恩，充分发挥党史人物研究以史鉴今、资政育人的作用；另一方面，要通过各种宣传平台，坚决驳斥网络、社会上对党的历史、党的基本理论、党的领袖人物和英模人物的造谣、污蔑、诋毁言论，澄清事实，做好舆论引导、正本清源的工作。

此外，我们还要善于发现和培养党史人物研究人才，壮大研究队伍，发挥各方面党史人物研究工作者的积极性。争取团结、培养一批政治素质好、理论水平高、研究能力强、文字功底实、有较大影响力的研究领军人才和青年人才，保证党史人物研究工作的可持续发展。

三、继续加强组织建设和内部管理，确保本会各项工作在正确轨道上健康有序运行

加强组织建设和内部管理，是本会开展工作的前提。党的十八大以来，党中央对社会组织的管理提出了许多新的规定和要求，我们要及时将这些规定和要求贯彻落实到日常管理中去，不断提高学会工作的科学化、规范化、制度化水平，使本会工作能更好地适应新形势新任务新要求。重点是做好以下三个方面的工作。

一是严格贯彻落实党中央关于社会组织健康有序发展的要求。认真做好党史人物研究会的思想政治建设、党的建设、财务和人事管理、研讨活动、对外交往等方面的工作，确保各项工作科学规范运行。

二是大力抓好本会党建工作。要以政治建设为统领，完善和落实社会组织党建工作责任制，自觉将党建工作贯穿本会工作始终，推进党的组织和党的工作的全覆盖，发挥好党组织的战斗堡垒作用，发挥好党员的先锋模范作用。

三是完善内部管理机制。重点是按照登记主管单位的要求,做好年检、审计各项工作;按照业务主管单位的要求,做好重大事项、重大活动的请示报告工作。

同志们,中国中共党史人物研究会第五次会员代表大会和第五届理事会第一次会议的召开,标志着党史人物研究会的工作进入了一个新的发展阶段。让我们更加紧密地团结在以习近平同志为核心的党中央周围,在习近平新时代中国特色社会主义思想指导下,不忘初心、牢记使命,锐意进取、勤奋工作,不断开创党史人物研究工作新局面,更好服务于党和国家工作大局。

图书在版编目（CIP）数据

中共党史人物传 . 第 90 卷 / 中国中共党史人物研究
会编 . -- 北京：中共党史出版社，2022.4
ISBN 978-7-5098-5991-9

Ⅰ . ①中… Ⅱ . ①中… Ⅲ . ①中国共产党—历史人物
—例传 Ⅳ . ① K820.7

中国版本图书馆 CIP 数据核字 (2022) 第 024206 号

出版发行：**中共党史出版社**
责任编辑：黄艳
责任校对：申宁
责任印制：段文超
社　　址：北京市海淀区芙蓉里南街 6 号院 1 号楼
邮　　编：100080
网　　址：www.dscbs.com
经　　销：新华书店
印　　刷：北京君升印刷有限公司
开　　本：170mm×240mm　1/16
字　　数：250 千字
印　　张：16
印　　数：1—5000 册
版　　次：2022 年 4 月第 1 版
印　　次：2022 年 4 月第 1 次印刷
ISBN 978-7-5098-5991-9
定　　价：40.00 元

此书如有印制质量问题，请与中共党史出版社出版部联系
电话：010 — 82517197